2024

Abitur

Original-Prüfungsaufgaben
mit Lösungen

Gymnasium · Gesamtschule NRW

Geschichte LK

STARK

17. ergänzte Auflage
www.stark-verlag.de

Inhalt

Vorwort

Hinweise zum Zentralabitur in Nordrhein-Westfalen

Die Anforderungen im Zentralabitur I
1 Rahmenbedingungen I
2 Inhalte der schriftlichen Abiturprüfung 2024 I
2.1 Inhaltliche Schwerpunkte und Fokussierungen I
2.2 Kompetenzerwartungen III
3 Anforderungen und Bewertungskriterien IV
4 Anforderungsbereiche und Operatoren IV
5 Aufgabentypen der schriftlichen Abiturprüfung VII
5.1 A: Interpretation sprachlicher oder nichtsprachlicher historischer Quellen VII
5.2 B: Analyse von und kritische Auseinandersetzung mit Darstellungen VII

Tipps zur schriftlichen Prüfung VIII
1 Auswahl der Aufgaben VIII
2 Ausarbeitung der Lösung VIII
3 Umfang der Lösung IX

Auswertung von Materialien IX
1 Erschließung von Texten IX
2 Interpretation von Karikaturen XI

Abiturähnliche Übungsaufgaben

Aufgabe 1: Der Westfälische Frieden – Johannes Burkhardt über die frühmoderne Verfassung (1998) und Axel Gotthard über das Reichssystem (2003); Aufgabentyp B 1

Aufgabe 2: Die Revolution von 1848/49 – Auszug aus einem Lehrbuch der DDR für Klasse 8; Aufgabentyp B 12

Aufgabe 3: Die Gründung des deutschen Nationalstaates bis 1871 – Heinrich August Winkler über die Nationsbildung (2000); Aufgabentyp B 21

Aufgabe 4: Lebens- und Arbeitsbedingungen der Industriearbeiterschaft während der „Zweiten Industriellen Revolution“ – Karikatur von Thomas Theodor Heine aus dem Simplicissimus: Die Lösung der sozialen Frage (1898); Aufgabentyp A 31

Aufgabe 5: NS-Wirtschaftspolitik – Auszug aus den Memoiren „6 Jahre Frieden, 6 Jahre Krieg“ von Hans Kehrl (1973); Aufgabentyp A 40

Aufgabe 6: Entnazifizierung in Ost und West – Stellungnahme Walter Ulbrichts zur Auflösung der Entnazifizierungskommissionen (28. Februar 1948); Aufgabentyp A 53

Aufgabe 7: Die Stalin-Note – Karikatur von David Low zur Stalin-Note (14. März 1952); Aufgabentyp A 63

Aufgabe 8: Neue Ostpolitik – Rede von Freiherr von und zu Guttenberg im Bundestag (27. Mai 1970); Aufgabentyp A 73

Original-Prüfungsaufgaben 2020

Aufgabe 1: Auswirkungen der Zweiten Industriellen Revolution auf Politik und Gesellschaft im Kaiserreich – Rede von August Bebel (3. Februar 1893); Aufgabentyp A 2020-1

Aufgabe 2: Das Scheitern der Revolution von 1848/49 – Rede von Otto von Bismarck (21. April 1849); Aufgabentyp A 2020-13

Aufgabe 3: Die Bedeutung der Neuen Ostpolitik für die Wiedervereinigung – Auszug aus Hans Jörg Henneckes Aufsatz „Das Doppelgesicht der sozialdemokratischen Ostpolitik“ (2009); Aufgabentyp B 2020-26

Original-Prüfungsaufgaben 2021 (Auswahl)

Aufgabe 1: Die Bedeutsamkeit von Bismarcks Rücktritt – Leitartikel Frankfurter Zeitung (18. März 1890); Aufgabentyp A 2021-1

Aufgabe 2: Der militärische Widerstand gegen den Nationalsozialismus – Geplante Rundfunkansprache von Carl Friedrich Goerdeler (20. Juli 1944); Aufgabentyp A 2021-13

Aufgabe 3: Der Zusammenbruch der DDR im osteuropäischen Kontext – Auszug aus Wolfgang Schullers Monografie „Die deutsche Revolution 1989“ (2009); Aufgabentyp B 2021-25

Original-Prüfungsaufgaben 2022 (Auswahl)

Aufgabe 1: Sozialpolitik im Kaiserreich – Aufruf der sozialdemokratischen Reichstagsabgeordneten zur 6. Reichstagswahl (September 1884); Aufgabentyp A 2022-1

Aufgabe 2: Die Deutsche Arbeitsfront und die Etablierung des NS-Systems – Rede von Robert Ley (1. März 1934); Aufgabentyp A 2022-13

Aufgabe 4: Die deutsche Reichsgründung und ihre Folgen – Auszug aus Peter Graf Kielmanseggs Artikel „Hätte es eine Alternative zur deutschen National staatsgründung von 1871 gegeben?“ (9. Januar 2021); Aufgabentyp B 2022-26

Abiturprüfung 2023 .... www.stark-verlag.de/mystark

Sobald die Original-Prüfungsaufgaben 2023 freigegeben sind, können sie als PDF auf der Plattform MyStark heruntergeladen werden (Zugangscode vgl. Umschlaginnenseite des Buches).

Autorinnen und Autoren:

Tipps und Hinweise: Dr. Frank Schweppenstette
Abiturähnliche Übungsaufgaben: Anja Brolle (Aufgabe 5, 7 und 8); Andreas Brückmann (Aufgabe 8); Tobias Müller (Aufgabe 4); Christina Seidl (Aufgabe 1); Emma Thun (Aufgabe 3 und 6); Elisabeth Wagner (Aufgabe 2)
Lösungen zu den Original-Prüfungsaufgaben: Anja Brolle (2020/2); Klaus-Michael Guse (2020/3 und 2021/3); Kirsten Impekoven (2020/1, 2021/1, 2 und 2022/1 und 4); Alisa Schlegel (2022/2)

Vorwort

Liebe Abiturientinnen und Abiturienten,

der vorliegende Band hilft Ihnen bei der gezielten und optimalen Vorbereitung auf die **schriftliche Abiturprüfung 2024** im **Leistungskurs Geschichte**.

Das einführende Kapitel „**Hinweise und Tipps**" …

- informiert Sie über die offiziellen Vorgaben und macht Sie mit den zur Wahl gestellten Aufgabenarten vertraut.
- liefert praktische Tipps, wie Sie bei der Bearbeitung der Aufgaben am besten vorgehen, und enthält eine Liste mit gängigen Operatoren.

Der anschließende Trainingsteil …

- bietet Ihnen **Übungsaufgaben** im Stil der Prüfung.
- enthält die **originalen Prüfungsaufgaben** aus den **Jahren 2020 bis 2023**, die Ihnen zeigen, was im Abitur auf Sie zukommt.
- führt Ihnen anhand von **ausformulierten Lösungen** unserer Autorinnen und Autoren vor Augen, wie ein mustergültiger Aufsatz geschrieben sein könnte.

Lernen Sie gerne am PC, Tablet oder Smartphone? Auf der **Plattform MyStark** haben Sie Zugriff auf:

- Aktuelle **Original-Prüfungsaufgaben 2023** mit Lösungsvorschlägen
- **Interaktives Online-Training** mit Aufgaben zu folgenden Themengebieten: Weimarer Republik, Nationalsozialismus, Deutschland ab 1945
- **Lernvideos** zur Veranschaulichung der Quellenanalyse

Sollten nach Erscheinen dieses Bandes noch wichtige Änderungen in der Abiturprüfung 2024 vom Schulministerium bekannt gegeben werden, finden Sie aktuelle Informationen dazu im Internet unter: *www.stark-verlag.de/mystark*

Wir wünschen Ihnen eine effektive Abiturvorbereitung und eine erfolgreiche Prüfung!

Die Autorinnen und Autoren sowie der Verlag

Hinweise zum Zentralabitur in Nordrhein-Westfalen

Die Anforderungen im Zentralabitur

1 Rahmenbedingungen

Wenn Sie sich für Geschichte als schriftliches Abiturfach entschieden haben, gelten folgende Bestimmungen:

- der Kernlehrplan für die Sekundarstufe II im Fach Geschichte
- die Einheitlichen Prüfungsanforderungen in der Abiturprüfung (EPA) der Kultusministerkonferenz für das Fach Geschichte
- die Vorgaben für die inhaltlichen Schwerpunkte und Fokussierungen in der schriftlichen Abiturprüfung

Als **Hilfsmittel** ist in der Abiturprüfung die Verwendung eines Wörterbuchs zur deutschen Rechtschreibung gestattet.

2 Inhalte der schriftlichen Abiturprüfung 2024

2.1 Inhaltliche Schwerpunkte und Fokussierungen

Die Vorgaben zu den Inhalten der schriftlichen Abiturprüfung werden vom Schulministerium veröffentlicht[1]. Diese enthalten die **inhaltlichen Schwerpunkte** sowie die **Fokussierungen**.

Die inhaltlichen Schwerpunkte für die Abiturprüfung stellen die **Inhaltsfelder 4 bis 7** des Kernlehrplans[2] für die Sekundarstufe II dar. Diese sind obligatorisch für den Unterricht und waren daher auch Gegenstand Ihres Geschichtsunterrichts in der Qualifikationsphase. Da von Ihnen vernetztes Denken gefordert wird, werden die historischen Inhalte mit **konkretisierten Kompetenzerwartungen** (Sach- und Urteilskompetenz) verknüpft. Das bedeutet beispielsweise, Sie sollen nicht nur Formen des Widerstandes gegen das nationalsozialistische Regime benennen, sondern diese auch erläutern und beurteilen können.

---

1 Bildungsportal des Landes Nordrhein-Westfalen – Zentralabitur in der gymnasialen Oberstufe (https://www.standardsicherung.schulministerium.nrw.de/cms/zentralabitur-gost/faecher/getfile.php?file=5435)

2 Richtlinien und (Kern-)Lehrpläne für die Sekundarstufe II (http://www.schulentwicklung.nrw.de/lehrplaene/lehrplannavigator-s-ii/gymnasiale-oberstufe/ → Kernlehrplan Geschichte)

Die eingangs genannten Fokussierungen sind eine Spezifizierung ausgewählter inhaltlicher Schwerpunkte. Sie dienen Ihnen dazu, sich inhaltlich noch konkreter auf die zentral gestellte Klausur vorbereiten zu können. Für die Abiturprüfung 2024 gibt es im Leistungskurs sieben Fokussierungen in drei Inhaltsfeldern. Da die **Prüfungsaufgaben** jedoch **aus allen inhaltlichen Schwerpunkten** stammen können, reicht es für das schriftliche Abitur nicht aus, nur die Fokussierungen vorzubereiten.

Im Folgenden werden die vier Inhaltsfelder mit den jeweiligen inhaltlichen Themenbereichen aufgelistet und die Fokussierungen angeführt:

- **Inhaltsfeld 4:** Die moderne Industriegesellschaft zwischen Fortschritt und Krise
  - Die „Zweite Industrielle Revolution" und die Entstehung der modernen Massengesellschaft
    Fokussierung: Veränderung der Lebenswirklichkeit für die Industriearbeiterschaft in den Bereichen Arbeit und soziale Sicherheit
  - Vom Hochimperialismus zum ersten „modernen" Krieg der Industriegesellschaft
    Fokussierung: Merkmale, Motive, Ziele, Funktionen und Formen des Imperialismus am Beispiel Afrikas
  - Ursachen und Folgen der Weltwirtschaftskrise 1929
- **Inhaltsfeld 5:** Die Zeit des Nationalsozialismus – Voraussetzungen, Herrschaftsstrukturen, Nachwirkungen und Deutungen
  - Politische und ideologische Voraussetzungen des Nationalsozialismus
  - Die Herrschaft des Nationalsozialismus in Deutschland und Europa
    Fokussierung: Wirtschaftspolitik; Motive und Formen der Unterstützung, der Anpassung und des Widerstandes am Beispiel der Verschwörer des 20. Juli und an einem Beispiel der Jugendopposition
  - Vergangenheitspolitik und „Vergangenheitsbewältigung"
    Fokussierung: Umgang mit dem Nationalsozialismus in den Besatzungszonen
- **Inhaltsfeld 6:** Nationalismus, Nationalstaat und deutsche Identität im 19. und 20. Jahrhundert
  - Die „Deutsche Frage" im 19. Jahrhundert
  - „Volk" und „Nation" im Kaiserreich und im Nationalsozialismus
  - Nationale Identität unter den Bedingungen der Zweistaatlichkeit in Deutschland
    Fokussierung: Neue Ostpolitik; Stalinnote
  - Die Überwindung der deutschen Teilung in der friedlichen Revolution von 1989
- **Inhaltsfeld 7:** Friedensschlüsse und Ordnungen des Friedens in der Moderne
  - Multilateraler Interessenausgleich nach dem Dreißigjährigen Krieg
  - Europäische Friedensordnung nach den Napoleonischen Kriegen
  - Internationale Friedensordnung nach dem Ersten Weltkrieg
  - Konflikte und Frieden nach dem Zweiten Weltkrieg

2.2 Kompetenzerwartungen

Der Kernlehrplan für die Sekundarstufe II formuliert im Fach Geschichte **Kompetenzerwartungen** (Sach-, Methoden-, Urteils- und Handlungskompetenz), die Ihre Fähigkeiten und Ihre methodischen Fertigkeiten am Ende der Qualifikationsphase beschreiben. Diese müssen Sie auch im Abitur unter Beweis stellen. Im Folgenden finden Sie eine knappe Beschreibung der verschiedenen Kompetenzen:

- **Sachkompetenz:**
  - grundlegendes Wissen über Zeitvorstellungen, Datierungssysteme, historische Epochen, Prozesse und Strukturen besitzen
  - mit Narrationen umgehen können (z. B. vergangene Ereignisse aus Quellen erfassen, vorliegende Deutungen hinsichtlich ihrer Voraussetzungen und Intentionen analysieren)
  - relevante historische Fachbegriffe sachgerecht anwenden

- **Methodenkompetenz:**
  - historisch relevante Informationen beschaffen
  - kausale, strukturelle und zeitliche Zusammenhänge erläutern
  - mit konkurrierenden Deutungen umgehen
  - historische Quellen fachgerecht interpretieren und historische Darstellungen analysieren und kritisch erschließen
  - eigenständige historische Argumentationen entfalten
  - historische Sachverhalte adressatengerecht und sprachlich richtig darlegen

- **Urteilskompetenz:**
  - unterschiedliche Perspektiven erkennen und wahrnehmen
  - Sach- und Werturteile fällen und begründen
  - sachlich angemessene, in sich stimmige und triftige Argumente für ein gelungenes Sachurteil formulieren
  - beim Werturteil zusätzlich eigene Wertmaßstäbe offenlegen (z. B. ethisch, moralisch, normativ), reflektieren und deren Zeitgebundenheit berücksichtigen

- **Handlungskompetenz:**
  - eigenes Geschichtsbild ausgehend von neu gewonnenen Einsichten verändern oder erweitern
  - historisches Wissen zur Orientierung und zur Reflexion des eigenen Handelns nutzen
  - Befähigung zur Teilnahme an Formen der öffentlichen Geschichts- und Erinnerungskultur

3 Anforderungen und Bewertungskriterien

In der schriftlichen Abiturprüfung im Fach Geschichte werden Ihnen **drei Aufgaben** vorgelegt. Sie müssen **eine auswählen** und das zugehörige **Material** (Texte oder nichtsprachliche Quellen) anhand der Aufgabenstellungen bearbeiten. In der Regel handelt es sich um drei Teilaufgaben. Mit der Bearbeitung dieser drei Teilaufgaben weisen Sie Ihre Kompetenzen nach, die Sie während der Qualifikationsphase erworben haben.

Bei der **Bewertung** der Abiturprüfung ist sowohl die **inhaltliche Qualität** der Lösung als auch die **Darstellungsleistung** entscheidend. Auf Ihrem Aufgabenblatt ist für jede der drei Aufgaben jeweils die zu erreichende Höchstpunktzahl angegeben. Zusätzlich zu diesen Punkten werden 20 Punkte für Ihre Darstellungsleistung vergeben. Bei dieser werden die überfachlichen Kriterien Ihrer Ausführungen in den Blick genommen. Insgesamt können Sie 100 Punkte erreichen.

Folgende **Kriterien** werden in der Darstellungsleistung berücksichtigt:
- Sie strukturieren Ihren Text schlüssig und gedanklich nachvollziehbar und achten auf einen konsequenten Bezug zur Aufgabenstellung.
- Sie stellen folgerichtige Bezüge zwischen beschreibenden, deutenden und wertenden Äußerungen her.
- Sie belegen Ihre Aussagen durch angemessene und vor allem korrekte Zitate oder Paraphrasen aus dem zu bearbeitenden Text.
- Sie beachten die Fachterminologie und formulieren präzise und differenziert.
- Sie schreiben sprachlich korrekt (Grammatik, Rechtschreibung, Zeichensetzung usw.) und stilistisch sicher.

4 Anforderungsbereiche und Operatoren

Im Fach Geschichte werden **drei Anforderungsbereiche** (**AFB**) voneinander unterschieden und in der Abiturprüfung abgedeckt. Ihre Abfolge entspricht dem zunehmenden Schwierigkeitsgrad und Anspruch der geforderten Leistung:
- **AFB I:** Wiedergabe von Sachverhalten im gelernten Zusammenhang, Benutzen eingeübter Arbeitstechniken (Reproduktion)
- **AFB II:** selbstständiges Erklären bekannter Inhalte, Anwenden gelernter Inhalte und Methoden auf andere Sachverhalte, meist anhand des mitgelieferten Materials (historischer Kontext und Transfer)
- **AFB III:** kritischer Umgang mit neuen Problemstellungen, eingesetzten Methoden und Erkenntnissen als Voraussetzung für eigenständige Begründungen und Wertungen (Reflexion und Problemlösung)

Den drei Anforderungsbereichen werden bestimmte Verben zugeordnet, die sog. **Operatoren**. Diese geben Handlungsanweisungen, zeigen also an, was Sie „tun" sollen. Da die Operatoren auch in den Aufgabenstellungen des schriftlichen Abiturs verwendet werden, ist es wichtig, dass Sie sich mit ihnen vertraut machen und genau wissen, was Sie bei jedem Operator zu tun haben.

Die Operatoren lassen sich nicht immer ausschließlich einem der drei Anforderungsbereiche zuordnen. Die folgende Liste umfasst die vom Schulministerium in einer Übersicht veröffentlichten Operatoren[3] und verweist auf ihre Anwendung in Aufgaben, die in diesem Buch enthalten sind. Dabei bedeutet beispielsweise der Zusatz A 2/3, dass es sich um Aufgabe 2, Teilaufgabe 3 handelt.

Operatoren, die Leistungen im **Anforderungsbereich I – II** verlangen:

Operator	Beschreibung der erwarteten Leistung	Beispiele
beschreiben	Merkmale/Aspekte eines Sachverhaltes oder eines Materials detailliert darstellen	A 1/2
nennen	Informationen/Sachverhalte/Merkmale zielgerichtet unkommentiert zusammentragen	
zusammenfassen	Sachverhalte/Aussagen komprimiert darstellen	A 8/1

Operatoren, die überwiegend Leistungen im **Anforderungsbereich II** verlangen:

Operator	Beschreibung der erwarteten Leistung	Beispiele
analysieren	formale Merkmale von Materialien untersuchen und Inhalt und Gedankengang von Materialien (Quellen, Darstellungen) wiedergeben bzw. Bildelemente (Karikaturen, historische Gemälde) beschreiben	A 1/1, A 4/1, A 5/1, A 6/1, A 7/1, 2020-3/1, 2021-1/1, 2022-2/1
begründen	Aussagen (z. B. Urteil, These, Wertung) durch Argumente stützen, die auf historischen Beispielen und anderen Belegen gründen	
einordnen	einen oder mehrere historische Sachverhalte in einen historischen Zusammenhang stellen	A 4/2, A 5/2, A 7/2, A 8/2, 2021-2/2, 2022-2/2
erläutern	historische Sachverhalte durch Wissen und Einsichten in einen Zusammenhang einordnen und durch zusätzliche Informationen und Beispiele verdeutlichen	A 1/2, A 3/2, A 5/2, A 7/2, A 8/2, 2020-3/2, 2021-3/2, 2022-2/2
herausarbeiten	aus Materialien bestimmte historische Sachverhalte herausfinden, die nicht explizit genannt werden, und Zusammenhänge zwischen ihnen herstellen	A 1/1, 2021-2/2
untersuchen	Materialien oder historische Sachverhalte kriterienorientiert bzw. aspektgeleitet erschließen	2022-4 / 2

3 Bildungsportal des Landes Nordrhein-Westfalen – Zentralabitur in der gymnasialen Oberstufe (https://www.standardsicherung.schulministerium.nrw.de/cms/zentralabitur-gost/faecher/getfile.php?file=3946)

Operatoren, die Leistungen im **Anforderungsbereich II–III** verlangen:

Operator	**Beschreibung der erwarteten Leistung**	**Beispiele**
charakterisieren	historische Sachverhalte in ihren Eigenarten beschreiben und diese dann unter einem bestimmten Gesichtspunkt zusammenfassen	A 2/2, 2020-2/2, 2021-1/2, 2022-1/2
entwickeln	auf der Grundlage erarbeiteter Ergebnisse zu einer eigenen Deutung gelangen; gewonnene Analyseergebnisse verwerten, um in einem vorgegebenen Textformat (z. B. Rede, Leserbrief, Diskussionsbeitrag) zu einer eigenen Deutung zu gelangen	
vergleichen	auf der Grundlage von Kriterien historische Sachverhalte problembezogen gegenüberstellen, um Gemeinsamkeiten, Unterschiede, Teil-Identitäten, Ähnlichkeiten, Abweichungen oder Gegensätze darzustellen	

Operatoren, die Leistungen im **Anforderungsbereich III** verlangen:

Operator	**Beschreibung der erwarteten Leistung**	**Beispiele**
beurteilen	den Stellenwert historischer Sachverhalte in einem Zusammenhang bestimmen, um ohne persönlichen Wertebezug zu einem begründeten Sachurteil zu gelangen	A 4/3, A 6/3, A 7/3, 2020-1/3, 2020-3/3, 2021-3/3, 2022-4/3
bewerten	wie Operator „beurteilen", aber zusätzlich mit Offenlegen und Begründen eigener Wertmaßstäbe, die Pluralität einschließen und zu einem Werturteil führen, das auf den Wertvorstellungen des Grundgesetzes basiert	A 5/3, 2022-2/3
Stellung nehmen	eine Problemstellung/eine Bewertung/eine Position auf der Grundlage fachlicher Kenntnisse prüfen und nach sorgfältiger Abwägung eine Einschätzung formulieren	A 3/3, A 8/3, 2020-2/3, 2021-1/3, 2021-2/3, 2022-1/3

Operatoren, die Leistungen im **Anforderungsbereich I–III** verlangen:

Operator	Beschreibung der erwarteten Leistung	Beispiele
erörtern	eine These oder Problemstellung auf ihren Wert und ihre Stichhaltigkeit hin abwägend prüfen und auf dieser Grundlage eine eigene Stellungnahme dazu entwickeln. Die Erörterung einer historischen Darstellung setzt deren Analyse voraus.	
interpretieren	Sinnzusammenhänge aus Quellen erschließen und eine begründete Stellungnahme abgeben, die auf einer Analyse, Erläuterung und Bewertung beruht	A 4 bis A 8, 2020-1, 2020-2, 2022-1, 2022-2

Die wichtigsten Operatoren, die in der Abiturklausur vorkommen, lauten: *analysieren, erläutern, herausarbeiten, charakterisieren, beurteilen, bewerten, Stellung nehmen.*

5 Aufgabentypen der schriftlichen Abiturprüfung

Für die schriftliche Abiturprüfung sind **zwei Aufgabentypen mit gegliederter**, meist dreiteiliger **Aufgabenstellung** vorgesehen.

5.1 A: Interpretation sprachlicher oder nichtsprachlicher historischer Quellen

Der **Aufgabentyp A** sieht die Interpretation **sprachlicher oder nichtsprachlicher historischer Quellen** vor. Beide Quellenarten kommen in verschiedener Form vor. Zu den sprachlichen Quellen gehören beispielsweise Reden, Tagebuchaufzeichnungen, Akten, Streit- oder Gedenkschriften, Berichte, Zeitungskommentare, öffentliche oder private Briefe, literarische Zeugnisse, Urkunden usw. Quellen stammen immer aus der historischen Zeit.

Bei den **nichtsprachlichen Quellen** handelt es sich im schriftlichen Abitur überwiegend um **Karikaturen** aus einer historischen Epoche. Zu diesen Quellen gehören daneben aber auch historische Karten, Stadtpläne, Grundrisse, Bilddarstellungen auf Flugblättern, historische Gemälde, Statistiken usw. Es ist in der Abiturprüfung nicht ausgeschlossen, dass Ihnen auch diese oder andere nichtsprachliche Quellen als Material zu den Aufgabenstellungen vorgelegt werden.

Hinweis: Den Aufgabentyp A können Sie mit den Übungsaufgaben A 4 bis A 8 sowie mit den Original-Prüfungsaufgaben 2020-1, 2020-2, 2021-1, 2021-2, 2022-1 und 2022-2 in diesem Buch üben.

5.2 B: Analyse von und kritische Auseinandersetzung mit Darstellungen

Der **Aufgabentyp B** verlangt von Ihnen die **Analyse von und die kritische Auseinandersetzung mit Darstellungen**. Bei diesen handelt es sich um Sekundärliteratur in Form von fachwissenschaftlichen, populärwissenschaftlichen oder publizistischen Texten. Darin wird ein historischer Sachverhalt dargestellt, der darüber hinaus auch gedeutet oder bewertet wird. Darstellungen berichten immer über eine historische Zeit.

Hinweis: Den Aufgabentyp B können Sie mit den Übungsaufgaben A 1 bis A 3 sowie mit den Original-Prüfungsaufgaben 2020-3, 2021-3 und 2022-4 üben.
Neu gegenüber den bisherigen zentralen Abituraufgaben ist, dass das zu untersuchende Material auch aus **mehreren Quellen bzw. Darstellungen** bestehen kann. Eine Mischung der beiden Aufgabentypen, also etwa der Vergleich einer Quelle mit einer Darstellung ist dagegen nicht vorgesehen.

Tipps zur schriftlichen Prüfung

1 Auswahl der Aufgaben

Für die schriftliche Abiturprüfung stehen Ihnen **insgesamt 300 Minuten** Zeit zur Verfügung. Davon sind **30 Minuten** als **Auswahl- und Einlesezeit** vorgesehen. Es gilt natürlich, dass diejenigen Themen für Sie in Betracht kommen, die Sie für die Abiturprüfung vorbereitet haben und in denen Sie sich sicher fühlen. Sicher bedeutet, dass Sie den historischen Kontext und den Zusammenhang der jeweiligen Quelle oder Darstellung kennen. Wichtig ist zudem, dass Sie die Aufgabenstellungen mit den Operatoren verstehen.

Gehen Sie bei der Auswahl nach folgenden **Leitfragen** vor:
- Habe ich nach dem ersten und zweiten Durchsehen des ausgewählten Materials ein erstes Verständnis dafür entwickelt?
- Verstehe ich, was die Aufgabenstellung mit ihren Operatoren von mir verlangt?
- Verfüge ich über ein hinreichendes historisches Kontextwissen, sodass ich das Material auch einordnen kann? Fühle ich mich in der Epoche „zu Hause“?

2 Ausarbeitung der Lösung

Haben Sie sich für einen Vorschlag entschieden, **lesen** Sie zunächst noch einmal die **Aufgabenstellung** genau durch. Sie können die verwendeten Operatoren auch **unterstreichen oder markieren**. So erkennen Sie leicht, wenn ein Arbeitsauftrag zwei unterschiedliche Operatoren enthält. Das ist häufig in Teilaufgabe 2 der Fall.
Bevor Sie anfangen zu schreiben, sollten Sie eine **Gliederung** für Ihre Ausarbeitung der drei Teilaufgaben auf einem Konzeptpapier anfertigen. Sammeln Sie zu jeder Teilaufgabe Ideen und Aspekte in Stichworten und notieren Sie diese. So bewahren Sie sich davor, etwas zu vergessen, und vermeiden Wiederholungen. Diese Art der Vorbereitung gibt Ihnen während der Ausarbeitung eine große Sicherheit und zugleich eine Art Wegweiser für die Bearbeitung an die Hand. Versuchen Sie unbedingt, sich an die **Reihenfolge der Teilaufgaben** zu halten, da diese häufig aufeinander aufbauen.

Lassen Sie nach jeder Teilaufgabe etwas Platz unter Ihrer Lösung und beginnen Sie die nächste Teilaufgabe auf einem neuen Blatt. Falls Sie etwas vergessen haben sollten, empfiehlt es sich, die **nachträglichen Ergänzungen** an das Ende der entsprechenden Teilaufgabe zu schreiben. Denken Sie daran, beispielsweise über Zahlen eine eindeutige Zuordnung vorzunehmen. Dies ist umso wichtiger, wenn der Platz unter den Aufgaben für Ihre Ergänzungen nicht ausreicht und Sie diese auf einem extra Blatt notieren müssen.

Lesen Sie Ihre Ausarbeitung am Ende auf jeden Fall noch einmal gründlich durch und achten Sie auf die **sprachliche Richtigkeit**. Die Erfahrung zeigt, dass Sie bei nochmaliger Lektüre etliche kleinere Fehler entdecken und korrigieren können. Der Korrektor ist bei missverständlichen Aussagen nicht dazu verpflichtet, eine Bewertung zu Ihren Gunsten vorzunehmen!

Achten Sie auf eine realistische **Zeiteinteilung** und machen Sie in bestimmten Abständen auch **kleinere Pausen**. Diese helfen Ihnen, kurz „abzuschalten", um danach wieder mit neuem Schwung und frischen Ideen an die Ausarbeitung zu gehen.

3 Umfang der Lösung

Sie sollten sich die Zeit nehmen, möglichst genau und akribisch mit dem Material zu arbeiten. Nur so können Sie die vielen Aspekte und historischen Bezüge, die in dem Text oder in der nichtsprachlichen Quelle stecken, herausarbeiten. Der Umfang der Lösung lässt sich **nicht generell festlegen**. Eine Orientierung zur Gewichtung der einzelnen Teilaufgaben gibt Ihnen die jeweils angegebene Punktzahl hinter jeder Teilaufgabe. In der hier vorliegenden Aufgabensammlung geht der Umfang der Lösungsvorschläge in der Regel über das hinaus, was von Ihnen in der verfügbaren Zeit erwartet wird. Dies hat folgenden Grund: Die Lösungen sollen einerseits ideale Musterbeispiele für eine sehr gute Abiturlösung sein, andererseits aber so ausführlich gestaltet sein, dass sie sich zur Abiturvorbereitung eignen, kurz, es handelt sich hier um Maximallösungen.

Auswertung von Materialien

1 Erschließung von Texten

In der schriftlichen Abiturprüfung werden Ihnen **historische Quellen** oder **Darstellungen** vorgelegt. Machen Sie sich vor der Ausarbeitung der Lösung zunächst bewusst, welches Material Ihrer Aufgabe zugrunde liegt.

Grundsätzlich können Sie sich bei der Beschäftigung mit Texten an folgenden Aspekten orientieren:

1. **Lesestrategien:** Während des Lesens oder unmittelbar im Anschluss können beispielsweise in Form einer Mindmap oder neben dem Text spontane Gedanken in Stichpunkten festgehalten werden.

   Tipp: Lesen Sie den Text mehrmals und bereiten Sie ihn optisch auf. Markieren Sie hierzu Ihnen unbekannte Fremdwörter, wichtige Begriffe und zentrale Informationen.

2. **Vorstellung des Textes:** In diesem Schritt zur Teilaufgabe 1 sind zunächst eine formale Analyse des Textes und die Formulierung des Themas gefordert.

   Tipp: Notieren Sie die Art des Textes, den Autor, den oder die Adressaten, den Anlass, das Thema, den Ort, die Zeit, die Intention usw. Bei der Formulierung des Themas sollten Sie sich Zeit lassen und dieses erst nach mehrmaliger Lektüre des Textes auf Ihrem Konzeptpapier festhalten.

3. **Strukturierte Zusammenfassung des Inhalts und Wiedergabe des Gedankengangs:** Hier geht es darum, den Inhalt des Textes sinnvoll zu gliedern und zu paraphrasieren sowie die Argumentationsstruktur des Autors zu erkennen und herauszuarbeiten.

   Tipp: Sie sollten den Text in **Sinnabschnitte** unterteilen. Unterstreichen Sie – am besten in verschiedenen Farben – diejenigen Stellen, die Thesen, Behauptungen, Begründungen oder Argumente liefern. Hilfreich kann es zudem sein, kurze thematische **Zwischenüberschriften** für die einzelnen Textabschnitte zu finden, die Sie dann in Ihrer Darstellung wieder aufnehmen können. Gehen Sie Satz für Satz und Abschnitt für Abschnitt durch und nennen Sie alle Thesen und Argumente des Textes. Verwenden Sie Zitate sparsam und konzentrieren Sie sich auf die im Text genannten **Schlüsselbegriffe**. Achten Sie bei der Vorstellung der Argumentationsstruktur des Textes darauf, den Konjunktiv I zu benutzen.

4. **Einbettung in den historischen Kontext und Herausarbeitung der Absicht:** In diesem Arbeitsschritt zur Teilaufgabe 2 gilt es, die für das Verständnis des Textes benötigten Zeitbezüge darzustellen und mit dem vorliegenden Text in Verbindung zu bringen. Oftmals soll im zweiten Teil der Teilaufgabe 2 der Text näher untersucht und zum Beispiel die Redestrategie oder ein zugrundeliegendes Menschenbild oder politisches Konzept herausgearbeitet werden.

   Tipp: Verknüpfen Sie den vorliegenden Text und die relevanten historischen Zeitbezüge stets miteinander. Beschränken Sie sich nicht auf eine bloße Aneinanderreihung von Faktenwissen zum historischen Kontext des Materials. Indem Sie in dieser Teilaufgabe an passender Stelle Zitate aus dem Text bringen, stellen Sie Ihre Fähigkeit zur Verknüpfung von Text und Kontext unter Beweis.

5. **Bewertung und Auseinandersetzung:** Am Ende der Beschäftigung mit der Quelle oder der Darstellung steht in Teilaufgabe 3 die begründete Auseinandersetzung mit den im Text vertretenen Argumenten und angeführten Beispielen, den Auffassungen, Urteilen und Wertungen.

   Tipp: Ihre Beurteilung soll nicht nur geäußert, sondern auch begründet werden. Erst die Stimmigkeit und Triftigkeit Ihrer Begründung und Reflexion machen aus einer Meinung ein historisches Urteil (zustimmend, relativierend, ablehnend). In den allermeisten Quellen oder Darstellungen finden sich sowohl Aussagen, denen Sie zustimmen können, als auch Deutungen, die Sie aufgrund Ihrer historischen Sachkompetenz relativieren oder gar ablehnen können. Zeigen Sie Ihre Fähigkeit zur Differenzierung, indem Sie, wenn möglich, beide Seiten beleuchten. Schließen Sie die Teilaufgabe 3 mit einem Fazit ab.

Hinweis: Die Erschließung von Texten können Sie mit den Übungsaufgaben A 1 bis A 3, A 5, A 6 und A 8 sowie mit den Original-Aufgaben 2020-1, 2 und 3, 2021-1, 2 und 3 sowie 2022-1, 2 und 4 üben.

2 Interpretation von Karikaturen

Karikaturen sind, überspitzt formuliert, gezeichnete **Kommentare zu tagesaktuellen Geschehnissen**, die für eine ganz bestimmte Öffentlichkeit gedacht sind. Das Besondere an Karikaturen ist daher, dass sie immer aus einem **aktuellen Anlass** heraus mit einer bestimmten **Intention** gezeichnet worden sind. Karikaturen wollen übertreiben, kritisieren, pointiert einen Missstand auf den Punkt bringen, die Wirklichkeit verzerren und manchmal auch die Wirklichkeit vereinfachen. Fast immer aber kritisieren sie einen zeitgenössischen Zustand. Nichts in der Zeichnung ist zufällig in die Karikatur aufgenommen worden: Alle Bildelemente, Farbgebungen und Schriftelemente sind vom Karikaturisten ganz bewusst gesetzt und gezeichnet worden. Alle diese Bildbestandteile müssen Sie somit benennen und beschreiben, deuten und im historischen Kontext interpretieren und abschließend beurteilen.

Folgende Aspekte sollten Sie bei der Analyse einer Karikatur berücksichtigen:

1. **Informationen zu Autor und Karikatur:** Machen Sie in der Teilaufgabe 1 Angaben zur Quellengattung, zum Zeichner, zum Erscheinungsort, zum Erscheinungsjahr sowie zum Anlass der Karikatur. Identifizieren Sie auch den oder die Adressaten und formulieren Sie das Thema der Zeichnung.

2. **Benennung und Beschreibung relevanter Bildelemente samt besonderer Gestaltungsmittel:** Achten Sie darauf, sowohl alle Bildelemente als auch den Bildaufbau und die Bildunterschrift möglichst genau wiederzugeben.

3. **Entschlüsselung der Zeitbezüge, Einordnung in den historischen Kontext und Deutung der Aussageabsicht:** Identifizieren Sie in der Teilaufgabe 2 die relevanten Zeitbezüge. Erklären und erläutern Sie auch die Bedeutung der einzelnen Bildelemente oder Bildfiguren im historischen Zusammenhang. Arbeiten Sie vor diesem Hintergrund auch die Aussageabsicht des Karikaturisten heraus.

4. **Bewertung:** Beurteilen Sie schließlich in der Teilaufgabe 3 die Aussage des Zeichners, indem Sie zustimmende und relativierende Aspekte anführen und zu einer abschließenden und zusammenfassenden eigenen Einschätzung der Karikatur kommen, gemäß der Frage: „Beurteilt der Karikaturist den dargestellten und karikierten historischen Sachverhalt auf nachvollziehbare und überzeugende Weise oder nicht?“.

Hinweis: Die Analyse von Karikaturen können Sie mit den Übungsaufgabe A 4 und A 7 üben.

B: Analyse von Darstellungen und kritische Auseinandersetzung mit ihnen

Aufgabenstellung

1. Analysieren Sie die beiden Texte. Arbeiten Sie dabei Gemeinsamkeiten und Unterschiede in der Einschätzung der Bedeutung des Westfälischen Friedens bei Johannes Burkhardt (M 1) und Axel Gotthard (M 2) heraus.

2. Erläutern Sie ausgehend vom Text (M 1) die europäische Dimension des Dreißigjährigen Krieges und beschreiben Sie deren Auswirkungen auf den Westfälischen Frieden.

3. Beurteilen Sie ausgehend vom Text (M 1) die Bedeutung des Westfälischen Friedens für das Verhältnis der europäischen Staaten nach 1648.

M 1: Johannes Burkhardt über die frühmoderne Verfassung, 1998

Es war ein Frieden der Superlative. Der Friedensschluß vermochte einem dreißigjährigen Krieg, an dem fast ganz Europa beteiligt gewesen war und dessen Zerstörungskraft zu Recht zu einem deutschen Schreckensmythos geworden ist, doch noch ein Ende zu setzen. [...]. Er war das größte und grundlegendste Friedenswerk der Neuzeit, vielleicht der Geschichte überhaupt.

[...]

Die politischen Vorstellungen waren bis zum Dreißigjährigen Krieg noch ganz andere gewesen als heute. Europa war noch kein Nebeneinander von Staaten, sondern galt als ein Gemeinwesen, an dessen Spitze eigentlich *ein* Herrscher zu stehen hatte. [...] Das war kein „Hegemonialstreben", in dem ein Staat eine Vorherrschaft gegenüber anderen beansprucht, sondern es ging um die Besetzung einer innerhalb derselben Einheit vorgesehenen obersten Position.

Im Dreißigjährigen Krieg kämpften das Haus Habsburg, die Krone Frankreichs und der König von Schweden um diese europäische Spitzenstellung. [...] Erst nach dreißig Jahren Krieg waren alle für die Einsicht reif, daß keiner mehr eine Spitzenstellung in Europa einnehmen konnte und eine neue Ordnung des staatlichen Nebeneinanders errichtet werden mußte. Die ehemaligen Universalkandidaten mußten ihre Ansprüche reduzieren und sich als vertragsschließende Parteien gegenseitig auf ewig als gleichberechtigt anerkennen. [...] So war der Dreißigjährige Krieg noch kein Staatenkrieg, wohl aber wurde er in seinem Ergebnis zum europäischen Staatsbildungskrieg.

[...]

Die am meisten verkannte Leistung des Westfälischen Friedens ist seine verfassungsgeschichtliche. Generationen von preußisch-nationalen Historikern haben Schülern, Studierenden und der deutschen Öffentlichkeit eingeredet, daß der Westfälische Friede der Anfang vom Ende des Heiligen Römischen Reiches Deutscher Nation gewesen sei. [...] Irgendwann aber muß einmal jemand nachgezählt und gemerkt haben, daß das Reich nach dem Westfälischen Frieden noch über 150 Jahre bestanden hat [...]. Entgegen der Mär von einem Reich auf Abruf war die deutsche Verfassung zwischen 1648 und 1803 verglichen mit allen nachfolgenden Verfassungen und politischen Systemen die bislang dauerhafteste der deutschen Geschichte überhaupt.

[...] Mit dem Westfälischen Frieden bekamen und gaben sich die Deutschen früher als alle anderen in Europa ihre erste geschriebene Verfassung.

Das gilt nicht nur formal, sondern auch inhaltlich. [...] Der berühmte Artikel VIII[1] ist der zentrale Verfassungsartikel, der grundsätzliche Aussagen zu den Rechten der Gewalten im Reich – hier der Fürsten als Landesherren und als Reichsstände – und zur Organisation der Reichsinstitutionen – Reichstag, Reichskreise und Reichsgerichtsbarkeit – macht. Das sind typische Verfassungsfragen bis heute. [...] Es geht erstens um das Verhältnis zwischen Reichsoberhaupt und Reichsständen, zweitens um deren Verhältnis untereinander und drittens um das zu den ausländischen Kronen[2]. Vor allem die ersten beiden Friedensvertragsthemen waren Verfassungsfragen.

[...]

Die deutsche Verfassung von 1648 hat das duale System des Reiches wiederhergestellt und weiter ausgebaut. Die spätere nationale Geschichtsschreibung hat das nicht mehr verstanden und gemeint, eine Seite habe den Krieg gewonnen: die eigensüchtigen Sonderinteressen der Fürsten hätten über einen ohnmächtigen Kaiser triumphiert und im Bunde mit auswärtigen Mächten Deutschland zugrundegerichtet. Einschlägige Scheltworte wie „Kleinstaaterei“ [...], „Zersplitterung“ und „Flickenteppich“ erläuterten, warum Deutschland zum „Spielball der Mächte“ geworden sei [...].

Daran ist richtig, daß der Verfassungsartikel von 1648 die Rechte der Landesherrschaft bestätigte. [...] Der Staatswerdung auf einzelstaatlicher Ebene waren [aber] explizit verfassungsmäßige Grenzen gezogen. Letztlich leiteten die Fürsten auch als Territorialherren ihre Legitimation aus dem Reich ab.

[...] Nicht eine Auflösung in Einzelstaaten, sondern eine Stärkung des Föderalismus, der auch Binnenkräfte entwickelte, war das Verfassungsprogramm des Westfälischen Friedens. Dazu kam, daß das Reichsoberhaupt, das schon als Garant und Repräsentant der Reichsebene und zur Inkraftsetzung aller Beschlüsse unentbehrlich war, auch aktiv und führend in die Reichspolitik zurückkehrte. Ganz gegen die Niedergangsthese nicht mehr richtig hinschauender Historiker erlebte das habsburgische Kaisertum [...] nach dem Westfälischen Frieden einen steilen Wiederaufstieg seines Ansehens, aus dem heraus es auch seine Verfassungsposition als Reichsoberhaupt festigen konnte.

[...]

Das vom Westfälischen Frieden kodifizierte Verfassungsprinzip wird damit klar. Im Reich muß seit 1648 ein paralleler Staatsausbau auf zwei Verfassungsebenen in Rechnung gestellt werden: auf der territorialen wie der gesamtstaatlichen Ebene. Es ist eine irrige Vorstellung, daß der Ausbau des Fürstenstaates gleichsam nur auf Kosten des Reiches möglich gewesen wäre oder umgekehrt. Es ging nicht um Machtverteilung, sondern um Arbeitsteilung und Kooperation zur Bewältigung der zunehmenden staatlichen Aufgaben. Auf der regionalen Ebene nahmen die Territorien oder ergänzend die Reichskreise selbständig wichtige Rechts- und Verwaltungsaufgaben wahr und bauten ihre administrativen Systeme aus. Zugleich wurde auf der übergreifenden Ebene die Vertretung der Gesamtbelange nach innen und außen durch Reichsoberhaupt, Reichstag, Reichsgerichtsbarkeit und durch die Reichskreise mit ihrer Scharnier- und Exekutivfunktion nun voll institutionalisiert und durchorganisiert. Es besteht kein Anlaß, wegen dieser Dualität der Verfassungsebenen an der Staatlichkeit des Reiches zu zweifeln. [...] Wer in der Bundesrepublik Deutschland lebt, dem wird dieses politische System bei allen Gewichtsverschiebungen zwischen Bund und Ländern nicht ganz unbekannt vorkommen. Der Westfälische Friede kodifizierte bis heute wirksame föderalistische Traditionen der deutschen Verfassungsgeschichte.

Johannes Burkhardt: Das größte Friedenswerk der Neuzeit. Der Westfälische Frieden in neuer Perspektive. In: GWU 10 (1998), S. 592–612, hier S. 592 f., 597–600, 602.

Anmerkungen:

1 Artikel VIII: Artikel aus dem Osnabrücker Friedensvertrag vom 24. Oktober 1648, der die verfassungsmäßige Stellung der Reichsstände regelt.

2 Verhältnis zu den ausländischen Kronen: Mit dem Westfälischen Frieden erhielten die Reichsstände das Recht, mit auswärtigen Mächten Bündnisse zu schließen. Diese durften sich jedoch nicht gegen Kaiser und Reich richten.

Hinweise zu Autor und Material:
Johannes Burkhardt (*24. Februar 1943 in Dresden) ist ein deutscher Historiker, dessen Forschungsschwerpunkt im Bereich der Frühen Neuzeit (1500–1800) liegt. Er verfasste u. a. zahlreiche Bücher und Aufsätze zur Reformation und zum Dreißigjährigen Krieg.
Geschichte in Wissenschaft und Unterricht (GWU) ist eine geschichtswissenschaftliche und fachdidaktische Zeitschrift, in der regelmäßig Aufsätze zu unterrichtsrelevanten Themen veröffentlicht werden.

M 2: Axel Gotthard über das Reichssystem, 2003

Hat der Westfälische Friede das aus den Fugen geratene Reichssystem saniert? Bis vor kurzem hätte diese Frage in Wissenschaftsbetrieb wie Bildungsbürgertum ein inbrünstiges Nein evoziert[1]. Um Fritz Hartung zu zitieren: „Der Westfälische Friede zerstörte bloß.“ Warum aber war er so zerstörerisch? Weil er die Libertät[2] der Stände „fast schrankenlos anerkannte“ und dem Kaiser „fast jede Handhabung zum Eingreifen im Reich“ benahm. Das Reich als ganzes ist tot, es leben seine Teile; Ende einer zusammenhängenden deutschen Geschichte, die von nun an in Landesgeschichten zerbröselt, unter denen eine, die preußische herausragt [...].

Was hier in Worten von Fritz Hartung wiedergegeben wurde, war bis vor kurzem unbestrittener Forschungsstand, wurde von Generationen geglaubt und memoriert[3]. Die bis heute maßgebliche Monographie (von Fritz Dickmann) mündet in folgendes Resümee: „Der Frieden bedeutete für unser Volk ein nationales Unglück und für das Heilige Römische Reich ... den Anfang der tödlichen Krankheit, der es schließlich erlag ... Das Jahr 1648 ist eines der großen Katastrophenjahre unserer Geschichte.“

[...]

Der Westfälische Friede ließ beträchtliche Teile der Reichsverfassung unkommentiert, schuf so viele Streitfragen, wie er alte bereinigte – wie hätte er da petrifizierend[4] wirken können? Vielleicht ist die Reichsverfassung seit 1648 sogar noch widersprüchlicher, damit (für Auslegungen) offener gewesen als zuvor. Das ganze Reichsverfassungsrecht pflegte ja schon lange bewusst mit mehrdeutigen Begriffen zu jonglieren. Die Verfassung des Alten Reiches war nicht fest gefügt, sondern locker gefugt […]. Wenn der Westfälische Friede etwas perpetuiert[5] hat, dann diese Offenheit. Ja, man setzte 1648 noch eins drauf: durch das schon konstatierte Spannungsverhältnis zwischen Privilegienbestätigung und Reformauftrag. Sogar radikale Neuerer konnten sich künftig aufs geschriebene Verfassungsrecht berufen.

Aber dieses war kein neues Recht. Es wurden 1648 noch nicht einmal die Gewichte neu verteilt, vielmehr Patts ausbalanciert, die sich seit dem ausgehenden Mittelalter eingependelt hatten – zwischen Kaiser und Reichsständen, zwischen Kurfürsten und anderen reichsständischen Gruppen. […] Man tarierte in Westfalen[6] aus, wieder einmal, zog hier eine Schraube nach und da – keinesfalls allzu fest, das hätte dem skizzierten offenen Charakter der Verfassung widersprochen.

Blicken wir abschließend zurück! Das Reich bekam nach dreißig Kriegsjahren Frieden. Insofern markierten die Instrumente von Münster und Osnabrück eine Zäsur der deutschen Geschichte. Aber sonst? […] [Die] (vagen wie auch sehr knappen) Vorgaben für die Kompetenzverteilung zwischen den Reichsorganen [haben] den Reichsverband weder zur Erstarrung verdammt noch gesprengt […]. Nüchtern betrachtet verliert der Westfälische Frieden, dieses angebliche Unglück, viel von seinem Schrecken, aber auch viel von seinem vermeintlich epochalem Charakter. Dass er Reichsidee und Kaisertum zerstört habe, ist das krasseste aller kursierenden Fehlurteile über den Westfälischen Frieden. Der Kaiser bekam 1648 lediglich wieder einmal gesagt, welche vom *herkömmlichen* Reichssystem gesetzten Schranken er unbedingt zu achten habe. Weggenommen hat man ihm nichts.

Axel Gotthard: Das Alte Reich 1495–1806. Darmstadt: Wissenschaftliche Buchgesellschaft 2003, S. 96, 107.

Anmerkungen:
1 evozieren: hervorrufen
2 ständische Libertät: politische Rechte und Freiheiten der Reichsstände
3 memorieren: sich an etwas erinnern
4 petrifizieren: versteinern, hier: im Sinne von festschreiben
5 perpetuieren: etwas dauerhaft bewirken
6 Westfalen: Gemeint sind hier die in Münster und Osnabrück geschlossenen Friedensverträge.

Hinweise zu Autor und Material:
Axel Gotthard (*21. April 1959 in Schwäbisch Gmünd) ist ein deutscher Historiker und Professor für Neuere Geschichte an der Universität Erlangen-Nürnberg. Zu seinen Forschungsschwerpunkten gehört u. a. die Kultur- und Verfassungsgeschichte des Alten Reiches von 1495 bis 1806. 2003 erschien in der Reihe „Geschichte kompakt" der Wissenschaftlichen Buchgesellschaft Darmstadt sein Buch „Das Alte Reich 1495–1806".

Zugelassene Hilfsmittel: Wörterbuch zur deutschen Rechtschreibung

Lösungsvorschläge

Diese Aufgabe entspricht dem folgenden aktuellen Schwerpunktthema:

- ***Inhaltsfeld 7:** Friedensschlüsse und Ordnungen des Friedens in der Moderne*
  - *Multilateraler Interessenausgleich nach dem Dreißigjährigen Krieg*

1. *Die erste Teilaufgabe verlangt von Ihnen eine Analyse der beiden wissenschaftlichen Darstellungen. Stellen Sie zunächst die beiden Texte kurz vor. Nennen Sie dazu jeweils den Autor, die Adressaten, die Textart, das Erscheinungsjahr und das Thema. Daran schließt sich die inhaltliche Analyse an, bei der Sie die wichtigsten Aspekte der beiden Texte strukturiert und präzise herausarbeiten sollen. Wichtig ist, dass Sie sich dabei auf die Gemeinsamkeiten und Unterschiede im Hinblick auf die Einschätzung der Bedeutung des Westfälischen Friedens beschränken. Achten Sie darauf, die Texte so weit wie möglich in eigenen Worten wiederzugeben, wobei Sie den Konjunktiv verwenden sollten. Direkte Zitate müssen Sie mit Zeilenangaben belegen.*

Einleitung
Vorstellung der beiden Texte

Bei den vorliegenden Texten handelt es sich um zwei **historische Darstellungen**, die sich mit der Bedeutung des Westfälischen Friedens für das System des Alten Reiches beschäftigen. Dabei steht insbesondere das Verhältnis zwischen Kaiser und Reichsständen im Mittelpunkt der Betrachtung. **M 1** ist ein Auszug aus dem **Aufsatz** „Das größte Friedenswerk der Neuzeit. Der Westfälische Frieden in neuer Perspektive" des Historikers **Johannes Burkhardt**. Der Artikel ist 1998 anlässlich des 350-jährigen Jubiläums des Westfälischen Friedens in der Fachzeitschrift „Geschichte in Wissenschaft und Unterricht" (GWU) erschienen, deren Leserschaft überwiegend aus Geschichtslehrern und Historikern besteht.
Der Textauszug **M 2** stammt aus dem 2003 veröffentlichten **Buch** „Das Alte Reich 1495–1806" des Historikers **Axel Gotthard**. Dieses erschien in der Reihe „Geschichte kompakt" der Wissenschaftlichen Buchgesellschaft Darmstadt, die sich in erster Linie an Studenten und Lehrende der Geschichtswissenschaft, aber auch an geschichtlich interessierte Laien richtet.

inhaltliche Analyse – Gemeinsamkeiten
kein nationales Unglück

Die Einschätzung der **Bedeutung des Westfälischen Friedens** bei Burkhardt und Gotthard weist sowohl Gemeinsamkeiten als auch Unterschiede auf. Gemeinsam ist beiden Historikern, dass sie im Westfälischen Frieden nicht das „nationale[...] Unglück" (M 2, Z. 12) sehen, für das ihn viele Historiker lange gehalten haben. Dieser Meinung waren nicht nur preußisch-nationale Geschichtswissenschaftler des 19. Jahrhunderts (vgl. M 1, Z. 24–27), sondern später auch Historiker wie Fritz Hartung und Fritz Dickmann (vgl. M 2, Z. 2–14), deren Werke auch heute noch zitiert werden. So widerspricht sowohl Burkhardt als auch Gotthard dem häufig – insbesondere in der älteren Forschung – geäußerten Urteil, die Eigeninteressen der Fürsten hätten über einen machtlosen Kaiser gesiegt (vgl. M 1, Z. 44–50; M 2, Z. 38–42). Des Weiteren erkennen beide Historiker uneingeschränkt an, dass der Vertrag nach einer langen Kriegsphase schließlich für Frieden in Europa gesorgt hat (vgl. M 1, Z. 1–4; M 2, Z. 32 f.).

Friedensinstrument

Daneben gibt es aber zahlreiche Unterschiede in der Einschätzung der beiden Historiker. Auch wenn das Jahr 1648 für Gotthard nicht zu den „großen Katastrophenjahre[n] unserer Geschichte" (M 2, Z. 14) zählt, so bewertet er den Westfälischen Frieden doch nüchterner als **Burkhardt**. Während Letzterer das Vertragswerk euphorisch als „**Frieden der Superlative**" (M 1, Z. 1) und das „**größte und grundlegendste Friedenswerk der Neuzeit**" (M 1, Z. 4 f.) bezeichnet, **verliert** es laut **Gotthard** bei näherer Betrachtung „**viel von seinem vermeintlich epochalem Charakter**" (M 2, Z. 38). Der Vertrag habe zwar Frieden gebracht und könne insofern als Zäsur gesehen werden. Aber ansonsten habe er lediglich bereits bestehende Verhältnisse, nämlich den „offenen Charakter der Verfassung" (M 2, Z. 31), bestätigt bzw. noch weiter befördert (vgl. M 2, Z. 18–23, 29–31). Neues Recht und neue Verhältnisse habe der Vertrag nicht geschaffen, sondern vielmehr aufgrund seiner häufig mehrdeutigen Formulierungen für weitere Unklarheiten und Probleme gesorgt (vgl. M 2, Z. 16–19).

Unterschiede

offener Charakter der Verfassung

Burkhardt schätzt dagegen die verfassungsgeschichtliche Bedeutung des Westfälischen Friedens. Bei dieser handelt es sich seiner Meinung nach um die „**am meisten verkannte Leistung**" (M 1, Z. 23). So habe das Verfassungswerk von 1648 das Nebeneinander von Kaiser und Reich (das „**duale System des Reiches**"; M 1, Z. 43) wiederhergestellt und sogar gefestigt. Damit habe es letztlich zur **Institutionalisierung** und zum über 150-jährigen Bestehen des Reiches beigetragen (vgl. M 1, Z. 27–29, 73–76). Für Burkhardt stellt das Vertragswerk somit eine Weiterentwicklung dar, die bis in die Gegenwart reicht. Denn das eigentlich Besondere des Friedens sei es, dass die **föderalistischen Traditionen**, die sich in der Frühen Neuzeit ausgebildet hatten, heute im politischen System der Bundesrepublik Deutschland fortleben (vgl. M 1, Z. 80 f.).

verfassungsgeschichtliche Bedeutung

föderalistische Traditionen

Burkhardt nimmt darüber hinaus auch die europäische Dimension des Westfälischen Friedens in den Blick. Diese trage neben den Entwicklungen im Alten Reich maßgeblich zu dessen herausragender Bedeutung bei. Bis 1648 sei **Europa** „kein Nebeneinander von Staaten" (M 1, Z. 8) gewesen, sondern ein „**Gemeinwesen**" (M 1, Z. 9), an dessen Spitze ein **Kaiser** als ***primus inter***

europäische Dimension

pares stand. Nicht zuletzt um diese Position, die vom Haus Habsburg, Frankreich und Schweden beansprucht wurde, sei es im Dreißigjährigen Krieg gegangen. Da keine der Konfliktparteien diese Stellung behaupten konnte, hätten sie sich 1648 schließlich vertraglich „gegenseitig auf ewig als gleichberechtigt" (M 1, Z. 18 f.) anerkannt. Burkhardt bezeichnet den Dreißigjährigen Krieg deshalb auch als **„europäischen Staatsbildungskrieg"** (M 1, Z. 20 f.). Der Westfälische Frieden habe somit zu einem geregelten Nebeneinander der europäischen Staaten geführt.

2. *Diese Teilaufgabe verlangt von Ihnen, die europäische Dimension des Dreißigjährigen Krieges und deren Auswirkungen auf den Westfälischen Frieden zu erläutern. Achten Sie darauf, sich bei Ihren Ausführungen auf den Aufsatz von Burkhardt (M 1) zu beziehen. Konzentrieren Sie sich auf zentrale Aspekte, da Sie nicht alle Fakten und Ereignisse des Dreißigjährigen Krieges berücksichtigen können.*

Europa im 17. Jahrhundert

Prager Fenstersturz

Europa war im 17. Jahrhundert von zahlreichen Auseinandersetzungen geprägt, die nicht nur konfessionell, sondern vor allem machtpolitisch motiviert waren. In diesen Kontext ist auch der Dreißigjährige Krieg einzuordnen. Er hatte seinen Ausgangspunkt im **Aufstand protestantischer Stände in Böhmen** gegen **Ferdinand**, den katholischen **König von Böhmen**. Der Habsburger hatte nach seinem Regierungsantritt 1617 die Rechte der böhmischen Stände immer weiter eingeschränkt und umfassende **Rekatholisierungsmaßnahmen** eingeleitet. Dagegen protestierten am 23. Mai 1618 Vertreter des protestantischen böhmischen Adels mit dem Prager Fenstersturz.

von der lokalen Krise zum europäischen Krieg

Böhmen wurde so zu einem **Krisenherd**, in dem sich verschiedene Gegensätze bündelten. Zu diesen gehörten machtpolitische Auseinandersetzungen zwischen dem König und den böhmischen Ständen, die Streitigkeiten zwischen Protestantismus und Katholizismus sowie die Differenzen zwischen Böhmen und dem Haus Habsburg. Angesichts dieser vielschichtigen Gegensätze weitete sich der Konflikt rasch von einer regional begrenzten Krise zu einem **Krieg** aus, der **weite Teile Mitteleuropas** erfasste.

europäische Machtpolitik

Der Dreißigjährige Krieg fand dabei zwar überwiegend auf dem Territorium des Alten Reiches statt, es kämpften aber nicht nur der **Kaiser** und die **Reichsstände** des Alten Reiches gegeneinander, sondern auch zahlreiche **europäische Mächte**. Bei diesen handelte es sich vor allem um Frankreich, Spanien, Schweden und Dänemark. Sie verfolgten dabei weniger konfessionsrechtliche als vielmehr territoriale Interessen und machtpolitische Ziele. Auf diesen Aspekt weist auch Burkhardt in seinem Aufsatz (M 1) hin. Er erläutert, dass Europa zu dieser Zeit als eine

Einheit angesehen wurde, an deren Spitze ein Herrscher zu stehen hatte. Um diese „**europäische Spitzenstellung**" (M 1, Z. 14) sei es dem Haus Habsburg sowie den Herrschern von Frankreich und Schweden im Dreißigjährigen Krieg gegangen (vgl. M 1, Z. 13 f.).

Kriegsphasen

Auf die **europäische Dimension der Auseinandersetzungen** seit 1625 verweisen auch die später von der Forschung gebildeten Kriegsphasen: der Niedersächsisch-Dänische Krieg (1625–1629), der Schwedische Krieg (1630–1635) und der Schwedisch-Französische Krieg (1635–1648). Diese Einteilung verdeutlicht zudem, dass es sich beim Dreißigjährigen Krieg um mehrere **einzelne militärische Konflikte** handelte, in denen die europäischen Mächte unterschiedliche Interessen verfolgten.

Ziele der europäischen Mächte

Frankreichs Ziel war es, den Einfluss des Hauses Habsburg in Mitteleuropa zurückzudrängen und sich aus dessen Umklammerung zu befreien. Diese ergab sich durch die Herrschaft der spanischen Linie der Habsburger über Spanien und die Spanischen Niederlande. **Spanien** wollte seine Macht in den Niederlanden sichern und sich in den andauernden dynastischen Konflikten mit Frankreich durchsetzen. **Schweden** ging es allgemein um die Sicherung seiner Stellung als nordeuropäische Großmacht, die es durch das Vordringen der katholischen Habsburger in den Ostseeraum gefährdet sah. Zudem wollte es den protestantischen Reichsfürsten zu Hilfe kommen, um den Protestantismus im Reich zu verteidigen. Auch das protestantische **Dänemark** sah sich durch den Vorstoß der Katholiken nach Norddeutschland bedroht. Es wollte ebenfalls seine Macht in dieser Region bewahren und seinen Einfluss gegenüber dem schwedischen Rivalen stärken.

Kriegsverlauf

Böhmisch-Pfälzischer und Niedersächsisch-Dänischer Krieg

Die Verfolgung ihrer Ziele veranlasste die europäischen Großmächte zu mehreren Kriegen. Nachdem die Feldherren **Tilly** und **Wallenstein** im Auftrag Kaiser Ferdinands II. und der katholischen Liga in den ersten beiden Kriegsphasen – dem Böhmisch-Pfälzischen Krieg (1618–1623) und dem Niedersächsisch-Dänischen Krieg (1625–1629) – zahlreiche militärische Erfolge erzielt hatten, befand sich der Kaiser 1629 auf dem Höhepunkt seiner Macht. Er erließ das **Restitutionsedikt**, das die Rekatholisierung weiter Teile Norddeutschlands vorsah. Dieses Vorgehen rief den erbitterten Widerstand der protestantischen Fürsten hervor.

Schwedischer Krieg

1630 landete der schwedische König **Gustav Adolf** mit einem Heer an der deutschen Ostseeküste. Unterstützt von protestantischen Fürsten drangen die Schweden bis nach Süddeutschland vor und besetzten 1632 Augsburg und München. Im selben Jahr starb Gustav Adolf in der **Schlacht bei Lützen**. 1634 gelang den kaiserlichen Truppen der entscheidende Sieg in der **Schlacht von Nördlingen**. Die Reichsstände und der Kaiser schlossen daraufhin 1635 den **Prager Frieden**. Da jedoch andere europäische Mächte, vor allem Frankreich, weiterhin ihre Interessen auf dem Territorium des Heiligen Römischen Reiches verfolgten, konnte der Krieg im Reich nicht beendet werden.

Schwedisch-Französischer Krieg

1635 griff das katholische Frankreich, das schon länger im Hintergrund Politik gegen die Habsburger betrieben hatte (u. a. durch finanzielle Unterstützung der kaiserlichen Kriegsgegner), aufseiten Schwedens in den Krieg ein. Der Dreißigjährige Krieg hatte sich damit nun endgültig von einem Konfessionskrieg zu einem **gesamteuropäischen Machtkampf** entwickelt.
Die französischen und schwedischen Truppen verwüsteten zwar weite Landstriche Deutschlands, aber keine der Kriegsparteien konnte einen entscheidenden Sieg erringen. Nachdem sich die Kriegsparteien 1641 auf einen **allgemeinen Friedenskongress** verständigt hatten, trat dieser 1643 in **Münster** und **Osnabrück** zusammen. Am 24. Oktober 1648 wurde schließlich der Westfälische Frieden geschlossen.

Westfälischer Frieden

Die europäische Dimension des Dreißigjährigen Krieges hatte auch Auswirkungen auf den Westfälischen Frieden. Dieser wurde auf der einen Seite von den deutschen Reichsständen ausgehandelt. Auf der anderen Seite gab es aber auch **europäische Mächteverhandlungen:** Vertreter des Kaisers und Frankreichs tagten im katholischen Münster; weitere Vertreter des Kaisers kamen im protestantischen Osnabrück mit den Gesandten Schwedens zusammen. So wurde das Vertragswerk im Oktober 1648 neben den Reichsständen schließlich auch von Vertretern **Schwedens** und **Frankreichs** unterzeichnet, die zu Garantiemächten der **Reichsverfassung** wurden. Nicht zuletzt diese Verschränkung europäischer Mächte mit dem Heiligen Römischen Reich deutscher Nation war es, die die **Stabilität der entstehenden europäischen Staatenwelt** förderte.

Struktur des Friedenskongresses

Garantiemächte

3. *In dieser Teilaufgabe sollen Sie die Bedeutung des Westfälischen Friedens für das Verhältnis der europäischen Staaten nach 1648 beurteilen. Führen Sie dabei mehrere Sachverhalte an und bringen Sie diese in einen historischen Zusammenhang. Am Ende Ihrer Überlegungen sollten Sie zu einem kurzen Fazit kommen.*

Der Westfälische Frieden von Münster und Osnabrück war ein **Kompromiss** zwischen den Gegnern des Dreißigjährigen Krieges, die nach dessen langer Dauer kriegsmüde geworden waren. Ausgehend von diesem Vertragswerk veränderte sich das Verhältnis der europäischen Staatenwelt nach 1648 nachhaltig. Dies lässt sich insbesondere an der Beziehung der europäischen Staaten, an völkerrechtlichen Regelungen sowie an der Art der Konfliktbewältigung aufzeigen.

Einleitung

Kompromissfrieden

Kriterien der Beurteilung

Da auch nach drei Jahrzehnten keine der Parteien einen Sieg erringen konnte, mussten sie „ihre Ansprüche reduzieren und sich als vertragsschließende Parteien gegenseitig auf ewig als gleichberechtigt anerkennen“ (M 1, Z. 17 ff.). Damit schuf das Friedenswerk eine **dauerhafte europäische Friedensordnung gleichrangiger Staaten**. Statt der bisher angestrebten Universalherrschaft einer Macht herrschte nun erstmals ein **Gleichgewicht** der europäischen Staaten.
Diese Entwicklung findet bei Burkhardt Erwähnung (vgl. M 1, Z. 19 ff.), der den **Dreißigjährigen Krieg** deshalb als „europäischen Staatsbildungskrieg“ (M 1, Z. 20 f.) bezeichnet. So musste Spanien die **Vereinigten Niederlande** im **Frieden von Münster** als souveränen Staat anerkennen. **Frankreich** und **Schweden** erhielten als Hauptgewinner des Krieges umfangreiche territoriale und finanzielle Entschädigungen zulasten des Hauses Habsburg. Das befriedete Heilige Römische Reich diente – trotz seiner territorialen Zersplitterung – fortan als **Klammer**, die die Mitte Europas für die nächsten 150 Jahre zusammenhalten sollte.

„europäischer Staatsbildungskrieg“

Der Westfälische Frieden leistete darüber hinaus einen entscheidenden Beitrag zur Geschichte des Völkerrechts. Erstmals in der Geschichte Europas wurde eine Konfliktlösung nicht auf dem militärischen, sondern auf dem **Verhandlungsweg** erreicht. Von nun an gab es nicht mehr die gottgewollte Universalherrschaft mit Kaiser und Papst an der Spitze, sondern es galt das **Prinzip der Souveränität** und die **Gleichrangigkeit** aller europäischen Staaten. Der **Verzicht auf die Klärung der Kriegsschuldfrage** trug zudem zur Befriedung der Staaten bei. Geschlossen wurde der Frieden „auf ewig“, was durch die **Ewigkeitsklausel** unterstrichen wurde. Alle Friedensschlüsse bis zum letzten Drittel des 18. Jahrhunderts bezogen sich fortan explizit oder implizit auf den Westfälischen Frieden. Sie enthielten damit ebenfalls Grundsätze wie **staatliche Vielfalt**, **Gleichheit** und gegenseitige **staatliche Anerkennung**.

völkerrechtliche Regelungen

Neben dem Friedensvertrag selbst wurde aber auch die Art der **Verhandlungen** wegweisend für spätere Friedensbemühungen. So handelte es sich bei den beiden Friedenskongressen im katholischen Münster und im protestantischen Osnabrück um **internationale Gesandtenkongresse**, auf denen alle Kriegsparteien vertreten waren. Ein **strenges Protokoll** sowie feste **Regeln**, die den Ablauf der Verhandlungen vorgaben, erleichterten die Friedensfindung.

Gesandtenkongress

Auch wenn der Westfälische Frieden **Europa nicht dauerhaft befrieden** konnte, ist dessen Bedeutung nicht zu unterschätzen. So leistete er einen herausragenden Beitrag zur **Gleichberechtigung** der europäischen Staaten sowie zur Entwicklung des **Völkerrechts**. Er diente bis zum Wiener Kongress 1814/15 maßgeblich als **Vorbild internationaler Konfliktbewältigung**.

Fazit

B: Analyse von Darstellungen und kritische Auseinandersetzung mit ihnen

Aufgabenstellung

1. Analysieren Sie die Textvorlage nach Aufbau und Inhalt.
2. Charakterisieren Sie den vorliegenden Deutungsansatz.
3. Überprüfen Sie die zentralen Aussagen des Textes und setzen Sie sich mit dem Geschichtsbild auseinander, das von dem Text vermittelt werden soll.

M: Auszug aus einem Lehrbuch der DDR für die Klasse 8 zur Revolution 1848/49

Die wesentlichen Ursachen für die Niederlage der Revolution

Es war für die bürgerlich-demokratische Revolution in Deutschland schwieriger als für die französische bürgerliche Revolution von 1789 bis 1795, den Sieg über Adel und Fürsten zu erringen. Frankreich bildete damals bereits einen einheitlichen Staat. In Deutschland dagegen fand die Revolution unter den Bedingungen der Kleinstaaterei statt. Die revolutionären Volksmassen brauchten sich in Frankreich nur mit einem König und einer Regierung auseinanderzusetzen. Die deutsche Revolution hatte es mit den Regierungen von 38 Staaten zu tun, Schuld an der Niederlage der Revolution trug die Bourgeoisie. Statt in ihrer eigenen Revolution die Massen zu führen, wie es ihre Aufgabe war, verriet sie den revolutionären Kampf. Die Angst vor der Arbeiterklasse und den demokratischen Kräften trieb sie zum Bündnis mit den Junkern und Fürsten gegen das Volk. Diese verräterische Politik kostete sie die Errungenschaften, die ihr die Volksmassen am Beginn der Revolution erkämpft hatten. Als die Bourgeoisie im Kampf gegen die Weiterführung der Revolution ihre Schuldigkeit getan hatte, gab ihr die feudale Reaktion den verdienten Fußtritt. So verlor die Bourgeoisie ihre politischen Rechte.

Aus dem demokratischen Kleinbürgertum waren viele verdiente Revolutionäre gekommen. Aber als politisch wenig einheitliche und ökonomisch schwache Klasse war das deutsche Kleinbürgertum nicht in der Lage, selbständig die Revolution erfolgreich zu Ende zu führen. In entscheidenden Augenblicken schwankten die kleinbürgerlichen Führer und zögerten, zusammen mit den Arbeitern die Feinde der Revolution gewaltsam zu bekämpfen.

Die junge deutsche Arbeiterklasse war 1848 noch zu gering an Zahl und zu wenig organisiert. Deshalb konnte sie noch nicht die Führung in der Revolution übernehmen. Aber die Arbeiterklasse brachte in allen Kämpfen die größten Opfer. Von allen Klassen hatte sich das Proletariat am mutigsten und revolutionärsten gezeigt. Es war am konsequentesten für die Weiterführung der Revolution eingetreten. Das entschiedenste Programm der Revolution wurde von der Vorhut der deutschen Arbeiterklasse, vom Bund der Kommunisten unter Leitung von Karl Marx und Friedrich Engels, ausgearbeitet. Die Masse der Arbeiterorganisationen stand jedoch zunächst noch unter kleinbürgerlichem Einfluß und beschränkte sich auf ökonomische Ziele.

Die historische Bedeutung der Revolution und ihre Lehren

Die Revolution von 1848/49 ist ein Höhepunkt in der Geschichte unseres Volkes. Im 19. Jahrhundert war sie das größte politische Ereignis in der deutschen Geschichte. Die Volksmassen ganz Deutschlands erhoben sich, um eine bessere Zukunft zu erkämpfen. Sie wollten durch ihre Kraft einen einheitlichen demokratischen Staat schaffen, der ihre Interessen erfüllt.

In der Revolution erwies sich die Unfähigkeit der Bourgeoisie, die Belange der deutschen Nation zu vertreten. Kurzsichtig verfolgte sie nur ihre egoistischen Klassenziele. Das veranlaßte sie zum Zusammengehen mit den feudalreaktionären Kräften. Die Bourgeoisie zog keine Lehren aus dem Verlauf der Revolution. Es war auch fernerhin ihre Politik, eher das Bündnis mit den herrschenden feudalen Kräften als mit dem Volk anzustreben. Karl Marx und Friedrich Engels zogen aus den vielfältigen Erfahrungen der europäischen Revolution von 1848/49 wichtige Lehren für die Weiterentwicklung des wissenschaftlichen Kommunismus. In verschiedenen Werken stellten sie besonders die neuen Erkenntnisse über den bürgerlichen Staat und seine Rolle als Instrument der herrschenden Klasse in der kapitalistischen Gesellschaftsordnung dar. Mit der Feststellung, daß die politische Machtergreifung des Proletariats die Zerstörung des alten Staatsapparates der Ausbeuterklassen erfordert, entwickelte Karl Marx die Ideen des Kommunistischen Manifestes weiter. Marx und Engels formulierten in ihren Werken ferner bereits Grundgedanken über das notwendige Bündnis der Arbeiterklasse mit der Bauernschaft. Sie legten dar, daß die Bauern nur in der Arbeiterklasse ihren natürlichen Verbündeten und Führer finden. Während der Revolution sammelten die Arbeiter wertvolle Kampferfahrungen; es wuchs ihr Klassenbewußtsein.

Geschichte. Lehrbuch für Klasse 8. Volk und Wissen, Volkseigener Verlag, Berlin 1974, S. 47–48
Die Rechtschreibung der Originalquelle wurde beibehalten.

Zugelassene Hilfsmittel: Wörterbuch zur deutschen Rechtschreibung

Lösungsvorschläge

Diese Aufgabe entspricht den folgenden aktuellen Schwerpunktthemen:

- ***Inhaltsfeld 6:** Nationalismus, Nationalstaat und deutsche Identität im 19. und 20. Jahrhundert*
  - *Die „Deutsche Frage" im 19. Jahrhundert*
  - *Nationale Identität unter den Bedingungen der Zweistaatlichkeit in Deutschland*

1. *Der erste Aufgabenteil erfordert eine Analyse der Textvorlage. Im Einzelnen sollen Sie die zentralen Aussagen herausarbeiten und die gedanklich-logische Entwicklung der vertretenen Position deutlich machen. Es sollte klar werden, dass im ersten Textteil nach einem Vergleich der unterschiedlichen Ausgangsbedingungen der Revolutionen von 1789 und 1848 im Wesentlichen die Träger der revolutionären Vorgänge mit ihren von der Quelle so formulierten unterschiedlichen Leistungen bzw. Versäumnissen und Fehlern dargestellt werden. Bei dem zweiten Teil der Textvorlage ist auf die Rolle zu verweisen, die der 48er-Revolution aufgrund der von Marx und Engels gezogenen Schlussfolgerungen für die zukünftige Rolle des Proletariats im revolutionären Prozess zugeschrieben wird.*

Einleitung
Vorstellung und Aufbau der Quelle

Der vorliegende Text ist ein **Auszug aus einem Schulbuch** für die Klasse 8 der ehemaligen DDR, das im Jahr 1974 im Volkseigenen Verlag Volk und Wissen in (Ost-)Berlin erschienen ist und sich an Schülerinnen und Schüler der Mittelstufe wendet. Mit diesem Text, für den kein bestimmter Autor verantwortlich zeichnet, sollte Schülerinnen und Schülern das offiziell gültige **Geschichtsbild der DDR** vermittelt werden. Der Text gliedert sich in zwei Teile. Während der erste Abschnitt sich mit den wesentlichen „Ursachen für die Niederlage der Revolution" (Z. 1–31) befasst, thematisiert der zweite Abschnitt die „historische Bedeutung der Revolution und ihre Lehren" (Z. 32–55).

Analyse nach Aufbau und Inhalt
Ursachen für das Scheitern der Revolution

Der mit dem Titel „Die wesentlichen **Ursachen für die Niederlage der Revolution**" überschriebene Abschnitt beginnt mit einem Vergleich zwischen der Ausgangssituation der bürgerlichen Revolutionen in Frankreich im Jahre 1789 und in Deutschland im Jahre 1848. Dabei vertritt der Verfasser die These, dass es für die bürgerlich-demokratische Revolution in Deutschland schwieriger als in Frankreich gewesen sei, „den Sieg über Adel und Fürsten zu erringen" (Z. 2 ff.). Bei der **Gegenüberstellung der in Frankreich und Deutschland bestehenden Situation** hebt der Verfasser als wesentlichen Unterschied die Kleinstaaterei in Deutschland hervor. Unmittelbar anschließend nimmt der Text in apodiktischer Weise eine eindeutige **Schuldzuweisung** vor, wenn es heißt: „Schuld an der Niederlage der Revolution trug die Bourgeoisie." (Z. 8 f.) Dieser pauschale Schuldvorwurf

Kleinstaaterei

Bourgeoisie als Schuldige

wird im Folgenden durch die ebenfalls an die **Bourgeoisie** gerichtete Bezichtigung erweitert, „den revolutionären Kampf" verraten zu haben und damit „ihre Aufgabe", „in ihrer eigenen Revolution die Massen zu führen" (Z. 9 f.). Die Bourgeoisie habe sich aus „Angst vor der Arbeiterklasse und den demokratischen Kräften" zu einem „Bündnis mit den Junkern und Fürsten gegen das Volk" treiben lassen (Z. 10 f.). Im Gegenzug habe die Bourgeoisie durch ihre „verräterische Politik" (Z. 12) die Errungenschaften und Rechte verloren, die ihr die Volksmassen am Beginn der Revolution erkämpft hätten. Im folgenden Teil des ersten Textabschnittes widmet sich der Verfasser der Rolle des revolutionären Kleinbürgertums und der „jungen deutschen Arbeiterklasse". Dem **Kleinbürgertum** wird **fehlende Geschlossenheit**, ökonomische Schwäche und ein Schwanken und Zögern im entscheidenden Augenblick attestiert, ein Verhalten, das ein Zusammengehen des Kleinbürgertums mit den Arbeitern verhindert habe, um so die „Feinde der Revolution gewaltsam zu bekämpfen" (Z. 21 f.). Die „junge deutsche **Arbeiterklasse**" dagegen sei **zahlenmäßig noch zu schwach** und zu wenig organisiert gewesen. Sie erhält aber von Seiten des Verfassers höchste Anerkennung, wenn ihr die **größte Opferbereitschaft** und die „mutigste" und „revolutionärste" Haltung zuerkannt wird (vgl. Z. 26). Dem **Bund der Kommunisten** unter der Leitung von Karl Marx und Friedrich Engels wird als „Vorhut der deutschen Arbeiterklasse" (Z. 28) eine programmatische **Führungsrolle** zugeschrieben.

Rolle des Kleinbürgertums

Rolle der Arbeiterklasse

Im zweiten großen Abschnitt des Textes „Die **historische Bedeutung der Revolution und ihre Lehren**" (Z. 32) bezeichnet der Verfasser die Revolution von 1848/49 einleitend als einen „**Höhepunkt in der Geschichte** unseres Volkes" und als „das größte politische Ereignis in der deutschen Geschichte" im 19. Jahrhundert (Z. 33 f.). Offenbar als Begründung hierfür führt der Verfasser nochmals in sehr allgemeiner Weise an, dass „die Volksmassen ganz Deutschlands" (Z. 35) sich mit dem Ziel erhoben hätten, „eine bessere Zukunft zu erkämpfen" (Z. 35 f.) und einen „einheitlichen demokratischen Staat" (Z. 36) zu schaffen.

historische Bedeutung der Revolution

Im folgenden Absatz wendet sich der Verfasser zunächst der Bourgeoisie und ihren Fehlern und Versäumnissen zu und hebt ihre **Unfähigkeit** hervor, die **Belange der deutschen Nation zu vertreten**, sowie ihren **Egoismus**, mit dem sie ihre eigenen Klassenziele verfolgt und ein **Bündnis mit den feudalreaktionären Kräften** geschlossen habe.

Fehler der Bourgeoisie

Im weiteren Verlauf des Textes weist der Verfasser auf die von Marx und Engels aus den Erfahrungen der Revolution von 1848/49 gezogenen, zukunftsweisenden „**Lehren** für die Weiterentwicklung des wissenschaftlichen Kommunismus" (Z. 44 f.) hin. Als die Grundgedanken der marxistischen Theoretiker stellt der Verfasser vor allem zweierlei heraus: die **Rolle des bürgerlichen Staats** als „Instrument der herrschenden Klasse in der kapitalistischen Gesellschaftsordnung" (Z. 47) sowie das Erfordernis, dass „mit der Machtergreifung des Proletariats die **Zerstörung des alten Staatsapparates** der Ausbeuterklassen" erfolgen müsse. Schließlich hebt der Verfasser das „notwendige **Bündnis der Arbeiterklasse mit der Bauernschaft**" (Z. 51 f.) hervor.

Lehren aus dem Scheitern der Revolution

2. *In diesem Lösungsteil kommt es darauf an, den vorliegenden Interpretationsansatz als marxistische Geschichtsdeutung zu kennzeichnen und dies durch entsprechende Textverweise zu verdeutlichen: Terminologie; Klassenkampf-Schema und einseitige Betonung der Rolle der „Arbeiterklasse"; Anspruch der Wissenschaftlichkeit der marxistischen Interpretation.*

Der vorliegende Text ist eine Darstellung der „Ursachen für die Niederlage" der Revolution von 1848 und eine Bewertung ihrer historischen Bedeutung auf der **Grundlage der marxistischen Geschichtsinterpretation**. Dieser dem historischen Materialismus verpflichteten Deutung zufolge unterliegt die Geschichte bestimmten Gesetzmäßigkeiten und ist in ihrem Verlauf determiniert, also vorbestimmt. Demnach ist die Geschichte geprägt von einer **Abfolge von Klassenkämpfen**. Die Produktionsverhältnisse bestimmen den sozialen, politischen und geistigen Prozess, der nach dieser Weltanschauung irgendwann notwendig zur sozialistischen Gesellschafts- und Wirtschaftsform führt. Nach marxistischer Geschichtsvorstellung entwickelt sich die Geschichte der Menschheit von der Urgesellschaft über die **Sklavenhaltergesellschaft**, den **Feudalismus** und **Kapitalismus** hin zur **klassenlosen, kommunistischen Gesellschaft**. Mit dieser Phase der geschichtlichen Entwicklung ist nach Marx und Engels dann auch das **Ziel der Entwicklung** erreicht, die **Vergesellschaftung des Privateigentums** an den Produktionsmitteln, also seine Überführung in gesellschaftliches Eigentum. Die kapitalistische Phase der Entwicklung wird als letzte Phase vor dem Übergang zur klassenlosen kommunistischen Gesellschaftsordnung betrachtet. Dabei ist der Kapitalismus eine Gesellschaftsformation, die auf privatwirtschaftlichem Eigentum an den Produktionsmitteln beruht und von der privaten

Charakterisierung des Deutungsansatzes als marxistisch

deterministische Geschichtsauffassung

Phasen der geschichtlichen Entwicklung

Aneignung der Ergebnisse der Produktion und der Ausbeutung der Lohnarbeiter gekennzeichnet ist. In dieser Gesellschaftsform stehen sich der marxistischen Theorie zufolge zwei Klassen antagonistisch gegenüber: Dies ist zum einen die **Bourgeoisie**, verkörpert durch die Kapitalisten, die als Eigentümer der Produktionsmittel die ökonomisch und politisch herrschende Klasse darstellen; auf der anderen Seite steht die Arbeiterklasse bzw. das **Proletariat**, deren Mitglieder als Nichteigentümer von Produktionsmitteln nichts als ihre Arbeitskraft besitzen und diese an die Kapitalisten verkaufen müssen. Ihre Herrschaft übt die Bourgeoisie mithilfe des bürgerlichen Staats aus, nachdem sie durch eine erfolgreiche bürgerliche Revolution – hierin liegt nach marxistischem Verständnis die historische Aufgabe der Bourgeoisie – die rückständige feudalistische Ordnung beseitigt und die Macht errungen hat.

Klassenkampf zwischen Bourgeoisie und Proletariat

Orientiert an diesen Grundlagen interpretiert der vorliegende Text die Ursachen des Scheiterns der Revolution von 1848/49 und arbeitet mit den **Kategorien und Begriffen der marxistischen Geschichtsdeutung**, vor allem durch die **Grundthese von der Klassenkampfsituation**. In schematischer Weise werden die Bourgeoisie und die Arbeiterklasse als Kollektive mit holzschnittartigen Eigenschaften einander gegenübergestellt. Die **Bourgeoisie** wird **als Verräter** an der historischen Aufgabe einer bürgerlichen Revolution nach französischem Vorbild dargestellt und ist demnach verantwortlich für das Wiedererstarken der reaktionären Kräfte. Das demokratische **Kleinbürgertum** wird als **zu wenig einheitlich** angesehen, als ökonomisch zu schwach und vor allem als nicht gewillt, ein Bündnis mit den Arbeitern einzugehen. Die **Arbeiterklasse** war nach dieser Auffassung 1848 noch **nicht in der Lage**, die **praktische Führung der Revolution zu übernehmen**.

Deutung des Scheiterns der Revolution auf marxistischer Grundlage

3. *Da nicht jede einzelne Aussage des Textes einer kritischen Prüfung unterzogen werden kann und dies auch nicht im Sinne der Aufgabenstellung ist, muss sich diese Prüfung, wie in der Aufgabenstellung gefordert, auf zentrale Aspekte beschränken. Infrage kommen hierbei in erster Linie – orientiert an der Gliederung des Textes – die Grundaussagen über die Ursachen des Scheiterns (Verrat und Versagen der Bourgeoisie) sowie über die historische Bedeutung und die Lehren der Revolution von 1848/49 als einer der Höhepunkte deutscher Geschichte. Außerdem sollen in dieser dritten Teilaufgabe eine Reflexion der in der Textvorlage erkennbaren Geschichtsauffassung und eine eigenständige Beurteilung erfolgen.*

Zu Beginn des Abschnitts über die **historische Bedeutung der Revolution und ihrer Lehren** stellt der vorliegende Text fest, die Revolution stelle einen „Höhepunkt in der Geschichte unseres Volkes“ dar und sei das „größte politische Ereignis“ in der deutschen Geschichte des 19. Jahrhunderts. Wenn man von der ideologischen Ausrichtung dieser Feststellung absieht, ist dieser Bewertung von einem demokratisch-rechtstaatlich geprägten Standpunkt durchaus zuzustimmen. Andererseits war, auch dies stellt der vorliegende Text zu Recht fest, die **Revolution** von 1848/49 in Deutschland **nicht erfolgreich**. Die Ursachen für das Scheitern der Revolution, sind aber weitaus komplexer und differenzierter als sie im vorliegenden Text dargestellt werden. In der Revolution artikulierte sich der **Protest des Bürgertums** gegen den verfassungspolitischen Stillstand. Das **soziale Aufbegehren von unselbstständigen Handwerkern und Gesellen** sowie von **abhängigen Bauern** war eine weitere Wurzel für die **revolutionären Unruhen**, die im März 1848 in den deutschen Staaten ausbrachen. Die sozialen Spannungen hatten sich in den Jahren zuvor verschärft. Dem lag nicht zuletzt der Strukturwandel in vielen europäischen Ländern zugrunde, der von der rein agrarisch geprägten zur industriellen Gesellschaft führte. Den genannten **politischen Emanzipationsbestrebungen** und **sozialen Forderungen** stand in der Phase des Vormärz eine durch Unterdrückung und Bevormundung geprägte **restaurative Politik** entgegen.

Auseinandersetzung mit dem vermittelten Geschichtsbild

Ursachen für das Scheitern der Revolution

Ausgangssituation mit verschiedenen Bestrebungen

Die **liberale Mehrheit des Bürgertums** wollte allerdings keine radikalen Veränderungen, sondern strebte eher nach **Freiheit des Eigentums** und seiner Nutzung als nach unbedingter Durchsetzung politischer Freiheiten und Selbstbestimmung. Die sozialen Spannungen, die in Deutschland nicht den Grad erreichten wie im vorrevolutionären Frankreich 1789, erzeugten nicht den für eine Radikalisierung der Revolution möglicherweise erforderlichen politischen Druck. Aufgrund des in Deutschland noch **geringen Industrialisierungsgrades** war ein **Proletariat in Deutschland noch kaum vorhanden**. Die Landbevölkerung, die die Mehrheit der Bevölkerung bildete, blieb von den Ereignissen in den Städten weitgehend unberührt. Der **Revolution fehlte es sowohl an einheitlichen Zielen als auch an einer einheitlichen Führung**. So waren die liberalen Kräfte in einen gemäßigten und einen radikal-demokratischen Flügel gespalten. Die nationale Frage wurde mit unterschiedlichen Zielsetzungen im Hinblick auf die Größe der Nation („kleindeutsch“ versus „großdeutsch“) und die Frage der Regierungsform (Republik oder Monarchie) beantwortet.

fehlende Einheitlichkeit

Kleinstaaterei und Dualismus

Die **Zersplitterung der revolutionären Abläufe und der Schauplätze** war auch eine Folge der deutschen Viel- bzw. Kleinstaaterei. So gab es kein einheitliches revolutionäres Zentrum, sondern die Revolutionen in Wien, Berlin oder in Baden nahmen jeweils unterschiedliche Verläufe. Keines der revolutionären Zentren übernahm zudem eine unbestrittene Führungsrolle, vielmehr konkurrierten nach wie vor und weiterhin die beiden deutschen Großmächte Preußen und Österreich um die Vorherrschaft („**Dualismus**").

Bedeutung der Revolution

Bedeutung und Lehren der Revolution werden in dem vorliegenden Auszug aus dem DDR-Geschichtsbuch völlig einseitig und im Sinne eines ideologisch festgelegten Weltbildes gesehen. Dennoch war die Revolution tatsächlich von großer Bedeutung für die **Geschichte der deutschen Demokratie**. Sie **beendete** das **restaurative System**, das durch die Person des österreichischen Staatskanzlers **Metternich** repräsentiert wurde und etablierte die erste deutsche Verfassung, auch wenn dem Frankfurter **Paulskirchenparlament** als provisorischer Zentralgewalt dann die Machtmittel fehlten, um ihre Beschlüsse durchzusetzen.

Basis deutscher Demokratiegeschichte

Die Ergebnisse der Revolution von 1848/49 müssen zudem nicht zwangsläufig unter dem Aspekt des Scheiterns gesehen werden, denn die Revolution etablierte trotz ihres Scheiterns zwischenzeitlich die **erste gesamtdeutsche Verfassung** und war der eigentliche **Beginn der deutschen Demokratiegeschichte**. Die Paulskirchen-Verfassung war nicht nur eines der fortschrittlichsten Verfassungsdokumente ihrer Zeit. Sie wurde auch zum Vorbild der nachfolgenden deutschen Verfassungen. Ganz bewusst knüpfte der **Parlamentarische Rat 1948** bei den Beratungen zum **Grundgesetz** an den **Grundrechtekatalog** der Paulskirche an und übernahm vieles daraus. Die deutsche Paulskirchenverfassung hat 1848 mit ihren Gedanken von Freiheit und Gleichheit, Gewährung bürgerlicher Rechte, Presse- und Versammlungsfreiheit, aber auch von Gewaltenteilung und konstitutioneller Monarchie die Prinzipien formuliert, die noch heute die **Grundlagen unserer staatlichen Existenz** ausmachen.
Auch im Sinne einer **gesamteuropäischen Entwicklung** war das Revolutionsjahr 1848/49, das auch als „Völkerfrühling" bezeichnet wird, wichtig, denn die Ereignisse waren eine entscheidende Wendemarke auf dem Weg zum modernen, demokratischen Europa.

Unangemessenheit der DDR-Geschichtsdeutung

Die in der Textvorlage vorgenommene **Deutung** der „wesentlichen Ursachen für die Niederlage der Revolution" und die Aussagen über die „historische Bedeutung der Revolution und ihre Lehren" müssen insgesamt als **unangemessen und einseitig** zurückgewiesen werden. Die Unangemessenheit resultiert, zieht man die durch den Historiker Jürgen Kocka formulierten Kriterien für die Angemessenheit historischer Urteile heran, vor allem auf der verzerrenden **Einseitigkeit des Textes** und auf seiner Parteilichkeit durch **Dominanz politisch-ideologischer Erklärungsmuster**. Eine solche Herangehensweise hat eine gezielte Auswahl von Ursachen und die Konstruktion von Zusammenhängen zur Bestätigung einer bestimmten ideologischen Position zur Folge.

Das in der zu bearbeitenden Textvorlage zum Ausdruck kommende **Geschichtsbild** basiert auf der **Theorie des historischen Materialismus**. Dieses Geschichtsbild ist fest gefügt und durch eine Geschlossenheit gekennzeichnet, die **keine alternativen Betrachtungsweisen** zulässt. Es ist insbesondere durch eine **deterministische Auffassung** vom Sieg der proletarischen Revolution gekennzeichnet und beansprucht eine Gültigkeit, die keine Kritik und keine konkurrierende, anders geartete Deutung zulässt.

fest gefügtes Geschichtsbild ohne Alternativen

Der vorliegende Text ist ein Auszug aus einem DDR-Schulbuch für den Geschichtsunterricht in der Mittelstufe. Dieser Schulbuchtext **lässt wesentliche Merkmale eines Geschichtsunterrichts in einem demokratisch verfassten Staat vermissen**. Die Möglichkeit zu einer eigenständigen Urteilsbildung für den Schüler besteht nicht. Ein derartiger Geschichtsunterricht zielt nicht wie in einer offenen Gesellschaft auf die Entwicklung einer kritischen Betrachtungsweise von geschichtlichen Geschehnissen und Zusammenhängen ab, sondern will zu einer **autoritätshörigen und einseitig fest gefügten Geschichtsauffassung** erziehen. Im vorliegenden Fall ist dies die Ideologie des Marxismus-Leninismus mit der klaren Festlegung auf eine Interpretation des Geschichtsverlaufs und seiner vermeintlichen Gesetzmäßigkeiten nach der Ideologie des „wissenschaftlichen Sozialismus". Eine Fähigkeit zu kritischer Reflexion wird weder gefördert noch verlangt, vielmehr geht es offenbar um die unkritische Übernahme der herrschenden ideologisch geprägten Geschichtsdeutung. Dies kann neben der **ideologisch einseitigen Prägung** des Geschichtsbildes auf Seiten der Schüler auch zu einem Verlust des Interesses am Fach Geschichte führen.

einseitiger und unkritischer Geschichtsunterricht gemäß der DDR-Ideologie

Schriftliche Abiturprüfung Nordrhein-Westfalen Geschichte
Leistungskurs – Aufgabe 3

B: Analyse von Darstellungen und kritische Auseinandersetzung mit ihnen

Aufgabenstellung

1. Analysieren Sie den vorliegenden Text.
2. Erläutern Sie die im Text genannten Begriffe „Staatsnation“ und „Kulturnation“ anhand des deutschen und eines weiteren europäischen Beispiels und beschreiben Sie den Weg zur Gründung des deutschen Nationalstaates bis 1871.
3. Nehmen Sie dazu Stellung, ob Winkler zuzustimmen ist, dass die Nationsbildung 1871 nicht zum Abschluss gekommen sei.

M: Heinrich August Winkler über die Nationsbildung, 2000

Während des Krieges[1] hatten evangelische Theologen Paris mit dem sündhaften Babylon verglichen, die Französische Revolution und die beiden Bonapartes[2] in Verkörperungen des Antichrist[3] umgedeutet und das französische Volk als das „satanische unter den Völkern“ bezeichnet. Nun sahen sie im deutschen Sieg den Beweis, daß Gott die Hohenzollern seit jeher dazu ausersehen hatte, Großes für Deutschland zu tun. Deutschland wurde dabei wie selbstverständlich mit dem evangelischen Deutschland in eins gesetzt, wobei die Reichsgründung ganz nahe an die Reformation heranrückte. „Die Wege des Höchsten mit unserem Volk ebnen sich, seine Gedanken über uns vollenden sich“, schrieb am 7. Januar 1871 die „Neue Evangelische Kirchenzeitung“. „Die Epoche der deutschen Geschichte, welche mit dem Jahre 1517 begann, kommt unter Krieg und Kriegsgeschrei zu einem gottgeordneten Abschluß.“ „Das heilige evangelische Reich deutscher Nation vollendet sich“, jubelte drei Wochen später, nach der Kaiserproklamation in Versailles also, der nachmalige Hofprediger Adolf Stoecker, „... in dem Sinn erkennen wir die Spur Gottes von 1517 bis 1871!“ Und am 18. März 1871, auf den Tag genau 23 Jahre nach dem Beginn der Berliner Barrikadenkämpfe von 1848, begrüßte die „Neue Evangelische Kirchenzeitung“ Kaiser Wilhelm „als den Anfänger einer neuen Geschichte, als den Gründer des evangelischen Kaisertums deutscher Nation“.

Die Formel vom „evangelischen Kaisertum“ machte bald Karriere. Bismarck sprach am 6. März 1872 im preußischen Herrenhaus von der Gefährdung des konfessionellen Friedens seit dem „österreichischen Kriege, nachdem die Macht, welche in Deutschland eigentlich den Hort des römischen Einflusses bildete, im Jahre 1866 unterlag und die Zukunft eines evangelischen Kaisertums sich deutlich am Horizont zeigte“. Der nationalliberale Parteiführer Rudolf von Bennigsen spann diesen Gedanken fort, als er am 26. Januar 1881 im preußischen Abgeordnetenhaus die „erbitterte Feindschaft“ beschwor, „welche in Rom herrscht und geherrscht hat über die Errichtung eines evangelischen Kaisertums“ – eine Bemerkung, die dem Redner den korrigierenden Zuruf aus den Reihen des katholischen Zentrums eintrug: „Paritätisches[4] Kaisertum!“ Der Reichsgründer beharrte auch noch nach seiner Entlassung auf dem protestantischen Charakter des neuen deutschen Kaisertums. „Ich bin eingeschworen auf die weltliche Leitung eines evangelischen Kaisertums, und diesem hänge ich treu an“, erklärte Bismarck am 31. Juli 1892 auf dem Marktplatz zu Jena.

Das Schlagwort vom „evangelischen Kaisertum“ sollte nationale Identität stiften, indem es eine doppelte Differenz dramatisierte: den Unterschied zwischen dem alten und neuen Reich und den Unterschied zwischen dem Deutschen Reich und Österreich. Da die Berufung auf eine gemeinsame Sprache, Kultur und Geschichte nicht genügte, um den deutschen Nationalstaat zu legitimieren, bedurfte er einer ideellen Begründung, die der preußischen Führung einen auch für nichtpreußische Deutsche nachvollziehbaren Sinn verlieh. Die Berufung auf die Reformation erfüllte diesen Zweck, aber nur für einen Teil der Deutschen. Der Versuch, die politische Hegemonie Preußens durch die kulturelle Hegemonie des Protestantismus zu untermauern, wirkte verbindend und trennend in einem. Die Parole vom „evangelischen Kaisertum“ führte auf der einen Seite evangelische Liberale und evangelische Konservative, evangelische Preußen und evangelische Nichtpreußen zusammen. Auf der anderen Seite trieb sie einen Keil zwischen Protestanten und Katholiken und belastete so die Nationsbildung, die sie fördern sollte.

Die Nationsbildung begann nicht mit der Gründung des deutschen Nationalstaats, und sie hörte mit ihr nicht auf. Sie trat vielmehr in ein neues Stadium. Im weiteren Sinn gehörte zum Prozeß der Nationsbildung alles, was den Deutschen ein Bewußtsein von Gemeinsamkeit über die Grenzen des Territorialstaates hinweg vermittelte: obenan Sprache, Kultur, Geschichte. So gesehen hatte die Nationsbildung, was immer nationalliberale Historiker über das Heilige Römische Reich deutscher Nation schreiben und sagen mochten, schon im Mittelalter begonnen. Für die Entstehung einer „kleindeutschen“ Nation waren diese Gemeinsamkeiten notwendige, aber noch keine ausreichenden Voraussetzungen. Daß sich aus der deutschen „Kulturnation“ eine kleindeutsche „Staatsnation“ herausentwickelte, hing aufs engste mit einer anderen „Herausentwicklung“ zusammen: derjenigen Österreichs, das seinen Schwerpunkt seit langem nicht mehr in Deutschland, sondern im südöstlichen Mitteleuropa hatte. Das nichtösterreichische Deutschland war, ob die Territorialstaaten überwiegend evangelisch oder katholisch waren, geprägt von der konfessionellen Auseinandersetzung. Österreich hatte sich mit Erfolg vom Protestantismus abgeschottet, eben dadurch aber auch vom übrigen Deutschland abgesondert. Weil dem so war, konnte sich nicht nur das Habsburgerreich mit der Entscheidung von 1866 abfinden, sondern auch jene deutsche Staaten, die damals als Verbündete Österreichs von Preußen besiegt worden waren.

Heinrich August Winkler: Der lange Weg nach Westen. Deutsche Geschichte 1806–1933. Bonn: Sonderausgabe für die Bundeszentrale und die Landeszentralen für politische Bildung 2006, S. 214 f.

Anmerkungen:
1 Gemeint ist der Deutsch-Französische Krieg 1870/71.
2 Bonapartes: Kaiser Napoleon I. (1769–1821) und Kaiser Napoleon III. (1808–1873)
3 Antichrist: eine teuflische Gestalt
4 paritätisch: gleichberechtigt, gleichwertig, (zahlenmäßig) gleichgestellt

Hinweise zu Autor und Material:
Heinrich August Winkler (*19. Dezember 1938 in Königsberg) ist ein bedeutender deutscher Historiker. In seinem im Jahr 2000 erstmals veröffentlichten zweibändigen Werk „Der lange Weg nach Westen" stellt er die deutsche Geschichte von 1806 bis 1990 dar. Die Frage des „deutschen Sonderwegs" und die Schilderung der Entwicklung Deutschlands zum Nationalstaat bilden die Kernpunkte seiner Ausführungen. Der obige Textausschnitt ist in Band 1 enthalten.

Zugelassene Hilfsmittel: Wörterbuch zur deutschen Rechtschreibung

---

Lösungsvorschläge

Diese Aufgabe entspricht den folgenden aktuellen Schwerpunktthemen:
- ***Inhaltsfeld 6:** Nationalismus, Nationalstaat und deutsche Identität im 19. und 20. Jahrhundert*
  - *Die „Deutsche Frage" im 19. Jahrhundert*
  - *„Volk" und „Nation" im Kaiserreich*

1. *Teilaufgabe 1 verlangt von Ihnen die Analyse des vorliegenden Materials. Nennen Sie einleitend Autor, Adressaten, Textsorte, Erscheinungsjahr und das zentrale Thema des Textausschnittes. Geben Sie anschließend die Hauptaussagen des Textes strukturiert wieder. Denken Sie daran, indirekte Rede durch die Verwendung des Konjunktivs kenntlich zu machen.*

Einleitung
Text

Beim vorliegenden Textauszug handelt es sich um eine **historische Darstellung**, die dem 2000 erschienenen zweibändigen Werk „Der lange Weg nach Westen" des Historikers **Heinrich August Winkler** entnommen ist. Der Autor legt seine Ausführungen in sachlichem Stil und unter Einbindung vieler Zitate damaliger Zeitgenossen dar. Seine Bücher richten sich an Geschichtswissenschaftler sowie an ein historisch interessiertes Publikum.

Adressaten

Thema

Winkler thematisiert im Textausschnitt den **Nationsbildungsprozess** in Deutschland vor dem Hintergrund der Gründung des **Deutschen Kaiserreiches 1871**. Dabei geht er speziell auf den damals weitverbreiteten Versuch ein, durch die Betonung eines **„evangelischen Kaisertums"** (Z. 18) nationale Identität zu stiften, und erläutert die damit verbundenen Auswirkungen.

strukturierte Wiedergabe

evangelisches Kaisertum

Im ersten Abschnitt (Z. 1–18) führt Winkler aus, wie sich der Gedanke des evangelischen Kaisertums infolge des **Deutsch-Französischen Krieges** 1870/71 entwickelte. Während des Kriegs hätten protestantische deutsche Theologen Frankreich und seine Bewohner als „sündhaf[t]“ (Z. 1) und „satanisc[h]“ (Z. 3 f.) bezeichnet. Der **deutsche Sieg** unter den Hohenzollern sei **gottgewollt** gewesen. Im Anschluss legt Winkler die einsetzende Verbreitung dieser Vorstellung unter anderem durch den Rückgriff auf Zitate aus damaligen Zeitungen dar. Die Gründung des Kaiserreiches 1871 wurde darin als Abschluss eines Prozesses gesehen, der mit der **Reformation** im Jahr 1517 begonnen habe.

Im zweiten Abschnitt (Z. 19–32) zeigt Winkler, dass sich der Gedanke von einem protestantischen Kaisertum auch in der Politik wiederfand. Hierzu bindet er beispielsweise Aussagen des damaligen **Reichskanzlers** Otto von Bismarck in seine Darstellung ein. Der Historiker macht deutlich, wie Bismarck die **Idee eines evangelischen Kaisertums stärkte**. Dieser erklärte im Jahr 1872, es habe sich bereits mit der Niederlage des katholischen Österreich im Deutsch-Deutschen Krieg 1866 abgezeichnet, dass es zu einem protestantischen deutschen Kaisertum kommen werde (vgl. Z. 21–24). Auch nach seiner Entlassung beteuerte Bismarck 1892 seine Treue zu diesem (vgl. Z. 30–32). Mit einem Zitat des nationalliberalen Parteiführers von Bennigsen verweist Winkler zudem auf einen **Konflikt zwischen Katholiken und Protestanten** (vgl. Z. 25–29), welchen der Historiker im nächsten Abschnitt (Z. 33–46) ausführt.

Otto von Bismarck

Vorab erläutert Winkler jedoch genauer, wie mit der Idee des evangelischen Kaisertums versucht worden sei, eine nationale Identität zu schaffen. Diese Bezeichnung habe das neu gegründete Reich in zweierlei Hinsicht abgrenzen sollen: einerseits gegenüber dem früher bestehenden **Heiligen Römischen Reich deutscher Nation** und andererseits gegenüber dem **österreichischen Kaiserreich** (vgl. Z. 33–36). Um die Staatsgründung unter preußischer Hegemonie zu legitimieren, habe man eine **Traditionslinie** zurück zur **Reformation** entwickelt, die aber nur teilweise integrierend gewirkt habe. Denn so sei es zwar gelungen, Liberale und Konservative sowie Preußen und Nichtpreußen protestantischen Glaubens zu verbinden, allerdings habe das Schlagwort vom „evangelischen Kaisertum“ die **katholischen Kreise** ausgeschlossen (vgl. Z. 37–46).

nationale Identität

Im letzten Abschnitt (Z. 47–65) kommt Winkler schließlich zum Fazit, dass die **Reichsgründung** weder den Anfangs- noch den Endpunkt der deutschen Nationsbildung dargestellt habe. Die **langfristige Voraussetzung** für diese sei vielmehr „alles“ (Z. 49) gewesen, was die **Zusammengehörigkeit** „über die Grenzen des Territorialstaates hinweg“ (Z. 50) bewusst gemacht habe. Hierzu

Nationsbildung

zählt Winkler vor allem die **Sprache**, die **Kultur** und die **Geschichte**. Der **Beginn der Nationsbildung** liege damit bereits im **Mittelalter**.

Dass sich nach 1866 aus der „Kulturnation" (Z. 55) letztlich ein **deutsches Kaiserreich ohne die Zugehörigkeit Österreichs** herausbildete, führt Winkler darauf zurück, dass sich Österreich im konfessionellen Zeitalter nicht nur vom Protestantismus, sondern folglich auch vom überwiegend evangelischen nichtösterreichischen Deutschland abgegrenzt hatte. Angesichts dieser Umorientierung hätten sich Österreich und seine ehemaligen deutschen Verbündeten mit den Entwicklungen nach dem Deutsch-Deutschen Krieg abfinden können (vgl. Z. 55–65).

kleindeutsche Lösung

2. *In Teilaufgabe 2 wird von Ihnen gefordert, dass Sie die Begriffe „Staatsnation" und „Kulturnation" erläutern. Beachten Sie dabei, dass das deutsche Beispiel dem Begriff der „Kulturnation" zuzuordnen ist. Im Anschluss beschreiben Sie, wie sich die Entwicklung der deutschen Nation bis zur Kaiserreichsgründung 1871 abspielte.*

Einführung

Die von Heinrich August Winkler verwendeten Begriffe „**Kulturnation**" und „**Staatsnation**" bezeichnen zwei **idealtypische Formen moderner Nationalstaatsbildung**. In der Realität können sich die beiden Typen überschneiden und ergänzen.

Erläuterung

Staatsnation

Frankreich

Eine Staatsnation zeichnet sich vor allem durch **gemeinsame Institutionen** bzw. eine **gemeinsame Regierung**, **eine Verfassung**, die für die ganze Nation gilt, sowie durch ein **festumrissenes Staatsgebiet** aus. Als Prototyp einer solchen Staatsnation gilt Frankreich. Die Idee der modernen Nation, wie sie im 19. Jahrhundert entstand, wurde vor allem durch die **Französische Revolution** 1789 geprägt. Ausgehend von den **Idealen der Aufklärung** entwickelte sich in Frankreich die Vorstellung eines Staates, in dem alle Bürger die gleichen Rechte und Pflichten haben sollten, unabhängig von ihrem Besitz oder Stand. Deutlich wurde dies in den Schlagworten *liberté, égalité, fraternité*. Die Revolution schuf die bestehende feudale Ordnung ab und rief eine alle bisherigen Stände umfassende **Nationalversammlung** ins Leben, welche eine für sämtliche Bürger geltende **Verfassung** ausarbeitete. Zudem erklärte die Nationalversammlung schon im August 1789 die **Menschen- und Bürgerrechte**, in denen neben der persönlichen Freiheit und der Gleichheit aller Menschen auch festgehalten wurde, dass die **Souveränität beim Volk** – bei der *„nation"* – liege. Anders als vor der Revolution konnten sich die Bürger Frankreichs über ihre Zugehörigkeit zu einem gemeinsamen Staat mit einer allgemeingültigen Verfassung und einem die gesamte Nation repräsentierenden Staatsoberhaupt bzw. einer alle Franzosen vertretenden Regierung definieren – und nicht mehr primär durch ihren Besitz und die Zugehörigkeit zu einem bestimmten Stand.

Erläuterung
Kulturnation Deutschland

Deutschland hingegen wird vor der Gründung des Deutschen Kaiserreiches 1871 als Vertreter der sogenannten Kulturnation angesehen. Darunter versteht man eine Gemeinschaft, die sich durch die **Vorstellung einer gleichen ethnischen Herkunft ihrer Mitglieder** sowie durch **kulturelle Gemeinsamkeiten** als zusammengehörig empfindet. Hierzu können zum Beispiel eine gemeinsame Sprache, verbindende Traditionen und die Religion zählen. Übergreifende institutionelle Einrichtungen oder (verfassungs-)rechtliche Bestimmungen fehlen jedoch.

nationale Identität

In der zweiten Hälfte des 18. Jahrhunderts entwickelte sich in den deutschen Staaten in bildungsbürgerlichen Kreisen die **Idee einer nationalen Zusammengehörigkeit**, obgleich die einzelnen Territorien im Heiligen Römischen Reich nur lose verbunden waren. Man berief sich auf eine **gemeinsame Sprache**, **Geschichte und Kultur** als Ausgangspunkte einer nationalen Identität. Auf diese Idee der Kulturnation griff man nach 1806 zurück, als mit dem **Untergang des Heiligen Römischen Reiches** die bis dahin bestehende politische Ordnung verloren ging. Unter der französischen Besatzung in vielen deutschen Gebieten gewann der deutsche Nationalismus dann an Dynamik. Ein frühes Beispiel dafür sind die „Reden an die deutsche Nation“ (1808) des Philosophen Johann Gottlieb Fichte. Er setzte sich darin für die Gründung eines deutschen Nationalstaates ein, der aus national gesinnten, kulturell harmonierenden und politisch gleichberechtigten Bürgern bestehen sollte.

Johann Gottlieb Fichte

Wiener Kongress

Die liberalen und nationalen Forderungen des Bürgertums wurden jedoch enttäuscht. Nach dem Sturz Napoleons berieten die Teilnehmer des Wiener Kongresses (1814/15) über eine künftige Neuordnung Europas. Statt eines deutschen Nationalstaates wurde am Ende der Zusammenkunft der **Deutsche Bund** gegründet. Dieser war ein lockeres Bündnis von 35 Fürsten und vier freien Städten. Einziges Bundesorgan war der **Bundestag**. Es handelte sich dabei um einen ständigen Gesandtenkongress, der die Mitglieder des Deutschen Bundes nur lose verband. Die **Märzrevolution** von 1848/49 führte schließlich auch in Deutschland dazu, dass eine **Nationalversammlung** gegründet wurde, deren Teilnehmer eine gesamtdeutsche Verfassung ausarbeiteten. Als der preußische König **Friedrich Wilhelm IV.** die ihm

Revolution von 1848/49

angetragene Kaiserwürde ablehnte, waren die Bemühungen der Nationalversammlung jedoch gescheitert, es kam zu keiner Reichsgründung.

Beschreibung

Gründung des deutschen Nationalstaates

Erst mit der Proklamation des **Deutschen Kaiserreiches** im Jahr 1871 entstand ein deutscher Nationalstaat mit festgelegten territorialen Grenzen und einer für alle Bürger geltenden Verfassung. Es handelte sich dabei jedoch um keine **Reichsgründung** von unten, sondern um eine Reichsgründung **von oben**. Die Impulse gingen nun nicht mehr von liberalen Kreisen aus dem Bürgertum aus. Treibende Kraft war vielmehr Reichskanzler **Otto von Bismarck**. Unter seiner Führung waren die Herzogtümer Schleswig und Holstein nach dem Deutsch-Dänischen Krieg 1864 unter preußische und österreichische Verwaltung gestellt worden. Da die beiden Kontrahenten Preußen und Österreich die Gebiete zur Stärkung ihrer Vormachtstellung im deutschen Raum nutzen wollten, kam es 1866 zum Deutsch-Deutschen Krieg, den Preußen für sich entschied. In der Folge wurde der Deutsche Bund aufgelöst und Österreich aus „Deutschland" verdrängt. Bismarck initiierte die Gründung des **Norddeutschen Bundes** (1867), dem die süddeutschen Staaten unter anderem über Militärbündnisse („Schutz- und Trutzbündnisse") angeschlossen waren.

Deutsch-Dänischer Krieg

Deutsch-Deutscher Krieg

Deutsch-Französischer Krieg

Unter dem preußischen König Wilhelm I. kam es am Ende des Deutsch-Französischen Krieges (1870/71) schließlich zur Gründung des Deutschen Kaiserreiches. Leopold von Hohenzollern-Sigmaringen, einem Mitglied des Hauses Hohenzollern, war vor dem Krieg die spanische Königskrone angeboten worden. Aus Angst vor einer Einkreisung forderte Frankreich von Wilhelm I. trotz der Ablehnung der Anfrage durch den Thronkandidaten eine dauerhafte Verzichtserklärung der Hohenzollern auf die spanische Königskrone. Bismarck ließ die Unterredung zwischen dem französischen Botschafter und Wilhelm I. stark verkürzt abdrucken und stellte Frankreich auf diese Weise bloß. Die sog. **Emser Depesche** führte schließlich zur französischen Kriegserklärung. Da somit die Militärbündnisse wirksam wurden, erhielt Preußen auch Unterstützung aus den süddeutschen Staaten. Als sich der deutsche Sieg abzeichnete, wurde am 18. Januar 1871 im Spiegelsaal von Versailles das Deutsche Kaiserreich proklamiert.

Proklamation des Deutschen Kaiserreiches

3. *In Teilaufgabe 3 wird von Ihnen erwartet, dass Sie sich argumentativ mit Winklers These, die Nationsbildung sei 1871 nicht zum Abschluss gekommen, auseinandersetzen. In diesem Fall sollen sie relativierende und die These unterstützende Aspekte anführen. Sie können je nach Unterrichtsschwerpunkt wählen, welche Argumente Sie näher ausführen möchten. Die hier abgedruckte Lösung stellt nur ein mögliches Beispiel dar. Abschließend kommen Sie auf der Grundlage Ihrer Ausführungen zu einem begründeten Fazit.*

Hinführung zum Thema

„Die Nationsbildung begann nicht mit der Gründung des deutschen Nationalstaats, und sie hörte mit ihr nicht auf" (Z. 47 f.), urteilt Heinrich August Winkler in seiner Darstellung. Im Folgenden soll der Frage nachgegangen werden, ob der These des Historikers zuzustimmen ist, dass die **Nationsbildung 1871 nicht abgeschlossen** war.

Argumente für abgeschlossene Nationsbildung

Institutionen

Zieht man die Definition einer **Staatsnation** heran, so könnte die Nationsbildung mit der Gründung des **Deutschen Kaiserreiches** im Jahr 1871 als abgeschlossen betrachtet werden. Die Bürger lebten nun auf einem **vereinten Staatsgebiet**, welches vom **gemeinsamen Staatsoberhaupt** Wilhelm I. regiert wurde. Der **Reichstag** wurde von allen Wahlberechtigten in ganz Deutschland, d. h. von allen Männern über 25 Jahren, gewählt. In allen Einzelstaaten galt die **Reichsverfassung**, die im Zweifelsfall die Regelungen der Länderverfassungen überwog.

nationalistische Bewegungen

Zudem endeten mit der Reichsgründung die jahrzehntelang währenden **Forderungen nach einer Nationsgründung**, die im 19. Jahrhundert mit dem liberalen Nationalismus begonnen hatten. Dies zeigt, dass die Wünsche der nationalistischen Bewegungen durch die Reichsgründung erfüllt worden und zu einem Abschluss gekommen waren.

nationale Symbolik

Auch spiegelte sich die Bedeutung der Reichsgründung für ein Nationsbewusstsein dadurch wider, dass reichsweit nationale Symbolik eingesetzt wurde. Beispielsweise gedachte man der **Kriege**, die zur Reichsgründung geführt hatten. **Denkmäler** wurden errichtet, die etwa an den Deutsch-Französischen Krieg erinnern sollten oder Kaiser Wilhelm bzw. Otto von Bismarck gewidmet waren. Die „**Reichskriegsflagge**" mit den Farben Schwarz-Weiß-Rot, welche ab 1892 offiziell die Flagge des Kaiserreiches war, symbolisierte das geeinte deutsche Reich. **Lieder** wie „Heil dir im Siegerkranz" oder „Die Wacht am Rhein" wurden zwar nicht zur Nationalhymne erklärt, hatten aber faktisch deren Bedeutung, da sie bei landesweit gefeierten Jahrestagen gesungen wurden.

Geht man jedoch davon aus, dass sich in einer Nation alle **Mitglieder** zusammengehörig fühlen, so wird schnell deutlich, dass dies nach der Reichsgründung keineswegs der Fall war. Winkler spricht bereits an, dass zwar die überwiegende Mehrheit der Deutschen christlichen Glaubens war, es jedoch durch konfessionelle Unterschiede zu Spannungen kam (vgl. z. B. Z. 39–46). Hintergrund war die im Text genannte Sichtweise vieler Theologen und Politiker, dass das Kaisertum ein evangelisches sei. Die Religion war folglich nur oberflächlich ein verbindendes Element. Dies zeigte sich sehr deutlich auch im Kulturkampf. Reichskanzler **Otto von Bismarck** kritisierte vor allem den politischen Katholizismus, d. h. die Zentrumspartei, als vom Papst gelenkt. Um den Einfluss der katholischen Kirche zu schwächen, erließ Bismarck 1871 den **Kanzelparagrafen**. Dieser ermöglichte es, Geistliche strafrechtlich zu verfolgen, wenn sie sich politisch äußerten und so vermeintlich den Reichsfrieden gefährdeten. Außerdem wurde der als besonders papsttreu geltende **Jesuitenorden** 1872 verboten und 1874 die **Zivilehe** eingeführt. Erst in den 1880er-Jahren endete der Kulturkampf, aus dem die Zentrumspartei gestärkt hervorging, auf Reichsebene. Somit kann nicht davon gesprochen werden, dass beide Konfessionen gleichermaßen in das neu gegründete Kaiserreich integriert worden waren und es ein ausgeprägtes Zugehörigkeitsgefühl der deutschen Katholiken zum Kaiserreich gab.

Argumente gegen abgeschlossene Nationsbildung

konfessionelle Unterschiede

Kulturkampf

Eine weitere Gruppierung, die bald nach der Reichsgründung in Konflikt mit Bismarck geriet, waren die **Sozialdemokraten**. In diesen sah der Reichskanzler ähnlich wie in den Katholiken eine Gefahr für die innere Verfassung des Reiches. 1878 verabschiedete der Reichstag auf Initiative Bismarcks das Sozialistengesetz, welches nach mehreren Verlängerungen bis 1890 galt. Zwar konnten die sozialdemokratischen Vertreter weiterhin gewählt werden, aber das Gesetz kam trotzdem einem Parteiverbot gleich. Versammlungen und Publikationen, d. h. jegliche öffentliche Betätigung der Sozialdemokratischen Arbeiterpartei (SAP) und ihr nahestehender Organisationen wurden durch den Erlass untersagt. Auch in diesem Fall konnte sich Bismarck jedoch nicht gegen die Partei und deren anwachsende Wählerschaft behaupten.

Sozialistengesetz

Die ersten zwei Jahrzehnte nach der Reichsgründung waren somit von **inneren Konflikten** geprägt – Bismarck sprach im Falle der Zentrumspartei sowie der Sozialdemokraten von „**Reichsfeinden**“, die es zu bekämpfen galt. Noch länger betrieb die Reichsregierung allerdings eine ausgrenzende und unterdrückende Politik gegenüber nationalen Minderheiten im Kaiserreich. Betroffen waren beispielsweise die **dänische Minderheit** in

„negative Integration“

nationale Minderheiten

Schleswig, die **Franzosen** im sogenannten „Reichsland Elsass-Lothringen" sowie vor allem die **Polen** in den Ostprovinzen. Die „**Germanisierungspolitik**" verbot zum Beispiel Schulunterricht oder das Erscheinen von Zeitungen in der jeweils anderen Sprache und förderte den Zuzug von deutschsprachigen Bürgern, vor allem von Beamten und Militärangehörigen, in die jeweiligen Gebiete.

Interessenverbände

Aber nicht nur die Regierung wandte sich gegen nationale Minderheiten. Auch innerhalb der Gesellschaft gab es nationalistische Strömungen, die anderssprachige und -gläubige Menschen ausgrenzten, so vor allem den **Alldeutschen Verband**. Diese 1891 gegründete Organisation setzte sich die Stärkung eines deutschen „Nationalbewusstseins" zum Ziel. Sie trat unter anderem für eine radikale Germanisierung der dänischen und polnischen Bevölkerung im Kaiserreich ein, welche sie zu Beginn des 20. Jahrhunderts dann sogar aussiedeln wollte. Auch im Umgang mit nationalen Minderheiten kann somit keinesfalls von einer abgeschlossenen Nationsbildung gesprochen werden.

Fazit

Blickt man auf diese Beispiele, so wird deutlich, dass Heinrich August Winklers These zuzustimmen ist. Zwar kam die **äußere Nationsbildung** mit der Gründung des Kaiserreiches 1871 zunächst zum Abschluss. Das Vorgehen gegen einzelne politische oder gesellschaftliche Gruppen, die zu „Reichsfeinden" degradiert wurden, sowie die Anfeindungen einiger Bevölkerungsgruppen durch Interessenverbände zeigen, dass die **innere Nationsbildung** noch nicht vollzogen war.

Schriftliche Abiturprüfung Nordrhein-Westfalen Geschichte
Leistungskurs – Aufgabe 4

A: Interpretation sprachlicher oder nichtsprachlicher historischer Quellen

Aufgabenstellung

Interpretieren Sie die Bildquelle, indem Sie

1. sie analysieren,
2. sie in den historischen Kontext einordnen sowie die Bedeutung der Bildelemente erläutern und
3. die Aussagen des Zeichners beurteilen.

M: „Die Lösung der sozialen Frage", 1. 10. 1898

„Sie haben völlige Freiheit, mein Lieber, Sie können nach rechts oder nach links gehen, ganz wie Sie wollen"

Thomas Theodor Heine: „Die Lösung der sozialen Frage". In: Simplicissimus. 3. Jahrgang. Nr. 27. 1. 10. 1898.

Anmerkungen zu den Textelementen:
Text links oben im Bild: „Luxuswaaren-Fabrik"
Texte Wegweiser: „Fabrik 2 Klmtr" und „Zuchthaus 3 KlmTr"

Hinweise zum Zeichner und zum Material:
Die Karikatur des Malers und Zeichners Thomas Theodor Heine (1867–1949) „Die Lösung der sozialen Frage" erschien am 1. Oktober 1898 in der satirischen Wochenzeitschrift „Simplicissimus". Am 6. September 1898 hatte Kaiser Wilhelm II. in einer Rede angekündigt, ein Gesetz auf den Weg zu bringen, mit dem die Organisation und Durchführung von Streiks unter Strafe gestellt werden

sollten. Diese später unter dem Schlagwort „Zuchthausvorlage" bekannt gewordene Gesetzesinitiative sah hohe Freiheitsstrafen für Organisatoren von Streiks vor. Sie führte zu großen Protesten der Arbeiterbewegung und scheiterte 1899 im Reichstag.

Zugelassene Hilfsmittel: Wörterbuch zur deutschen Rechtschreibung

---

Lösungsvorschläge

Diese Aufgabe entspricht den folgenden aktuellen Schwerpunktthemen:

- ***Inhaltsfeld 4:** Die moderne Industriegesellschaft zwischen Fortschritt und Krise*
  - *Die „Zweite Industrielle Revolution" und die Entstehung der modernen Massengesellschaft (Veränderung der Lebenswirklichkeit für die Industriearbeiterschaft in den Bereichen Arbeit und soziale Sicherheit)*

1. *Bei der ersten Teilaufgabe ist darauf zu achten, dass die Karikatur im Anschluss an die quellenkritischen Vorbemerkungen strukturiert und detailliert beschrieben wird. Hierbei müssen Sie die einzelnen Elemente ebenso berücksichtigten wie den Aufbau und die Konzeption des gesamten Bildes. Es bietet sich an, zunächst die dargestellte Situation knapp zu skizzieren, bevor auf die Einzelheiten im Bildvordergrund und Bildhintergrund eingegangen wird. Am Ende ist es hilfreich, die Ergebnisse der Beschreibung zusammenzufassen. Dabei sollten Sie aber auf der Bildebene bleiben und kein historisches Kontextwissen einbeziehen.*

Einleitung
Quelle
Adressaten
Anlass
Thema

Es handelt sich bei der vorliegenden Quelle um eine **politische Karikatur** des Malers und Zeichners **Thomas Theodor Heine**. Sie erschien am 1. Oktober 1898 in der satirischen Wochenzeitschrift „**Simplicissimus**" und richtete sich damit vornehmlich an eine gebildete und politisch interessierte Leserschaft. Hintergrund der Veröffentlichung war die sogenannte „Zuchthausvorlage". Die Karikatur ist eine satirische und kritische Reaktion auf die Ankündigung des Deutschen Kaisers **Wilhelm II.**, die Organisation und Durchführung von **Streiks** in Zukunft strafrechtlich verfolgen zu lassen und gegebenenfalls mit „**Zuchthaus**" zu bestrafen.

strukturierte Beschreibung der Bildelemente
dargestellte Situation
Textteil

Die Karikatur zeigt im **Bildvordergrund** ein Personenpaar, das an einer Weggabelung von zwei sich trennenden, unbefestigten Wegen steht. Ein **Wegweiser** zeigt die zu erreichenden Ziele an. Die relativ schmalen Straßen verlaufen auf hohen Brücken, neben denen sich links und rechts ein steiler Abgrund befindet. Beide führen am Ende jeweils zu einem großen, auf Felsen erbauten Gebäude. Im **Bildhintergrund** sind ein See oder das Meer und der Horizont zu erkennen. Die Karikatur ist mit dem **Titel** „Die Lösung der sozialen Frage" überschrieben. Als **Bildunterschrift** findet sich die Aussage „Sie haben völlige Freiheit, mein Lieber, Sie können nach rechts oder nach links gehen, ganz wie Sie wollen".

Bei den beiden Personen im Bildvordergrund handelt es sich um **zwei Männer**. Der linke Mann trägt eine dunkle **Uniform** und eine Pickelhaube sowie einen Säbel, dessen Spitze hinter seinen Beinen zu sehen ist. Er legt der anderen Person vertrauensvoll eine Hand auf die Schulter und spricht sie mit wohlwollendem Gesichtsausdruck an. Als Text ist dieser Person die Bildunterschrift zuzuordnen. Personen

Der andere Mann hat eine **hagere Figur**. Er trägt hellere und einfache **Kleidung**, eine Mütze und einen Bart. Man kann annehmen, dass er ein **Fabrikarbeiter** aus dem links in der Zeichnung abgebildeten Gebäude ist. Er blickt über die Richtungsanzeige hinweg zu dem Bauwerk im rechten Bildteil. Der **Wegweiser** in Form eines Kilometersteins gibt an, dass es sich dabei um das „**Zuchthaus**", also um ein Gefängnis in drei Kilometern Entfernung handelt. Gebäude Mit Ausnahme einiger Fenster sind keine Einzelheiten des „Zuchthauses" zu erkennen. Das andere Gebäude ist laut der Richtungsanzeige eine „**Fabrik**" in zwei Kilometern Entfernung. Das Bauwerk selbst ist sehr groß und trägt die Aufschrift „**Luxuswaaren-Fabrik**". Es weist zudem eine Vielzahl an **rauchenden Schornsteinen** auf. Die weitere Strecke zum „Zuchthaus" ist neben der Angabe auf dem Wegweiser auch optisch durch einen längeren Weg und eine kleinere Darstellung des Gefängnisses in die Zeichnung aufgenommen worden.

Beide Gebäude befinden sich auf **hohen Felsen**. Sie können je- Abgrund weils nur über einen der beiden Wege erreicht werden. Ein tiefer Abgrund, an dessen unterem Ende sich **Wasser** befindet, umgibt die Fabrik, das Gefängnis und die Wege. Das Wasser erstreckt sich im Bildhintergrund bis zum Horizont.

Zusammenfassung

Mit seiner Zeichnung kritisiert Heine folglich die von ihm erwarteten Auswirkungen der angekündigten Zuchthausvorlage. Diese wird seiner Meinung nach die Freiheit der Arbeiter dahingehend einschränken, dass sie lediglich zwischen Erfüllung ihrer Arbeit oder Zuchthaus wählen können.

2. *Diese Teilaufgabe ist zweigeteilt. In einem ersten Schritt sollen Sie die Karikatur in den historischen Kontext einordnen. Gehen Sie hier vor allem auf die Lebens- und Arbeitsbedingungen der Arbeiter während der „Zweiten Industriellen Revolution" und auf die Arbeiterorganisationen ein. Im zweiten Schritt sollen Sie dann die einzelnen Elemente der Zeichnung vor dem Hintergrund Ihrer bisherigen Ergebnisse erklären. Sie müssen Ihre Ausführungen mit einer Deutung der Karikatur beenden. Neben der inhaltlichen Richtigkeit und Vollständigkeit kommt es in dieser Teilaufgabe auf eine quellenbezogene und strukturierte Darstellung des historischen Kontextes und auf fachsprachliche Genauigkeit an.*

Die Karikatur entstammt der zweiten Phase der Industriellen Revolution in Deutschland, die um das Jahr 1880 einsetzte. Damals erlebte das Deutsche Reich seinen endgültigen Durchbruch zum **modernen Industriestaat**.

historischer Kontext

„Zweite Industrielle Revolution"

Grundlage für diesen Prozess war unter anderem die rasante Entwicklung der **Elektro- und Chemieindustrie**. Auch die Einführung der arbeitsteiligen Massen- und Großserienfertigung trug enorm zum Modernisierungsschub bei. Beispielsweise Angestellte und Facharbeiter profitierten von gestiegenen Einkommen und Löhnen und hatten aufgrund reduzierter Arbeitszeiten etwas mehr Freizeit. So bildete sich im Kaiserreich eine Massen- und Konsumkultur heraus, die sich um die Jahrhundertwende in den Großstädten in der Verbreitung von **Kinos** und der Entstehung großer **Warenhäuser** zeigte.

Modernisierungsschub

Massen- und Konsumkultur

Für einen Großteil der einfachen Arbeiter brachten diese Entwicklungen nachhaltige Veränderungen ihrer Lebens- und Arbeitsbedingungen mit sich. Im Rahmen der **Massenproduktion** entstanden häufig sehr **monotone Tätigkeiten** für Fabrikarbeiter, ein Bezug zum fertigen Produkt war oft nicht mehr gegeben. Gleichzeitig unterlagen die Beschäftigten durch Fabrik- und Arbeitsordnungen einer sehr **strengen Disziplin**. Zudem war das Risiko von **Arbeitsunfällen** permanent gegeben, eine von staatlicher Seite geregelte rudimentäre soziale Absicherung entstand erst nach und nach. Wie bereits in den Jahrzehnten zuvor blieben die **Löhne** der Arbeiter insgesamt **sehr niedrig**. Eine Ausnahme bildeten hierbei jedoch spezialisierte Fachkräfte.
Angesichts der Verknappung des Wohnraums infolge des massenhaften Zustroms von Arbeitern in die Städte (Urbanisierung) waren auch die **Mieten** oftmals **hoch**. Ein Großteil der Industriearbeiterschaft lebte in einfachsten, **beengten und unhygienischen Verhältnissen** am Rande des Existenzminimums.

Lebens- und Arbeitsbedingungen der Arbeiterschaft

Aufgrund **restriktiver Maßnahmen** seitens des Staates war zudem die politische Situation für die Arbeiterschaft schwierig. Bereits in der ersten Phase der Industrialisierung war die „Soziale Frage" aufgekommen und hatte zu Konflikten zwischen Arbeitern und Unternehmen einerseits sowie Arbeitern und dem Staat andererseits geführt. Um den Einfluss der Lohnabhängigen auf Politik und Gesellschaft so gering wie möglich zu halten, versuchte Reichskanzler **Otto von Bismarck** durch das Sozialistengesetz (1878–1890) die **politische Betätigung** der Arbeiter zu **unterbinden**. Das Gesetz verbot beispielsweise deren Organisationen und die Verbreitung von Druckschriften. Ein Entgegenkommen durch sozialpolitische Maßnahmen sollte die

Soziale Frage

Sozialistengesetz

Arbeiter zugleich stärker an den Staat binden. So wurde unter Bismarck 1883 die **Krankenversicherung** eingeführt, auf die 1884 die **Unfall-** sowie 1889 die **Alters- und Invaliditätsversicherung** folgten. Trotz der Versicherungen und weiterer Gesetze war das Leben der meisten Arbeiter, wie im Abschnitt zuvor aufgezeigt, aber weiter von anstrengender Arbeit, Entbehrung und existenziellen Sorgen geprägt.

Sozialpolitik

Das Ziel, die Arbeiter aus ihrer Bindung an die Sozialdemokratie zu lösen, wurde nicht erreicht. 1875 war aus dem Zusammenschluss des Allgemeinen Deutschen Arbeitervereins (ADAV) und der Sozialdemokratischen Arbeiterpartei (SDAP) zunächst die **Sozialistische Arbeiterpartei** (SAP) entstanden. Trotz des Sozialistengesetzes konnte die Partei im Parlament Stimmzuwächse verbuchen, weshalb eine weitere Verlängerung des Gesetzes 1890 vom Reichstag abgelehnt wurde. Kurz danach ging die **Sozialdemokratische Partei Deutschlands** (SPD) aus der SAP hervor. Zeitgleich organisierten sich viele Arbeiter in den sogenannten freien, d. h. **sozialistischen Gewerkschaften**, die seit 1890 einen enormen Zulauf verzeichnen konnten. Diese Organisationen waren in der Lage, den bis dahin übermächtigen Kapitalbesitzern als organisierte Arbeitnehmervertretung entgegenzutreten und ihren Interessen Nachdruck zu verleihen. Eine Möglichkeit war dabei, einen **Streik** auszurufen und damit die Produktion in einem Unternehmen empfindlich zu stören. Ihre steigenden Mitgliederzahlen sind gleichzeitig Ausdruck der nach wie vor hohen **Unzufriedenheit der Arbeiter** mit ihrer wirtschaftlichen und arbeitsrechtlichen Position sowie des wachsenden Wunsches nach gesellschaftlichem Wandel und Beteiligung an der politischen Willensbildung.

Arbeiterparteien

Gewerkschaften

Entsprechend ablehnend standen die Arbeitgeber dieser Entwicklung gegenüber und **versuchten**, die **erstarkenden Arbeiterorganisationen** in ihrer Arbeit **zu behindern**. Sie wussten sich dabei in Übereinstimmung mit weiten Teilen der politischen Entscheidungsträger des Reiches, die die Arbeiterbewegung weiterhin unterdrücken wollten, wie die „Zuchthausvorlage“ aus dem Jahr 1898 zeigt.

Arbeitgeber

Zuchthausvorlage

Die vorliegende Karikatur greift die **prekäre Situation** vieler Arbeiter sowie die Auseinandersetzung zwischen ihnen und der **repressiven staatlichen Politik** auf. Der Arbeiter symbolisiert den **ärmeren Teil der Arbeiterschaft**. Seine hagere Gestalt und die einfache Kleidung stellen deren klägliche Lebensumstände heraus. Die Fabrik mit den rauchenden Schloten steht hingegen für die **Konzerne**, deren Geschäfte offensichtlich gut gehen. Die

Erläuterung der Bildelemente

Arbeiter

Firmierung der Fabrik kennzeichnet sie als Produktionsstätte für „**Luxuswaaren**" und nimmt damit Bezug auf den vorhandenen Wohlstand in den oberen Schichten. Dass die Arbeiterschaft selbst von diesem Luxus ausgeschlossen bleibt und lediglich für die Produktion der Güter zuständig ist, verdeutlicht die Kleidung des Arbeiters.

Fabrik

Der uniformierte Beamte repräsentiert in der Karikatur die **kaiserliche Politik** und deren Entscheidung, streikende Arbeiter mit **Zuchthausstrafen** zu belegen. Somit steht der Arbeiter vor der Wahl, seine Betätigung für die Belange der Arbeiterschaft einzustellen oder sich der Strafverfolgung durch den Staat auszusetzen. Die Blickrichtung des Arbeiters zum Gefängnis lässt sich dahingehend interpretieren, dass er seine **Entscheidung bereits getroffen** hat. Sie deutet an, dass der Arbeiter eher den Weg der Auseinandersetzung als den der Anpassung einschlagen will. Eine andere Lösung im Sinne eines **Kompromisses** gibt es aus der Sicht des Zeichners nicht, wie die Abgründe rechts und links der Wege verdeutlichen. Die ironisiert in der Bildunterschrift dargestellte „freie Wahl" ist also keine, sondern verweist im Gegenteil auf die **Zwangsmittel**, die der Staat einsetzt, um die Arbeiterorganisationen an ihrer Arbeit zu hindern. Auch der sarkastisch zu verstehende Titel „Die Lösung der sozialen Frage" soll auf die **Unterdrückung der Arbeiterschaft** hinweisen, der angesichts der „Zuchthausvorlage" nur die Wahl zwischen anhaltenden schlechten Arbeitsbedingungen und dem Gefängnis bleibe.

Beamter

Blickrichtung des Arbeiters

Abgrund

Bildunterschrift

Titel

Die Karikatur thematisiert folglich das **wachsende politische Bewusstsein der Arbeiter**, ihre nach wie vor vorhandene **Unzufriedenheit** mit den sozialen und politischen Verhältnissen sowie die **Reaktion des wilhelminischen Staates** darauf. In diesem Zusammenhang kritisiert der Karikaturist die staatliche Politik gegenüber den Arbeitern und ihren Organisationen. Es wird von staatlicher Seite versucht, die bestehenden Verhältnisse durch **repressive Maßnahmen** zu zementieren.

zusammenfassende Deutung

3. *In dieser Teilaufgabe wird von Ihnen erwartet, dass Sie – ausgehend von der in der zweiten Aufgabe formulierten Deutung – die Aussage der Karikatur beurteilen. Sie können dem Zeichner dabei zustimmen, seine Aussagen ablehnen oder sie relativieren. Wichtig ist, dass Sie ihre Position stichhaltig begründen. Achten Sie darauf, am Ende ein schlüssiges Fazit zu formulieren.*

Der Karikaturist nimmt die Ankündigung der „Zuchthausvorlage" zum Anlass, die Politik des deutschen Kaiserreichs gegen-

Einleitung

über den Arbeitern zu kritisieren. Im Folgenden soll die Sichtweise des Zeichners überprüft und beurteilt werden.

zustimmende Aspekte

Soziale Frage

Im ironisierenden **Titel** der Zeichnung wird deutlich, dass die Lösung der **Sozialen Frage** nach Meinung des Karikaturisten nicht darin bestehen konnte, die Ansprüche der Arbeiterschaft durch **Repressionen** zu unterdrücken. Dieser Sichtweise Heines ist zuzustimmen. Die Situation der Arbeiter hatte nicht verbessert werden können, indem man ihnen durch die Androhung von Gefängnisstrafen die Artikulation ihrer Interessen untersagte und erwartete, dass sie die schlechten Arbeitsbedingungen hinnehmen würden. Es wären vielmehr weitere arbeitsrechtliche und **sozialpolitische Anstrengungen** notwendig gewesen, wie sie etwa von staatlicher Seite zu Beginn der 1880er-Jahre vorgenommen worden waren. Die Neuerungen hatten zumindest zu einer Entschärfung der Sozialen Frage beigetragen.

Eindämmung der Interessenorganisationen

Auch die grundsätzliche Kritik am Vorhaben der Regierung, Streiks unter Strafe zu stellen, ist nachvollziehbar. Den Arbeitern wäre mit dem Gesetz das zentrale Instrument zur Durchsetzung ihrer Interessen gegenüber den Arbeitgebern genommen worden. Damit hätte eine **Verfestigung des bestehenden Ungleichgewichtes** zwischen Unternehmern und Arbeitern stattgefunden. Dahinter den nach dem erfolglosen Sozialistengesetz neuerlichen Versuch zu sehen, die **Macht der Gewerkschaften** einzudämmen sowie die **politische Betätigung** und die **Emanzipation** der Arbeiter einzuschränken, ist sicherlich zutreffend.

Widerspruch der Arbeiter

Die **Blickrichtung des Arbeiters** zum Gefängnis deutet an, dass die Arbeiterschaft die harte Fabrikarbeit nicht auf Dauer widerspruchslos hingenommen und im Falle des Streikverbots den **Konflikt mit Staat und Unternehmen** gewählt hätte. Das Festhalten der Arbeiter an der Sozialdemokratie und an sozialistischen Strömungen während der Zeit des Sozialistengesetzes sowie Proteste gegen die „Zuchthausvorlage" sprechen dafür, dem Zeichner in seiner Annahme recht zu geben.

relativierende Aspekte

sozialpolitische Maßnahmen

Relativierend ließe sich anführen, dass der Zeichner den **Staat** hier nur in der **Rolle des Unterdrückenden** präsentiert. Er verkennt dabei, dass von staatlicher Seite zuvor sozialpolitische Maßnahmen ergriffen worden waren, wenn auch aus zweifelhafter Motivation heraus. Die Arbeiter im Deutschen Kaiserreich hatten zu dieser Zeit damit – trotz zweifellos vorhandener Unzulänglichkeiten – von einem der fortschrittlichsten Sozialversicherungssysteme der Welt profitiert. Auch die Bemühungen einiger Unternehmer und vonseiten der Kirche, die soziale Lage der Lohnabhängigen zu verbessern, werden in der Karikatur ausgespart. So war die Situation der Arbeiter im europäischen Vergleich weniger schlecht, als die Karikatur dies suggeriert.

starke Typisierung der Arbeiter

Stark vereinfachend ist auch die Typisierung der Arbeiter, die für die „Luxuswaaren“ der Oberschicht arbeiten, während sie selbst ein Dasein in Armut fristen. Das widerspricht der **Teilhabe** zumindest eines **Teils der Arbeiterschaft** an der entstehenden **Konsumgesellschaft**. Hier könnte man dem Karikaturisten vorwerfen, dass seine Sichtweise recht pauschal ist und er die durchaus unterschiedlichen Einkommensverhältnisse innerhalb der Arbeiterschaft nicht ausreichend berücksichtigt.

Unterschätzen der Gewerkschaften

Die Karikatur erweckt zudem den Eindruck, als würde der Zeichner die **Einflussmöglichkeiten der Gewerkschaften** unterschätzen. Zwar deutet er mit der Blickrichtung die Entscheidung der Lohnabhängigen an, sich gegen eine repressive staatliche Politik zu stellen. Er **reduziert die Wahlmöglichkeiten** der Arbeiterschaft jedoch auf unveränderte Weiterarbeit oder Freiheitsstrafen und lässt keinen Raum für weitere Optionen. Aus heutiger Sicht ließe sich anführen, dass der Zeichner die Möglichkeiten des Staates, die Arbeiterbewegung einzuschränken, über- und gleichzeitig die Dynamik dieser gesellschaftlichen Gruppe und ihrer Organisationen unterschätzt. Die explodierenden Mitgliederzahlen der freien Gewerkschaften und die Mandate und Stimmanteile der SPD in den Jahren bis 1914 belegen dies.

Fazit

Insgesamt erscheint die Position des Karikaturisten durchaus **zutreffend** in ihrer **Kritik** an dem Versuch der wilhelminischen Politik, die Emanzipation der Arbeiter und ihrer Organisationen zu behindern. Der Zeichner **verengt** die damalige Situation zwar auf lediglich **zwei Optionen** der Arbeiterschaft und auch die Sichtweise auf die Situation der Arbeiter in Deutschland erscheint nur mit Einschränkungen richtig. Die überspitzte Darstellung ist aber teilweise auch der **Wahl des Mediums** geschuldet und daher akzeptabel.

A: Interpretation sprachlicher oder nichtsprachlicher historischer Quellen

Aufgabenstellung

Interpretieren Sie die Quelle, indem Sie

1. sie analysieren,
2. sie in den historischen Kontext der dargestellten Ereignisse einordnen sowie vom Text ausgehend die Merkmale der nationalsozialistischen Wirtschaftspolitik erläutern und
3. Kehrls Einschätzung der wirtschaftspolitischen Entscheidungen im Sommer 1940 bewerten.

M: Auszug aus den Memoiren „6 Jahre Frieden, 6 Jahre Krieg“ von Hans Kehrl (1973)

[...]
Der Versuch, im Rahmen des Ministeriums auf dem üblichen Dienstwege irgendeine Orientierung oder Richtlinien für die weitere Arbeit zu erhalten, erwies sich als ergebnislos. Staatssekretär Dr. Landfried[1] hatte für wirtschaftliche Zusammenhänge nur ein bescheidenes Vorstellungsvermögen und sicherlich keine Phantasie, um eigene Ideen zu entwickeln. Er beschränkte sich im Wesentlichen darauf, das, was sich tat, woher auch immer, in verwaltungsmäßig geordnete Bahnen zu leiten und die Weisungen des Vierjahresplanes auszuführen, wenn es welche gab. Ein Gespräch mit Walter Funk[2] zeigte, daß er als Reichswirtschaftsminister keinerlei Kontakt zu Hitler hatte, da dieser seit Kriegsausbruch ausschließlich in militärisch-politischen Überlegungen aufging. Irgendwelche Weisungen des Vierjahresplanes lagen weder vor noch wurden sie erwartet. Göring als Oberbefehlshaber der Luftwaffe hatte sich intensiv den Kriegshandlungen in Polen, Norwegen und im Westfeldzug gewidmet. Die militärischen Ereignisse nahmen seine Arbeitskraft und seine Gedanken völlig in Anspruch. Der „Vierjahresplan“, der als gesamtwirtschaftliches Befehlszentrum gedacht war, lag daher fast still. Ein Gespräch, das ich mit Staatssekretär Körner[3] führte, ergab, daß noch nicht einmal die bescheidensten Anregungen oder Orientierungshilfen zu bekommen waren. Nur laufende Angelegenheiten wurden erledigt. Funk widmete sich überwiegend seiner Aufgabe als Reichsbankpräsident, weil er von den finanziellen und währungspolitischen Problemen am meisten verstand.

Die einzige Gelegenheit im Hause, mich zu informieren, waren die verhältnismäßig häufigen Abteilungsleiterbesprechungen, die General von Hanneken[4] abhielt. Als ich nach meiner Rückkehr von den Reisen in die besetzten Westgebiete einen Bericht abstattete, versuchte ich auch, ein allgemeines Gespräch über die Zielvorstellungen in Gang zu bringen über die Richtlinien unserer Arbeit in der Zukunft. Die Kriegshandlungen und deren verblüffendes und von den meisten Beamten sicher nicht erwartetes Ergebnis hatten eine Art euphorischer Welle gerade bei denjenigen hervorgerufen, die vorher die Zukunftsaussichten des Krieges äußerst skeptisch beurteilt hatten. [...]

Möglicherweise durch meine Bemerkungen angeregt, berichtete General von Hanneken, der enge Fühlung zum Heereswaffenamt und zu Thomas'[5] Wirtschafts- und Rüstungsstab unterhielt, daß tatsächlich im Westkrieg insbesondere der Munitionsverbrauch, aber auch der Treibstoffverbrauch, weit hinter den Voranschlägen zurückgeblieben war. Einige Wochen später unterrichtete er uns über die Vorbereitungen für die „Aktion Seelöwe", eine für den August oder September geplante Landung mit starken Kräften in England. Das sei die einzige Kriegshandlung, die in absehbarer Zeit – wenn überhaupt – zu erwarten wäre. Der errechnete Materialbedarf an Rüstungsgütern lag verhältnismäßig niedrig, da ja für eine Invasion nach England nicht Millionen eingesetzt werden konnten, sondern nur Hunderttausende. Hanneken berichtete ferner, daß aufgrund dieser Erfahrungen die Produktion von Munition, Bomben und Durchschnittswaffen stark herabgesetzt worden war, da hierfür „in absehbarer Zeit kein Bedarf vorliegt". Die Panzerproduktion dagegen sollte forciert fortgeführt werden, was – nach Hannekens Meinung – kompletter Unsinn sei. Er meinte, wir hätten „genug" Panzer. Schließlich teilte er noch mit, daß er von Staatssekretär Körner „gehört" habe, es sei der Wunsch Hitlers, Einschränkungen für die Zivilbevölkerung und die Wirtschaft so schonend wie möglich durchzuführen und scharfe Eingriffe zu unterlassen. Mir persönlich sagte er, daß die von mir auf dem Bekleidungsgebiet teils eingeführten, teils vorbereiteten harten Maßnahmen „unliebsam aufgefallen" seien.

Es erschien mir völlig sinnlos, auf General von Hanneken einwirken zu können. Trotz seiner martialisch wirkenden Figur war er zaghaft, scheute Verantwortung und war ängstlich bemüht, nicht durch Widerspruch aufzufallen. Initiativen waren von seiner Seite nicht zu erwarten. Die genannten Tendenzen, die von Körner angedeutet oder von Hitler für richtig gehalten wurden, hielt ich für verfehlt und für unser Volk in höchstem Maße lebensbedrohend. Ich gewann zunehmend den Eindruck, daß wir dabei waren, einen Weltkrieg zu führen, ohne eine Reichsregierung zu haben, die daran dachte, nun auch den Wirtschafts- und Kräfteeinsatz des ganzen Volkes zu mobilisieren. Sicherlich kam dem Reichswirtschaftsministerium unter den zivilen Behörden hierbei die größte Bedeutung zu. Und wenn hier schon völlige Führungslosigkeit herrschte, so würde es wohl in anderen Ressorts kaum besser aussehen. Das wollte ich aber näher erkunden. [...]

Ich sprach sodann mit Staatssekretär Stuckart[6] aus dem Reichsministerium des Innern. [...] Ich schilderte ihm meine große Besorgnis darüber, daß wir, kraß ausgedrückt, in einem Kampf auf Leben und Tod keine funktionierende Reichsregierung hatten, sondern nur aufgesplitterte Funktionswahrnahme durch die einzelnen Reichsminister, die ohne allgemeine Orientierung nur als Fachressortleiter tätig waren. Hitler war fast nie in Berlin, hielt auch keine Kabinettssitzungen ab, noch übte er – wie wir das heute nennen würden – eine „Richtlinienkompetenz" aus. Es schien noch nicht einmal eine ausreichende Unterrichtung des „Führers und Reichskanzlers“ von unten her zu erfolgen. Nach meinen Eindrücken gab es nur punktuelle, oft zufällige Informationen und punktuelle Weisungen. Daher konnte nach meiner Überzeugung der „Führer und Reichskanzler“ auch nur unvollständig und zufällig und sicher nicht methodisch unterrichtet sein.

Ich hoffte, Stuckart zu Widerspruch oder Richtigstellung provozieren zu können. Er stimmte mir aber leider im großen und ganzen vorsichtig zu. Er strebte selbst eine Besserung dieser unbefriedigenden Verhältnisse an und stände deshalb mit Lammers[7] in Verbindung. Wenn, wie für die nächste Zeit zu erwarten war, die militärischen und politischen Ereignisse weniger turbulent würden, ließe sich wohl doch noch eine Besserung erreichen. Er versuchte mich zu beruhigen. Also auch nichts! [...]

Hans Kehrl: Krisenmanager im Dritten Reich: 6 Jahre Frieden, 6 Jahre Krieg: Erinnerungen. Düsseldorf: Droste 1973, S. 202–205

Anmerkungen:
1 Friedrich Landfried: Mitglied im Generalrat des Vierjahresplans von 1933 bis 1943
2 Walter Funk: Reichswirtschaftsminister ab 1938 und Reichsbankpräsident ab 1939, Mitglied im Ministerrat für Reichsverteidigung 1939
3 Paul Körner: Staatssekretär der Vierjahresplanbehörde ab 1936, enger Vertrauter Görings
4 Hermann von Hanneken: General der Infanterie, ab 1938 im Reichswirtschaftsministerium Leiter der Hauptabteilungen I (Mineralölwirtschaft, Chemie u. a.) und II (Bergbau, Eisen- und Stahlerzeugung, Energiewirtschaft)
5 Georg Thomas: ab 1939 Chef des Wehrwirtschafts- und Rüstungsamtes
6 Wilhelm Stuckart: ab 1935 im Reichsministerium des Innern
7 Hans Heinrich Lammers: Staatssekretär und Chef der Reichskanzlei ab 1933, Mitglied im Ministerrat für Reichsverteidigung unter Göring ab 1939

Hinweise zu Autor und Material:
Hans Kehrl war zu der Zeit, die er in dem vorliegenden Auszug beschreibt (Sommer 1940), als Generalreferent für Sonderaufgaben im Reichswirtschaftsministerium für die Beschaffung von Rohstoffen aus den im Krieg besetzten Gebieten verantwortlich. 1949 wurde er im sogenannten Wilhelmstraßenprozess wegen seiner Beteiligung an verbrecherischen wirtschaftlichen Transaktionen zu einer langjährigen Haftstrafe verurteilt, aber kurz darauf begnadigt. Nach seiner Freilassung war er als Wirtschaftsberater tätig und korrespondierte in wirtschaftlichen Krisenzeiten auch mit Helmut Schmidt. 1973 veröffentlichte er seine Memoiren „Krisenmanager im Dritten Reich: 6 Jahre Frieden, 6 Jahre Krieg“, aus denen der vorliegende Textauszug stammt. Seine Erinnerungen gelten zwar als unverzichtbares Nachschlagewerk für bestimmte Bereiche der NS-Wirtschaftspolitik, jedoch wurde ihnen nach ihrem Erscheinen auch eine „unpolitische Glorifizierung“ des NS-Systems sowie das Ignorieren von dessen „blutbefleckten Schattenseiten“ vorgeworfen (Horst Bieber 1974 in der ZEIT).

Zugelassene Hilfsmittel: Wörterbuch zur deutschen Rechtschreibung

Lösungsvorschläge

Diese Aufgabe entspricht den folgenden aktuellen Schwerpunktthemen:

- ***Inhaltsfeld 5:** Die Zeit des Nationalsozialismus – Voraussetzungen, Herrschaftsstrukturen, Nachwirkungen und Deutungen*
  - *Politische und ideologische Voraussetzungen des Nationalsozialismus*
  - *Die Herrschaft des Nationalsozialismus in Deutschland und Europa (Wirtschaftspolitik)*

1. *Die erste Teilaufgabe fordert Sie dazu auf, den vorliegenden Textauszug zu analysieren. Dazu gehört, dass Sie zunächst detaillierte Angaben zum Autor, zu den Adressaten, zum Thema, zur Textsorte, zur Entstehungszeit und zum historischen Hintergrund sowie zur Aussageabsicht des Verfassers machen. Beachten Sie dabei besonders den großen zeitlichen Abstand, der zwischen den beschriebenen Ereignissen und ihrer Darstellung durch Kehrl liegt. Nach der Vorstellung des Materials sollen Sie dessen Inhalt strukturiert wiedergeben. Das Ziel der Analyse ist die Rekonstruktion eines historischen Sachverhalts auf Basis der Quelle. Beim vorliegenden Text sollen Sie folglich die Einschätzung des damaligen Mitarbeiters im Reichswirtschaftsministerium darlegen.*

Einleitung
Textsorte
Autor
Entstehungszeitpunkt

Bei der vorliegenden Schriftquelle handelt es sich um einen Auszug aus den **Memoiren** Hans Kehrls, die 1973 unter dem Titel „Krisenmanager im Dritten Reich: 6 Jahre Frieden, 6 Jahre Krieg: Erinnerungen“ veröffentlicht wurden. Der Text lässt sich also als **Selbstzeugnis** einordnen, das mit großem zeitlichen Abstand aus **subjektiver Sicht** auf die Jahre des Zweiten Weltkriegs zurückblickt. Hans **Kehrl** war im nationalsozialistischen Regime als Generalreferent für Sonderaufgaben im Reichswirtschaftsministerium für die Beschaffung von Rohstoffen aus den im Krieg besetzten Gebieten verantwortlich und wurde deshalb nach Kriegsende zu einer Haftstrafe verurteilt. Als er seine Memoiren verfasste, war er als Wirtschaftsberater in der Bundesrepublik tätig.

Adressaten
Thema

Mit seinen Erinnerungen richtet er sich an **historisch und wirtschaftlich interessierte Leser**. Im vorliegenden Auszug widmet sich Kehrl thematisch der **polykratischen Organisation der Wirtschaftspolitik** im Nationalsozialismus während des Zweiten Weltkriegs.

historischer Hintergrund

Er beschreibt die Lage Deutschlands im Sommer 1940, wie aus der Ankündigung der „Aktion Seelöwe“ zu schließen ist (vgl. Z. 34). Kehrl übt deutliche **Kritik an** der Arbeitsweise und den **Maßnahmen** der wirtschaftspolitischen Entscheidungsträger.

Intention

Auf diese Weise suggeriert er mehr als 30 Jahre nach den Ereignissen, dass er schon damals Ablehnung klar geäußert habe und an entsprechender Position bessere Entscheidungen gefällt hätte.

Der Ausschnitt beginnt unvermittelt mit der **Klage Kehrls**, dass es im Wirtschaftsministerium auf dem Dienstweg **keine klaren Handlungsanweisungen** gegeben habe (vgl. Z. 1–19). Als Beispiel für diese Feststellung nennt er das Agieren des Staatssekretärs Landfried, der **ohne Eigeninitiative** nur Anweisungen ausgeführt und verwaltet habe (vgl. Z. 3 ff.). Außerdem hebt er hervor, dass sogar der Wirtschaftsminister Funk **keinen Kontakt zu Hitler** gehabt habe. Letzterer habe sich, ebenso wie Göring, mit Beginn des Kriegs nur noch für militärische Belange interessiert (vgl. Z. 7 ff.). Aus diesem Grund ist es laut Kehrl fast zu einem **Stillstand des Vierjahresplans** gekommen (vgl. Z. 14 f.).

strukturierte Wiedergabe

Kritik an Abläufen im Reichswirtschaftsministerium

Kehrl räumt im nächsten Abschnitt ein, dass zumindest auf den Abteilungsleiterbesprechungen unter Hermann von Hanneken ein Informationsfluss stattgefunden habe (vgl. Z. 20–28). Dabei betont Kehrl, dass er nach seiner Rückkehr von „Reisen in die besetzten Westgebiete“ (Z. 22) selbst die Initiative ergriffen und versucht habe, **Gespräche über zukünftige Richtlinien** anzuregen. In diesem Zusammenhang erwähnt er auch seinen Eindruck von der **Euphorie über die bisherigen Kriegshandlungen** bei Personen, die dem Krieg zuvor skeptisch gegenübergestanden hätten. Im Folgenden berichtet Kehrl von Hannekens Bilanzierung des bisherigen **Munitions- und Treibstoffverbrauchs** und von dessen **Ausblick auf** das veranschlagte Kontingent für die „**Aktion Seelöwe**“. Der Verbrauch sei im „Westkrieg“ (Z. 31) geringer gewesen als erwartet und der errechnete Materialbedarf für die Landung in England sei niedrig, weswegen die **Rüstungsproduktion** – mit Ausnahme der Panzer – **herabgesetzt** worden sei. Kehrl zitiert die Kritik Hannekens, der betont habe, man hätte „‚genug‘ Panzer“ (Z. 43). Zuletzt referiert Kehrl aus der Besprechung, dass Hanneken ihn mit dem Verweis auf ein Gerücht gewarnt habe: Er habe „von Staatssekretär Körner ‚gehört‘ “ (Z. 43 f.), dass Hitler die **Zivilbevölkerung** zu **schonen** wünsche und dass Kehrls Einschränkungen in der Bekleidungsversorgung schon „unliebsam aufgefallen“ (Z. 47 f.) seien.

Darstellung von (unzureichenden) Vorbereitungen für geplante Kriegshandlungen

Kehrl beendet damit seinen Bericht von der Abteilungsleiterbesprechung. Er rechtfertigt seinen **Verzicht auf Widerspruch** gegenüber Hanneken mit einer Kritik an dessen Schwäche und Scheu vor Verantwortung, betont jedoch, dass er die Ansichten von Körner und Hitler nicht nur als „verfehlt“ (Z. 53), sondern sogar als „für unser Volk in höchstem Maße lebensbedrohend“ (Z. 53 f.) eingeschätzt habe. Er selbst habe es als **notwendig** angesehen, unter dem Eindruck eines anstehenden „Weltkrieg[es]“ (Z. 55) die **gesamte Bevölkerung zu mobilisieren**. Seine

Forderung Kehrls nach Mobilisierung der gesamten Bevölkerung

Befürchtung, dass der Zustand „völlige[r] Führungslosigkeit“ (Z. 58 f.) auch in anderen Ressorts herrschen könnte, habe er daraufhin genauer prüfen wollen.

Er berichtet im Folgenden von seinem Gespräch mit dem Staatssekretär Stuckart aus dem Reichsministerium des Innern. Diesem habe er seine **Kritik an der Führungslosigkeit** und Ineffizienz geschildert und mit den Worten unterstrichen, man habe, „kraß ausgedrückt, in einem **Kampf auf Leben und Tod** keine funktionierende Reichsregierung [...], sondern nur aufgesplitterte Funktionswahrnahme“ (Z. 62 ff.). Zur Untermauerung der Dringlichkeit habe er zudem darauf hingewiesen, dass **Hitler weder in Berlin präsent** sei noch eine Linie vorgebe und **noch** nicht einmal **ausreichend mit Informationen versorgt** werde (vgl. Z. 65 ff.). Kehrl gibt abschließend an, er habe auf Widerspruch gehofft und sei angesichts der vorsichtigen Zustimmung Stuckarts enttäuscht worden (vgl. Z. 73 f.). Stuckart habe die „**unbefriedigenden Verhältnisse**“ (Z. 75) bestätigt und seine Hoffnung auf Optimierung in weniger „turbulent[en]“ (Z. 77) Zeiten zum Ausdruck gebracht. Kehrl schließt den Abschnitt demzufolge mit den resignierenden Worten: „Also auch nichts!“ (Z. 78)

Enttäuschung über chaotische und unbefriedigende Verhältnisse

2. *In der zweiten Teilaufgabe wird zunächst erwartet, dass Sie die Erinnerungen Kehrls in den Kontext der dargestellten Ereignisse einordnen. Sie sollen sich also auf die Situation im Zweiten Weltkrieg bis zum Sommer/Herbst 1940 konzentrieren. In einem nächsten Schritt müssen Sie – mit direktem Bezug zur Quelle – die Merkmale der nationalsozialistischen Wirtschaftspolitik erläutern. Kehrl spricht in seinen Erinnerungen eine Vielzahl von wirtschaftspolitischen Maßnahmen und Problemen an, die Sie auf der Basis Ihres Sachwissens umfassend darlegen sollen.*

Kehrl schildert im vorliegenden Auszug aus seinen „Erinnerungen“ die **wirtschaftspolitischen Herausforderungen** der Jahre 1939 bis 1940, nach der „euphorische[n] Welle“ (Z. 26) des **erfolgreichen Westfeldzugs** und inmitten der Vorbereitungen der „Aktion Seelöwe“ (Z. 34), also des **geplanten Angriffs auf England**.

historischer Kontext

Die Anfangsphase des Zweiten Weltkriegs war von der sogenannten **Blitzkriegtaktik** geprägt, die einen überraschenden, massiven Angriff auf die Gegner vorsah, damit diese nicht genügend Zeit hätten, ihre militärischen Kräfte zu bündeln und zu koordinieren. Dieses Vorgehen kam im Zweiten Weltkrieg zuerst durch den deutschen **Angriff auf Polen** am 1. September 1939 zur Anwendung und hatte nur fünf Wochen später die polnische Kapitulation zur Folge. Das „**Unternehmen Weser-**

Phase der „Blitzkriege“

übung“, also der deutsche Überfall auf Norwegen und Dänemark am 9. April 1940, endete mit der Kapitulation Dänemarks noch am selben Tag und Norwegens im Juni 1940. Der von Kehrl angesprochene **Westfeldzug** (vgl. Z. 31 f.) gegen die neutralen Benelux-Staaten und Frankreich begann im Mai 1940. Die Benelux-Staaten kapitulierten noch im selben Monat, **Frankreich** unterzeichnete am 22. Juni 1940 den Waffenstillstand, der den Staat in zwei Hälften teilte. Der Norden geriet unter **deutsche Besatzung**, während die Südhälfte unter der mit Deutschland kollaborierenden **Vichy-Regierung** eine begrenzte Selbstständigkeit behielt. Diese aus deutscher Sicht erfolgreichen „Blitzkriege“ führten dazu, dass selbst jene Kritiker, die zuvor noch „die Zukunftsaussichten des Krieges äußerst skeptisch beurteilt hatten“ (Z. 27 f.), die **Kriegführung** und oft auch das **Hitler-Regime** insgesamt **optimistischer einschätzten**.

geplante Invasion Englands

Mit dem Zugang zur französischen Atlantikküste und zum Ärmelkanal schien im Sommer 1940 auch ein Angriff auf England Erfolg versprechend. Die **Pläne für eine Invasion Englands** waren bereits 1939 entwickelt worden. Die begrenzte Reichweite der deutschen Luftwaffe und die Frage, wie die britische Marine ausgeschaltet werden könne, ließen die deutschen Oberbefehlshaber jedoch noch zögern. Nach dem erfolgreichen Westfeldzug wurden die Invasionspläne konkretisiert. Dennoch waren die Vorbereitungen von Heer, Luftwaffe und Kriegsmarine insbesondere bezüglich der Landungsdetails und der Zuständigkeiten noch nicht abgeschlossen, als Hitler am 16. Juli 1940 die **Weisung zur Landung in England** erteilte. Die vorliegende Quelle erwähnt „Vorbereitungen für die ‚Aktion Seelöwe‘“ (Z. 33 f.), deren Umsetzung „für den August oder September“ (Z. 34) vorgesehen sei. Die beschriebenen Ereignisse sind also in die Zeit nach Hitlers Weisung im Juli 1940 einzuordnen.

Schonung der Zivilbevölkerung an der „Heimatfront“

Um den **politischen Rückhalt für das NS-Regime** in der deutschen Bevölkerung aufrechtzuerhalten, forderte Hitler von seinen Ministern, dass die **„Heimatfront“ von den Kriegsfolgen möglichst unbehelligt** bleiben solle. Es gab zwar **Rationierungen von Lebensmitteln** und Textilien, aber grundsätzlich wurden die Entbehrungen für die „arische“ Bevölkerung in Deutschland durch die **Ausbeutung der besetzten Gebiete** und durch die **Enteignung von jüdischen Bürgern** gemildert. Der Einsatz von **Zwangsarbeitern und Kriegsgefangenen** in der Industrie und auf dem Land sollte die Arbeitsbelastung der Frauen möglichst gering halten, während gleichzeitig organisierte **Freizeitangebote** wie Konzerte und Kinobesuche vom Kriegsalltag ablenkten.

In seinen „Erinnerungen“ kritisiert Kehrl die wirtschaftspolitischen Entscheidungen im Sommer 1940 und betont, dass er hinsichtlich der **Versorgungslage** und der **chaotischen Organisation** schon damals sehr besorgt gewesen sei. Er reißt damit einige grundsätzliche **Merkmale und Probleme der nationalsozialistischen Wirtschaftspolitik** an, die im Folgenden näher erläutert werden sollen.

Merkmale der NS-Wirtschaftspolitik

zentrale Lenkung und Autarkiebestrebungen

Ein zentrales Merkmal der nationalsozialistischen Wirtschaftspolitik war die staatliche Lenkung, die von einer unübersichtlichen **Verflechtung von Staat**, **Partei und Wirtschaft** begleitet war und zu einer Einschränkung des freien Marktes führte. Obwohl sich die Industrieproduktion 1935 von der Weltwirtschaftskrise weitgehend erholt und den Vorkrisenstand erreicht hatte, erfolgte 1936 mit dem **Vierjahresplan**, den auch Kehrl in seinen Memoiren erwähnt (vgl. Z. 6 f.), der Übergang zu einer Kommandowirtschaft unter Hermann Göring. Dessen Ziel war es, eine umfassende **Autarkie** zu erreichen und den Staat wirtschaftlich auf einen **Krieg vorzubereiten**. Die Mineralöl- und Treibstoffproduktion wurde fortan kontrolliert und staatlich gelenkt, die Herstellung eines synthetischen Kautschuks (Buna) forciert und selbst die unergiebige heimische Eisenerzproduktion wurde verstärkt, um bei der Eisen- und Stahlerzeugung von Importen möglichst unabhängig zu werden. Überdies lenkte Görings Behörde die landwirtschaftliche Produktion und bestimmte die Preise und den Einsatz von Arbeitskräften.

polykratische Strukturen

Trotz der **zentralen Steuerung** durch Hermann Göring war die Wirtschaftspolitik von einer unübersichtlichen **Polykratie** begleitet, was auch Kehrl in seinen Memoiren kritisiert (vgl. Z. 1 ff., 62 ff.). In der Bürokratie wirkten Militärs und Unternehmer ebenso mit wie Parteivertreter in Form von Gauleitern. Die **Zielvorgabe** in Hitlers Denkschrift zum Vierjahresplan, die **„deutsche Wirtschaft in vier Jahren kriegsfähig“** zu machen, war für alle verbindlich, die Kompetenzen und **Verantwortungsbereiche** der Entscheidungsträger waren jedoch **nicht klar abgegrenzt** und führten zur **internen Konkurrenz**. Die letzte Entscheidungsgewalt lag bei Göring oder beim „Führer“ persönlich, sodass Eigeninitiative und **wirtschaftliche Gestaltungskraft blockiert** wurden.

Scheitern der Autarkiepolitik

Die **Autarkiepolitik scheiterte** schließlich einerseits an dieser **Verzerrung ökonomischer Strukturen**, die zu einem Kompetenzwirrwarr und zu einer ineffektiven Bürokratie führte. Andererseits wurden die tatsächlichen Möglichkeiten der **heimischen Ressourcen**, wie zum Beispiel des Eisenerzes und der Buna-

Herstellung, **überschätzt**. Die wachsende Zahl unrentabler Produktionsstandorte band Arbeitskräfte und Finanzen, die an anderer Stelle benötigt wurden.

Die NS-Wirtschaftspolitik war von einer **massiven Aufrüstung** geprägt, die seit Juli 1933 mithilfe sogenannter **Mefo-Wechsel** finanziert wurde. Auf Veranlassung von Reichswehr und Reichsbank gründeten vier deutsche Unternehmen die Metallurgische Forschungsgemeinschaft, wofür sie vom Staat mit Grundkapital ausgestattet wurden. Die „Mefo“ vergab **Rüstungsaufträge** an Firmen und bezahlte mit Wechseln, die zu einem späteren Zeitpunkt in Bargeld umgewandelt werden sollten. Zur Eindämmung der damit verbundenen Inflationsgefahr begrenzte Hjalmar Schacht, der damalige Reichsbankpräsident und Initiator der „Mefo“, das Wechselsystem auf fünf Jahre. Das Regime ignorierte jedoch die Bedenken Schachts und führte das Wechselgeschäft ab 1938 nicht nur fort, sondern bediente sich auch erzwungener **Reichsanleihen** bei Sparkassen und schöpfte **Spar- und Versicherungsgelder** ab. Der Ausgleich zur Abwendung einer Inflation sollte aus den Gewinnen nach dem „Endsieg“ erfolgen. Die Folge dieser Art von Wirtschaftspolitik war eine **explodierende Staatsverschuldung**. Dass der Zweite Weltkrieg von deutscher Seite als **Beutekrieg** geführt wurde, war also auch wirtschaftlich begründet.

massive Rüstungspolitik

Die einseitige Ausrichtung auf die Rüstungsindustrie führte zu massiven **Rationalisierungsmaßnahmen im Konsumsektor**. Um die Zustimmung der Bevölkerung zum Regime zu erhalten, wurde daher die **Propaganda** verstärkt. Diese lobte Sparsamkeit und Enthaltsamkeit als erstrebenswerte deutsche Tugenden und lenkte zugleich die Nachfrage auf Konsumgüter um, die reichlich vorhanden waren. Darüber hinaus wurde eine erfolgreiche **Beseitigung der Arbeitslosigkeit propagiert**. Durch den Ausbau der Rüstungsindustrie und die Vergabe öffentlicher Aufträge für die Reichsbahn, die Reichspost und den Autobahnbau wurden neue Arbeitsplätze geschaffen. Der Einsatz junger Männer im **Reichsarbeitsdienst** oder im Wehrdienst beschönigte zudem die Arbeitslosenstatistik. Gleichzeitig versuchte das Regime, die **Entbehrungen der Bevölkerung möglichst gering** zu halten, indem es Beute aus den besetzten Kriegsgebieten und Güter aus der **Enteignung jüdischer Bürger** verteilte. In der Zeit zwischen 1933 und 1940 wurde den Juden in Deutschland nicht nur die Reichsbürgerschaft aberkannt (Nürnberger Gesetze 1935), sie wurden auch zunehmend mit Berufsverboten drangsaliert, mussten ab 1938 ihr Vermögen offenlegen und Steuern zahlen, wenn sie auswandern wollten. Nach der **Reichspogrom-**

möglichst geringe wirtschaftliche Belastung der Zivilbevölkerung trotz Rationalisierung

nacht am 9./10. November 1938 wurde ihnen eine „**Sühneleistung**“ für die Ermordung Ernst vom Raths abverlangt, zudem mussten sie sich um die Beseitigung der während der Ausschreitungen entstandenen Schäden kümmern. Es folgten weitere Verordnungen, die die jüdische Bevölkerung zum **Verkauf ihres Grundbesitzes** und zu **Vermögensabgaben** zwangen. Davon profitierte nicht nur die Staatskasse, sondern auch ein Großteil der Bürger, die jüdisches Eigentum für geringes Geld kauften oder ersteigerten.

3. *In der dritten Teilaufgabe wird von Ihnen erwartet, dass Sie die Einschätzungen Kehrls zu den wirtschaftspolitischen Entscheidungen im Sommer 1940 bewerten. Sie müssen sich also fragen, inwiefern Kehrl mit seinen Äußerungen richtigliegt, inwiefern er die historischen Ereignisse aber auch unzureichend oder einseitig wiedergibt. Finden Sie auf der Grundlage Ihrer historischen Kenntnisse sowie unter Heranziehung heutiger Wertmaßstäbe also sowohl Aspekte, die Kehrls Darstellung bestätigen, als auch Punkte, die seine Ausführungen widerlegen. Beachten Sie dabei, dass Kehrl seine Erinnerungen mehr als 30 Jahre nach den beschriebenen historischen Ereignissen in der Bundesrepublik veröffentlichte.*

Einleitung
Hinführung zur Bewertung

Kehrl skizziert im Hinblick auf die NS-Wirtschaftspolitik im Sommer 1940 einen **chaotischen Zustand von Führungslosigkeit und Kompetenzwirrwarr**, der letztlich zu erheblichen **Fehlentscheidungen** geführt habe. Im Folgenden soll überprüft werden, inwiefern Kehrls Darstellung zuzustimmen ist, inwiefern diese aber auch relativiert werden muss.

zustimmende Aspekte
Ineffektivität aufgrund polykratischer Strukturen

Zunächst einmal entspricht es den Tatsachen, dass die Kombination aus **Führerstaat und Polykratie** in vielen Bereichen – nicht nur in der Wirtschaft – zu einander überlagernden Kompetenzen führte. Die **Konkurrenz wirtschaftlicher und militärischer Interessen**, aber auch die unzureichende Abstimmung bei der Planung resultierten in Ineffektivität und Defiziten in der Versorgung. Hitler betrieb bei militärischen Entscheidungen vielfach eine Vabanque-Politik, der es an durchdachten Strategien mangelte und die in einem fortwährenden **Krisenmanagement** der untergebenen Entscheidungsträger endete.

erhöhte Zustimmung zum NS-Regime nach „Blitzkriegen“

Darüber hinaus ist Kehrls Einschätzung korrekt, dass die für Deutschland erfolgreich verlaufenden „**Blitzkriege**“ zu einer **breiten Zustimmung der vorherigen Kritiker** zum NS-Regime führten und schließlich die Bedenkenträger hinsichtlich der fehlenden Kriegsvorbereitung ins Abseits drängten. Hjalmar Schacht wurde entmachtet und die Rüstungsproduktion ungehindert fortgesetzt.

Kehrl hat somit auch recht, wenn er behauptet, dass die maßgeblich Verantwortlichen wie Hitler oder Göring sich nur noch mit **militärischen Planungen** beschäftigt und darüber die Wirtschaft aus den Augen verloren hätten. Bereits vor Beginn des Zweiten Weltkriegs war die „**Wehrhaftmachung des deutschen Volkes**" das erklärte Ziel der NS-Wirtschaftspolitik und damit auch von Görings Vierjahresplan. Dieser etablierte eine **staatliche Kommandowirtschaft**, in der Göring bei Investitionsentscheidungen und Rohstoffzuteilungen mitbestimmte, gleichzeitig aber privatwirtschaftliche Unternehmen fortbestehen ließ. Es entstand eine **Verbindung zwischen Wirtschaft und Wehrhaftigkeit**, die der Umsetzung der **NS-Ideologie Vorrang vor einer rationalen Wirtschaftspolitik** einräumte. So erfolgte der Aufschwung der Rüstungsindustrie zulasten der Konsumgüter- und Nahrungsmittelindustrie, was beispielhaft den **Vorrang aller militärischen Entscheidungen** demonstriert.

Vorrang militärischer Entscheidungen vor Wirtschaftlichkeit

Die damit einhergehenden betriebs- und volkswirtschaftlichen Schäden, die sich auf die Bevölkerung auswirken konnten, versuchte man, durch **Beschlagnahmungen** in den besetzten Gebieten abzumildern. So beschreibt Kehrl zutreffend Hitlers Wunsch, die „arische" **Zivilbevölkerung** im Deutschen Reich so lange wie möglich **zu schonen**, um einer allgemeinen Kriegsmüdigkeit, wie es sie im Ersten Weltkrieg gegeben hatte, vorzubeugen. Beispielsweise sollte durch die **Aufrechterhaltung eines ausgedehnten Kulturbetriebs** der Anschein von Normalität erweckt werden und **Rationierungen** führte man nur **schrittweise** ein. Durch deren minutiöse Planung vor Kriegsbeginn sollten **Versorgungsengpässe vermieden** werden. Um die deutsche Bevölkerung während des Kriegs zu ernähren, wurden die **besetzten Gebiete rücksichtslos ausgebeutet**; den Tod der dortigen Zivilbevölkerung nahm man bewusst in Kauf.

Schonung der Zivilbevölkerung zur Vermeidung von Kriegsmüdigkeit

Trotz der zahlreichen von Kehrl genannten Tatsachen sind einige seiner Aussagen aber auch zu **relativieren**. Gerade als Mitarbeiter im Reichswirtschaftsministerium sollte ihm bewusst gewesen sein, dass der Vierjahresplan nicht allein wegen ausbleibender Anweisungen stockte, sondern auch wegen **fehlender oder nur unrentabel produzierbarer heimischer Ressourcen**. Seine **Kritik** an vermeintlich fantasielosen oder verantwortungsscheuen Entscheidungsträgern (vgl. z. B. Z. 4, 50 f.) **wird** damit dem **Gesamtproblem nicht gerecht**. Gerade wenn man sich vor Augen führt, dass Kehrl seine **Memoiren rund 30 Jahre nach dem Zweiten Weltkrieg** als Bürger der Bundesrepublik Deutschland geschrieben hat, erscheinen die **einseitige Kritik an anderen Mitarbeitern** im Reichswirtschaftsministerium und

relativierende Aspekte

Unglaubwürdigkeit der Darstellung durch Verschweigen der eigenen Rolle bei NS-Verbrechen die **Betonung seiner eigenen Initiative** stilisiert und schwer nachvollziehbar. Er beklagt, dass der Vierjahresplan ins Stocken geraten sei, äußert jedoch mit keinem Wort Bedenken darüber, dass die Wirtschaft ab 1936 aufgrund dieses Plans vollständig auf die **Vorbereitung eines Angriffskriegs** fokussiert war. Seine damalige Aufgabe, als Generalreferent im Reichswirtschaftsministerium Rohstoffe aus den besetzten Gebieten zu rekrutieren, wird beschönigend mit „Reisen in die besetzten Westgebiete" (Z. 22) dargestellt, er verliert **kein Wort über die Konsequenzen dieser Ausbeutung** für die französische Bevölkerung. Die **Behandlung der jüdischen Bevölkerung** in Deutschland **wird** innerhalb dieses Ausschnitts **nicht einmal erwähnt**.

In seinem Bericht zur Abteilungsleiterbesprechung referiert er die Aussage Hannekens, dass die **Kriegshandlung gegen England** die einzige sei, die in nächster Zeit erwartet werde. Diese Aussage ist nur ein **Teil der Realität**. Selbst unter Berücksichtigung einer unzureichenden Informationspolitik zwischen Reichswehr und Wirtschaftsministerium konnten Hitlers **Expansionspläne in Richtung Osten** seit der Veröffentlichung von „Mein Kampf" 1925 **allen Beteiligten bekannt** sein. Kehrl trägt dem zumindest ansatzweise Rechnung, indem er von einem „Weltkrieg" (Z. 55) spricht, den das NS-Regime führen würde. Darüber hinaus übt er aber **keine deutliche Kritik** an den Behauptungen Hannekens und verzichtet auf deren Richtigstellung.

fehlende Erwähnung von Hitlers Plänen zur Eroberung von „Lebensraum im Osten"

Auch seine **Kritik an der Entscheidung, die Zivilbevölkerung zu schonen**, mit dem Hinweis, dass diese „für unser Volk in höchstem Maße lebensbedrohend" (Z. 53 f.) sei, **wirkt einseitig** und offenbart nicht das Hintergrundwissen, über das Kehrl aufgrund seiner Tätigkeit verfügen müsste. Da Kehrl für die Beschaffung von Rohstoffen aus den besetzten Kriegsgebieten zuständig war, hatte er **Einblick in die katastrophale Ressourcenknappheit**. Er war über Maßnahmen wie die Einführung der Wehrpflicht und des Reichsarbeitsdienstes sowie über Rationalisierungsvorhaben und den Einsatz von Zwangsarbeitern informiert. Aus diesem Grund musste ihm bekannt sein, dass nicht die fehlende Mobilisierung der Bevölkerung angesichts eines Weltkriegs „lebensbedrohend" war, sondern dass die grundsätzlich **fehlenden Ressourcen**, die **unzureichende militärische Ausstattung** und die staatlichen Investitionen auf Pump deutlich **gefährlicher** waren **als eine Schonung der Zivilbevölkerung**.

falsche Einschätzung der Gefahrenlage

Kehrl reduziert die wirtschaftlichen Probleme des Deutschen Reichs im Zweiten Weltkrieg auf fehlende Richtlinien und mangelndes Verantwortungsbewusstsein der verschiedenen Entscheidungsträger. **Hinweise auf die moralische Verwerflichkeit** der Kriegführung an sich, auf die Ausbeutung eroberter Gebiete, die in den besetzten Staaten – insbesondere mit Beginn des Vernichtungskriegs im Osten – zu Hungersnöten geführt hat, sowie auf den Umgang mit der jüdischen Bevölkerung innerhalb des Reichs **fehlen in seinen Ausführungen völlig**.

keine Erwähnung der NS-Verbrechen

Er ist damit in die Kategorie jener nationalsozialistischen Entscheidungsträger einzuordnen, die sich auch lange nach dem Krieg mit der vermeintlichen Pflicht, Befehle zu befolgen, für ihre Handlungen rechtfertigten und Missstände mit einem Mangel an Richtlinien begründeten. Ein **tieferes Unrechtsbewusstsein lässt er dagegen vollkommen vermissen**.

Fazit

Schriftliche Abiturprüfung Nordrhein-Westfalen Geschichte
Leistungskurs – Aufgabe 6

A: Interpretation sprachlicher oder nichtsprachlicher historischer Quellen

Aufgabenstellung

Interpretieren Sie die Quelle, indem Sie

1. sie analysieren,
2. die Aussagen Ulbrichts in den historischen Kontext einordnen sowie seine Ausführungen zur Entnazifizierung im westlichen Deutschland charakterisieren und
3. den Erfolg der Entnazifizierung in Ost und West aus heutiger Perspektive beurteilen.

M 1: Stellungnahme Walter Ulbrichts zur Auflösung der Entnazifizierungskommissionen (28. Februar 1948)

Wir begrüßen, dass der Oberste Chef der sowjetischen Militärverwaltung, Marschall Sokolowskij, die Auflösung der Entnazifizierungskommissionen in der sowjetischen Besatzungszone Deutschlands verfügt hat. Der Inhalt des Befehles stimmt überein mit den Vorschlägen der SED und des Blocks der antifaschistisch-demokratischen Parteien[1]. [...]

Die Auflösung der Entnazifizierungskommissionen in der Ostzone ist möglich, weil die Säuberung der Verwaltung durchgeführt wurde, weil die Betriebe der Kriegsverbrecher mit oder ohne Naziparteibuch und die Banken in die Hände des Volkes übergegangen sind und der Boden der Großgrundbesitzer, die zu den Hauptkräften des Militarismus gehörten, den Bauern übereignet wurde. Damit sind die wirtschaftlichen Machtstellungen der Träger des Faschismus beseitigt.

Im Gegensatz zu gewissen „Politikern" in Westdeutschland sind wir der Meinung, dass nicht die Werktätigen und der Mittelstand die Träger des Faschismus waren, sondern die Konzern-, Bankherren und Großgrundbesitzer, die den Faschismus zur Macht brachten, um das eigene Volk und andere Völker besser ausbeuten und unterdrücken zu können. Deshalb wurden in der sowjetischen Besatzungszone Deutschlands im Einvernehmen mit den antifaschistisch-demokratischen Parteien, Gewerkschaften und anderen Massenorganisationen die faschistischen Verbrecher bestraft und enteignet. Die einfachen Nazimitglieder jedoch wurden nicht vor die Entnazifizierungskommissionen gestellt. Der Vorsitzende der SED, Wilhelm Pieck, hatte bereits am 21. Februar 1947, also vor einem Jahre, dazu erklärt: „Die Mehrzahl, die auf den Nazischwindel hereinfielen und Mitglieder der Nazipartei wurden, besteht aus Angehörigen des werktätigen Volkes. Ihnen gegenüber muss selbstverständlich in der Beurteilung ihres Verhaltens ein anderer Maßstab angelegt werden als gegenüber den Kriegsverbrechern und Naziaktivisten."

Wilhelm Pieck forderte weiter, dass alles getan werden müsse, ihnen verständlich zu machen, dass ein neuer Weg gegangen werden muss, um Deutschland aus dem Unglück herauszuführen.

„Es sind vorwiegend werktätige Massen, die wir nicht von uns stoßen, sondern die wir auf das engste an uns heranziehen und an der Aufbauarbeit beteiligen müssen. Das praktische Leben zeigt uns, dass unter diesen Massen Zehntausende sind, die aufrichtig bestrebt sind, alle Reste des Nazigeistes abzustoßen und die bereits an der Aufbauarbeit aktiv teilnehmen."

In den letzten Monaten haben sich viele frühere Mitglieder von Naziorganisationen in der großen Bewegung für die Produktionssteigerung als ehrliche Mitarbeiter am Aufbau bewährt. Ob der einzelne als Bauarbeiter tätig ist oder im Kohlenbergbau, im Verwaltungsbüro oder als Ingenieur, seine wahre Gesinnung zeigt er in der Initiative, in den Anstrengungen bei der Erfüllung der Produktionsaufgaben. In der neuen Periode des Aufbaues kann nicht mehr die frühere Organisationszugehörigkeit der Maßstab für die Beurteilung des einzelnen sein, sondern die ehrliche aufopferungsvolle Arbeit. Jedoch haben die früheren Mitglieder von Naziorganisationen die besondere Verpflichtung, durch ehrliche Arbeit frühere Fehler wiedergutzumachen. [...]

Die Einstellung der Arbeit der Entnazifizierungskommissionen in der sowjetischen Besatzungszone und die Herstellung der Gleichberechtigung für die früheren Mitglieder der Nazipartei und ihrer Gliederungen ist zugleich ein Zeichen der Veränderung der Lage. Breite Kreise, die früher Naziorganisationen angehörten, nehmen teil am großen Kampf für die Einheit unseres deutschen Vaterlandes. Aber manche sogenannten „Hitlergegner" aus den Reihen des Monopolkapitals[2] treten heute ein für die Zerreißung Deutschlands. Sie suchen, das deutsche Volk den Interessen der Wallstreet gefügig zu machen.

Unser deutsches Volk will jedoch nicht die grausame Herrschaft der deutschen imperialistischen Machthaber, der deutschen Konzern- und Bankherren durch die Herrschaft des USA-Monopolkapitals ersetzt wissen. Die Feinde des deutschen Volkes sind jene, die in Frankfurt einen Zweizonenstaat bilden und die Macht der Konzerne und Großbanken in Westdeutschland wiederhergestellt haben. [...]

Die Tatsache, dass der Oberste Chef der sowjetischen Militärverwaltung die Auflösung der Entnazifizierungskommissionen verfügen konnte, zeigt den Fortschritt der Demokratisierung in einem Drittel Deutschlands. Die Mitglieder der Entnazifizierungskommissionen, die der SED, der LPD, CDU und den freien Gewerkschaften angehören, haben eine große demokratische Arbeit geleistet. [...]

Im Gegensatz dazu sind in den Westzonen Deutschlands die Wehrwirtschaftsführer Hitlers und andere Kriegsverbrecher in leitenden Positionen der Wirtschaft, der Polizei und Gerichte. In geradezu lächerlicher Weise wurden die nominellen Mitglieder der Nazipartei vor die sogenannten Spruchkammern gestellt und verurteilt, während sich der Hauptkriegsverbrecher Zangen[3], der Vorsitzende des hitlerschen Rüstungsrates, bereits wieder aktiv betätigen kann. Und Kriegsverbrecher wie Dinkelsbach, die zum engeren Kreis der hitlerischen Wehrwirtschaftsführer gehörten, haben jetzt die Leitung der eisenschaffenden Industrie in Westdeutschland in ihren Händen. Während in Westdeutschland die Periode des großen Kampfes für die Rechte des Volkes, für die Bestrafung der Kriegsverbrecher und die Enteignung der Konzern- und Bankherren und für Brot und Lohn für das arbeitende Volk begonnen haben, hat in der Ostzone die Periode des Aufbaues und des gemeinsamen Kampfes um die Produktsteigerung für ein besseres Leben des Volkes begonnen.

Jetzt kommt es darauf an, aus der Herstellung der Gleichberechtigung für die früheren Mitglieder der Naziorganisationen die Schlußfolgerungen zu ziehen, diesen Kräften die Möglichkeit zu geben, in ehrlicher Arbeit ihre Fähigkeiten zu entwickeln. Es soll damit wirklich die große Einheit aller aufbauwilligen Kräfte aller derjenigen zustandekommen, die die Einheit Deutschlands wollen und die Frankfurter Beschlüsse und den Marshall-Plan ablehnen. In der gemeinsamen Arbeit im Aufbau, im kameradschaftlichen Meinungsaustausch in den Vortragsabenden und Kursen der Massenorganisationen werden auch jene, die noch viele Überreste der alten nazistischen Denkweise zeigen, vom neuen Geist des demokratischen Fortschritts erfüllt werden.

Quelle: Stellungnahme Walter Ulbrichts. In: „Neues Deutschland" vom 28. 2. 1948. Zitiert nach: Vollnhals, Clemens (Hg.): Entnazifizierung. Politische Säuberung und Rehabilitierung in den vier Besatzungszonen 1945–1949. München 1991, S. 214–217.

Anmerkungen:

1 Block der antifaschistisch-demokratischen Parteien: ab 1945 Zusammenschluss der Parteien in der SBZ unter Führung der SED.

2 Monopolkapital: Im Marxismus wird der Monopolkapitalismus als eine Phase innerhalb der Entwicklung des Kapitalismus angesehen. Während dieser Phase haben unter anderem Großgrundbesitzer und Großkonzerne eine marktbeherrschende Position in den bedeutenden Industriezweigen inne.

3 Wilhelm Zangen: Der Industrielle war ab 1937 Mitglied der NSDAP und hatte unter den Nationalsozialisten mehrere einflussreiche Posten inne. Obwohl er beispielsweise für die Verschleppung von Zwangsarbeitern mitverantwortlich war, wurde er nach dem Kriegsende 1945 nur kurzzeitig inhaftiert und erhielt bald wieder führende Positionen in der Wirtschaft.

Hinweise zu Verfasser und Zeitung:
Walter Ulbricht (1893–1973) war ein bedeutender Politiker der Deutschen Demokratischen Republik. 1946 wurden KPD und SPD in der Sowjetischen Besatzungszone unter seiner Federführung zur Sozialistischen Einheitspartei Deutschlands (SED) vereinigt, in welcher Ulbricht den stellvertretenden Vorsitz übernahm. In der 1949 gegründeten DDR war er unter anderem einer von drei stellvertretenden Vorsitzenden des Ministerrats. Die Zeitung „Neues Deutschland", in der die oben abgedruckte Quelle erschien, ist eine sozialistische Tageszeitung, die zum damaligen Zeitpunkt von der SED herausgegeben wurde.

Zugelassene Hilfsmittel: Wörterbuch zur deutschen Rechtschreibung

---

Lösungsvorschläge

Diese Aufgabe entspricht den folgenden aktuellen Schwerpunktthemen:

- ***Inhaltsfeld 5:** Die Zeit des Nationalsozialismus – Voraussetzungen, Herrschaftsstrukturen, Nachwirkungen und Deutungen*
  - *Vergangenheitspolitik und „Vergangenheitsbewältigung" (Umgang mit dem Nationalsozialismus in den Besatzungszonen)*
- ***Inhaltsfeld 6:** Nationalismus, Nationalstaat und deutsche Identität im 19. und 20. Jahrhundert*
  - *Nationale Identität unter den Bedingungen der Zweistaatlichkeit in Deutschland*

1. *Teilaufgabe 1 fordert von Ihnen die Analyse des Materials. Nennen Sie einleitend Autor, Adressaten, Textsorte, Erscheinungsjahr und den historischen Zusammenhang, in welchem die Quelle entstand. Gehen Sie auch auf das Thema des Texts sowie die Intention des Verfassers ein. Geben Sie dann die Hauptaussagen und den Gedankengang der Quelle strukturiert wieder. Hierbei sind die Ausführungen Ulbrichts zur Auflösung der Entnazifizierungskommissionen und die von ihm angesprochenen Unterschiede hinsichtlich der Entnazifizierung in der sowjetischen sowie in den westlichen Besatzungszonen herauszuarbeiten.*

Einleitung

Quelle

Bei dem Quellentext handelt es sich um eine **Stellungnahme** des sozialistischen Politikers **Walter Ulbricht** (1893–1973), die am 28. Februar 1948 in der Zeitung „Neues Deutschland" erschien. Die sozialistische Tageszeitung wurde von der SED herausgegeben, deren stellvertretender Vorsitzender Ulbricht zum damaligen Zeitpunkt war. Der Text richtete sich somit an eine **breite Bevölkerungsschicht** innerhalb der sowjetischen Besatzungszone (SBZ). Sicher war Ulbricht bewusst, dass zugleich auch Westalliierte von seinen Ausführungen Kenntnis nahmen. Der Politiker nimmt die **Auflösung der Entnazifizierungskommissionen** in der SBZ Anfang 1948 zum Anlass, seine Sicht auf die Entnazifizierung und Demokratisierung in Ost und West darzustellen. Dabei schildert er positive Entwicklungen in der SBZ, während er die jüngsten Ereignisse sowie den Umgang mit der NS-Vergangenheit in den westlichen Besatzungszonen deutlich kritisiert und so Propaganda im Sinne der SED betreibt.

Adressaten

Thema

Strukturierte Wiedergabe

Entnazifizierungskommissionen

Zu Beginn seiner Ausführungen (Z. 1–11) legt Ulbricht dar, dass die Entnazifizierungskommissionen auf Beschluss des Chefs der Sowjetischen Militäradministration in Deutschland (SMAD) **aufgelöst** werden würden. Dieses Vorgehen entspräche zudem den Empfehlungen der SED sowie des Blocks der antifaschistisch-demokratischen Parteien. Die Kommissionen würden nicht mehr benötigt, da die Verwaltung „gesäubert" (vgl. Z. 7) worden sei. Zudem seien Betriebe und Banken verstaatlicht worden sowie die landwirtschaftlichen Flächen der Großgrundbesitzer in den Besitz der Bauern übergegangen. Nach Ulbricht bedeute dies die **Beseitigung** der „wirtschaftlichen Machtstellungen der Träger des Faschismus" (Z. 11).

Faschismus

Träger des Faschismus

In den folgenden Abschnitten (Z. 12–42) erläutert Ulbricht, wer seines Erachtens den Faschismus getragen habe. Dies seien die „**Konzern-, Bankherren und Großgrundbesitzer**" (Z. 14) gewesen und nicht die Angehörigen des Mittelstandes oder Arbeiter, wie westdeutsche Politiker behaupteten. Folglich hätten sich die „einfachen Nazimitglieder" (Z. 19) nicht vor den Entnazifizierungskommissionen verantworten müssen. Seine Auffassung führt Ulbricht dann etwas näher aus, indem er unter anderem auf eine Erklärung des SED-Vorsitzenden **Wilhelm Pieck** aus dem Jahr 1947 verweist. In dessen Augen handelte es sich bei den **meisten ehemaligen NSDAP-Mitgliedern** um einfache **Arbeiter**, die sich vom „Nazischwindel" (Z. 22) hatten blenden lassen und die man nun in die „Aufbauarbeit" (Z. 30) einbinden müsse, anstatt sie mit schweren Strafen zu belegen. Die vergangenen Monate, so Ulbricht, hätten gezeigt, dass sich zahlreiche einstige NSDAP-Mitglieder aktiv für den Aufbau eingesetzt hätten. Zwar stünden diese Menschen in einer ganz besonderen Verantwortung, ihre Fehler wiedergutzumachen, aber ausschlaggebend sei nicht mehr ihre ehemalige Parteizugehörigkeit, sondern ihre aktuelle Arbeit für die Entwicklung des Staates.

Aufbauarbeit

Im nächsten Teil (Z. 43–73) äußert sich Ulbricht zunächst zur Spaltung Deutschlands. Die Auflösung der Entnazifizierungskommissionen im Osten sei Ausdruck einer veränderten Situation: Zahlreiche ehemalige Mitglieder von NS-Organisationen setzten sich nun für die Einheit Deutschlands ein. Es gebe aber auch „sogenannte ‚Hitlergegner'" (Z. 48), die im Sinne des von den USA geprägten **Kapitalismus** eine Spaltung des Landes erreichen wollten. Die deutsche Bevölkerung jedoch wolle, so Ulbricht, nicht die nationalsozialistischen Machthaber durch US-amerikanische Kapitalisten ersetzt wissen. Daher seien diejenigen, die in Frankfurt am Aufbau eines westdeutschen Staates und somit an einem **„Zweizonenstaat"** (Z. 54) arbeiteten, die eigentlichen Feinde der Deutschen. Denn diese hätten auch den Einfluss der Wirtschaft und des Bankensektors im Westen wieder gestärkt. Ulbricht führt anschließend aus, die Auflösung der Entnazifizierungskommissionen in der SBZ habe gezeigt, dass hier die **Demokratisierung** bereits weit fortgeschritten sei. Er betont dabei, dass die Mitglieder der Kommissionen aus den Reihen nicht nur der SED, sondern auch der LPD, der CDU wie auch der freien Gewerkschaften stammten. Anders als im Osten, wo die Kommissionen „eine große demokratische Arbeit geleistet" (Z. 60) hätten, seien im Westen die nominellen NSDAP-Mitglieder in „lächerlicher Weise" (Z. 63) in Spruchkammerverfahren verurteilt und die **Hauptkriegsverbrecher** wieder in bedeutende Positionen in Wirtschaft und Justiz eingesetzt worden. Als Beispiele führt er mehrere Industrielle an, die trotz ihrer Tätigkeiten in der NS-Wirtschaft bereits wieder wichtige Stellen besetzten. Anschließend fasst Ulbricht zusammen, dass in Westdeutschland erst Entwicklungen wie die Bestrafung von Kriegsverbrechern oder die Enteignung von Konzernbesitzern anfingen, während in Ostdeutschland die Zeit des Aufbaus bereits begonnen habe.

Spaltung Deutschlands

Spruchkammerverfahren

Im letzten Teil (Z. 74–82) kommt Ulbricht noch einmal auf die **Eingliederung** der ehemaligen Anhänger des nationalsozialistischen Regimes zu sprechen. Er betont, dass die Zusammengehörigkeit derer angestrebt werde, die die **Frankfurter Beschlüsse** sowie den **Marshall-Plan** nicht akzeptierten. Mithilfe von beispielsweise Diskussionsrunden bei Vorträgen würden auch jene „vom neuen Geist des demokratischen Fortschritts erfüllt" (Z. 82) werden, deren Denken noch teilweise dem Nationalsozialismus verhaftet sei.

ehemalige NS-Anhänger

2. *Teilaufgabe 2 verlangt von Ihnen, die im Text enthaltenen historischen Aspekte in einen größeren historischen Kontext einzuordnen. In diesem Fall sollten sie sowohl auf den Ablauf der Entnazifizierung in der SBZ als auch auf ideologische Grundlagen eingehen. Zudem wird in einem weiteren Schritt von Ihnen gefordert, die Sicht Ulbrichts auf die Entnazifizierung in den Westzonen treffend darzulegen. Achten Sie darauf, dass hierbei keine Beurteilung gefordert ist.*

Einführung

In Ulbrichts Stellungnahme aus dem Jahr 1948 offenbart eine zurückhaltende Entnazifizierungspolitik gegenüber den „Angehörigen des werktätigen Volkes" (Z. 23). Zunächst war die **Entnazifizierung** in der SBZ nach Kriegsende jedoch sehr **konsequent** durchgeführt worden. Bis Ende 1946 waren bereits mehr als 390 000 Personen aufgrund ihrer NS-Vergangenheit aus ihren Berufen entlassen. In der Zeit zwischen 1945 und 1950 brachte man zudem zahlreiche (vermeintliche) Nationalsozialisten in **sowjetischen Speziallagern** unter, um sie anschließend verurteilen zu können. Die Inhaftierungen erfolgten jedoch willkürlich und häufig nur auf Verdacht. Auch wurden sie dazu genutzt, **politische Gegner** auszuschalten. Letztlich kamen von den etwa 189 000 inhaftierten Personen mehrere Tausend ums Leben. Unter ihnen befanden sich auch viele unschuldige **Jugendliche**. Ähnlich dem von Ulbricht kritisierten Vorgehen in den westlichen Besatzungszonen verschonte man bei den Entnazifizierungsmaßnahmen allerdings von Anfang an **Fachleute**, die über spezifisches, für die Besatzer wertvolles Wissen verfügten.

historischer Kontext

Entlassungen

Internierungslager

Ab 1947 entschieden sich die Verantwortlichen in der SBZ dann für ein Vorgehen, welches die **breite Masse der ehemaligen Mitglieder** von NS-Organisationen weitgehend verschonte. Sie wurden als von den Nationalsozialisten betrogen und verführt angesehen und sollten nicht bestraft, sondern in den Aufbau eines sozialistischen Staates integriert werden. Eine Ausnahme stellten allerdings die **innere Verwaltung und die Justiz** dar. Dort blieb auch nach der Rehabilitation all jenen, die aufgrund ihrer NSDAP-Mitgliedschaft ihren Arbeitsplatz verloren hatten,

Aufbau des sozialistischen Staates

weiterhin der Weg zu ihrer ehemaligen Anstellung versperrt. Mit dem immer deutlicher werdenden Ost-West-Konflikt fand die Entnazifizierung in der SBZ 1948 im Wesentlichen ein Ende.

Die Hauptverantwortung für den Nationalsozialismus sahen die Verantwortlichen der SBZ bei den im Text erwähnten **Konzernen, Banken und Großgrundbesitzern** (vgl. Z. 14). Folglich verstand man die gesellschaftliche Umwälzung, die Verstaatlichung von Industriebetrieben und von Grundbesitz sowie die Enteignung von Unternehmern und Landwirten nach Kriegsende auch als einen bedeutenden Schritt im Rahmen der Entnazifizierung. Diese Maßnahmen und die Sichtweise auf die nominellen NSDAP-Mitglieder ab 1947 (vgl. Z. 20–25) erklären sich vor allem aus der vorherrschenden Ideologie in der SBZ bzw. in der späteren DDR: Der Antifaschismus wurde als **zentrales Element** des Staates gesehen und auch entsprechend zelebriert. Dabei entsprach die Stilisierung der Bürger in Ostdeutschland als antifaschistische Kämpfer in vielen Fällen auch der Realität. **Kommunisten** waren von Anfang an scharf von den Nationalsozialisten verfolgt worden und hatten sich im **antifaschistischen Widerstand** auch über die deutschen Grenzen hinaus engagiert (beispielsweise in der französischen Résistance oder im Kampf gegen den spanischen Faschisten Franco). Durch die Gleichsetzung von Kommunismus und Antifaschismus auf der einen und von Kapitalismus und Faschismus auf der anderen Seite entstand so die Theorie, die SBZ bzw. die DDR sei der natürliche Nachfolger des antifaschistischen Deutschlands der Widerstandskämpfer, während die Westzonen bzw. die Bundesrepublik Deutschland als Nachfolger des nationalsozialistischen Deutschlands galt.

gesellschaftliche Umwälzung

Antifaschismus

Charakterisierung

Ulbricht verschweigt in seiner Stellungnahme die Existenz von Internierungslagern sowie die zunächst sehr umfangreiche Entnazifizierungspolitik. Er gibt jedoch die offizielle Position in der SBZ im Jahr 1948 (und in der späteren DDR) ziemlich genau wieder. Anders verhält es sich bei seinem Blick auf die **Westalliierten** und ihr Vorgehen bei der Entnazifizierung. Entsprechend der sozialistischen Ideologie sieht Ulbricht in den westlichen Kapitalisten „**Feinde des deutschen Volkes**" (Z. 53 f.). Vor diesem Hintergrund verwundert es nicht, dass er die Entnazifizierungspolitik in den Westzonen als Farce darstellt: Dort habe man die rein „nominellen Mitglieder" (Z. 63 f.) der NSDAP in **Spruchkammerverfahren** in „lächerlicher Weise" (Z. 63) verurteilt, während die wahren NS-Verbrecher wie etwa Wilhelm Zangen nach wie vor in einflussreichen Positionen aktiv seien.

Ulbricht macht dabei in seinen Ausführungen keinerlei Unterschied zwischen der unterschiedlich umgesetzten Entnazifizierung in den westlichen Besatzungszonen. Auch gibt er die Wirklichkeit stark vereinfacht oder gar verfälscht wieder, wenn er von der Verurteilung aller nominellen Mitglieder der NSDAP spricht.

3. *In Teilaufgabe 3 wird von Ihnen erwartet, dass Sie den Erfolg der Entnazifizierung aus heutiger Perspektive beurteilen. Achten Sie dabei darauf, dass eine Einschätzung für die sowjetische Besatzungszone bzw. die DDR sowie für die westlichen Besatzungszonen bzw. die Bundesrepublik Deutschland gefordert wird. Bevor Sie mit Ihren Ausführungen beginnen, sollten Sie den Begriff „Erfolg" näher spezifizieren. Eine Beurteilung der Leistung nach moralischen und politischen Gesichtspunkten bietet sich in diesem Fall an. Am Ende Ihrer Überlegungen sollten Sie zu einem kurzen Fazit kommen.*

Einführung und Begriffsdefinition

Um den Erfolg der Entnazifizierung in Ost und West beurteilen zu können, bietet es sich an, **moralische** und **politische Aspekte** als Bewertungskriterien zugrunde zu legen. Konkret bedeutet dies, auf die **Maßnahmen** der Entnazifizierung einzugehen sowie die Rolle ehemaliger **Nationalsozialisten im öffentlichen Leben** in den Blick zu nehmen. Im Falle der Bundesrepublik Deutschland ist zudem nach dem Zusammenhang zwischen der Entnazifizierung und dem Aufbau eines **freiheitlich-demokratischen Staates** zu fragen.

Argumente: SBZ bzw. DDR

Berufsverbote

Betrachtet man die Entnazifizierung in der SBZ bzw. DDR, so könnte man das Vorgehen zunächst als erfolgreich betrachten. Unmittelbar nach dem Zusammenbruch des „Dritten Reichs" begannen die Verantwortlichen in der Ostzone damit, konsequent **ehemalige Mitglieder von NS-Organisationen** mit Berufsverboten zu belegen. Bis 1948 verloren so über 520 000 Menschen ihre Anstellung. Zwar wurden für den Wiederaufbau wichtige **Fachleute** verschont, ehemalige NSDAP-Mitglieder aus den Bereichen **Justiz**, **Verwaltung und Erziehung** durften aber langfristig nicht in ihre Ämter zurückkehren.

antifaschistisch-demokratische Umwälzung

Kritisch ist hingegen zu sehen, dass die Entnazifizierung bald zur Umsetzung der „antifaschistisch-demokratischen Umwälzung" genutzt wurde. Zahlreiche **politische Gegner** der angestrebten neuen gesellschaftlichen Ordnung wurden unter dem Deckmantel der Entnazifizierung ausgeschaltet. Der zur Staatsdoktrin erhobene **Antifaschismus** verhinderte zudem eine **tiefer gehende Auseinandersetzung** der Menschen mit ihrer individuellen Schuld. Im Osten betrachtete man die Bundesrepublik

Deutschland als Nachfolgestaat des NS-Regimes, der für den Holocaust verantwortlich war, während die DDR ihre Rolle im deutschen Widerstand sah. Folglich wurde jegliche Mitverantwortung an den nationalsozialistischen Verbrechen geleugnet.

Argumente: westliche Zonen bzw. Bundesrepublik Deutschland

Die Entnazifizierung in den westlichen Zonen erscheint aus moralischer Perspektive ebenfalls unverständlich. Hier wurden nationalsozialistisch vorbelastete Personen nicht so konsequent ihrer Ämter enthoben wie im Osten. **Fachleute** wurden verschont, wie auch das im Text angesprochene Beispiel Wilhelm Zangens zeigt. Weitere Personen etwa aus den Bereichen **Justiz und Bildungswesen**, die zunächst ihre Anstellung verloren hatten, durften ebenfalls bald wieder in ihren Beruf zurückkehren.

Berufsverbote

Darüber hinaus waren die Entnazifizierungsmaßnahmen zwar vonseiten der Besatzer in großem Umfang angegangen worden, aber letztlich nur bedingt effektiv: In den westlichen Zonen sollten Fragebögen dazu dienen, die **NS-Vergangenheit des Einzelnen** zu kategorisieren. Da diese Fragebögen von allen Deutschen über 18 Jahren ausgefüllt werden mussten, stellte die Auswertung einen gewaltigen bürokratischen Aufwand dar. Mehr als drei Millionen Menschen in den Westzonen mussten sich anschließend in sog. Spruchkammerverfahren verantworten. Letztlich wurden nur zehn Prozent der Beschuldigten verurteilt, lediglich etwa **ein Prozent** tatsächlich **bestraft**. Die Tatsache, dass die Angeklagten in den Spruchkammerverfahren ihre Unschuld beweisen mussten und nicht das Gericht deren Schuld, führte außerdem dazu, dass sich auch vormals aktive Nationalsozialisten mithilfe von sog **Persilscheinen** reinwaschen konnten. Hierzu stellten sie sich gegenseitig Unschuldsbeteuerungen aus.

Fragebögen

Spruchkammerverfahren

Im Nürnberger Prozess von 1945/46 – an dem neben den drei westlichen Besatzungsmächten auch die UdSSR beteiligt war – wurden jedoch zumindest die **Hauptkriegsverbrecher** zur Verantwortung gezogen. Weitere **Nachfolgeprozesse** vor US-Militärgerichten schlossen sich daran an. Die politische Führungsriege des NS-Staates konnte somit nach dem Ende des „Dritten Reichs" nicht wieder in Westdeutschland Fuß fassen. Auch wurden wie bereits angesprochen zumindest zeitweise Berufsverbote ausgesprochen, vor allem für Beamte.

Nürnberger Prozess

Blickt man auf die politische Entwicklung der **Nachkriegsjahrzehnte**, so ist festzuhalten, dass im Westen kein neues faschistisches Regime entstand. Auch rechtsextreme Parteien und Organisationen hatten in der zweiten Hälfte des 20. Jahrhunderts nur wenig Zulauf. Stattdessen setzte sich eine **freiheitlich-demo-**

politische Entwicklung

kratische Grundordnung durch. Neben den genannten Entnazifizierungsmaßnahmen trug auch die **Integration ehemaliger NSDAP-Mitglieder** dazu bei, dass diese sich mit dem neuen Staat identifizieren konnten. Folglich entstanden keine dem Staat feindlich gesinnten Gruppierungen. Auch ausreichend viele Fachkräfte standen für den Wiederaufbau Westdeutschlands zur Verfügung. In den die Entnazifizierung ergänzenden **Umerziehungsmaßnahmen** (etwa durch Austauschprogramme oder Kultureinrichtungen) wurde der Bevölkerung darüber hinaus das demokratische Wertekonzept nähergebracht. Jedoch sind für diese Entwicklung hin zu einer freiheitlich-demokratischen Grundordnung auch von der Entnazifizierung unabhängige Faktoren verantwortlich: Die **wirtschaftliche Unterstützung der USA** trug zu einem raschen Aufbau einer erfolgreichen Marktwirtschaft in der Bundesrepublik Deutschland bei. Auch die **sozialpolitischen Maßnahmen** der Bundesregierung und der in den 1950er-Jahren einsetzende **Wohlstand** verhalfen dem demokratischen Staat zu einer großen Akzeptanz in der Bevölkerung.

Fazit

Abschließend lässt sich damit sagen, dass sowohl im Osten wie auch im Westen die Entnazifizierungsmaßnahmen nur **in Teilen erfolgreich** waren. Während man in der SBZ bzw. DDR konsequenter dabei vorging, ehemalige Mitglieder von NS-Organisationen aus ihren Ämtern zu entfernen und zu bestrafen, scheiterte man hier aufgrund der sozialistischen Vorstellung von einem antifaschistischen Staat an einer tief greifenden Auseinandersetzung mit der NS-Vergangenheit. Zudem nutzte man die Maßnahmen zur Beseitigung politischer Gegner. Im Westen hingegen setzten sich – nicht zuletzt aufgrund von Wirtschaftshilfe und Umerziehungsmaßnahmen – die demokratische Ordnung und das damit einhergehende Wertesystem nach 1945 erfolgreich durch. Aus moralischer Perspektive ist jedoch zu kritisieren, dass zahlreiche ehemalige NS-Aktivisten unbehelligt weiter in einflussreichen Positionen wirken konnten und sich nicht für ihre Rolle im „Dritten Reich“ verantworten mussten.

Schriftliche Abiturprüfung Nordrhein-Westfalen Geschichte
Leistungskurs – Aufgabe 7

A: Interpretation sprachlicher oder nichtsprachlicher historischer Quellen

Aufgabenstellung

Interpretieren Sie die Bildquelle, indem Sie

1. sie analysieren,
2. sie in den historischen Kontext einordnen sowie die Bedeutung der Bildelemente erläutern,
3. die Aussagen des Zeichners beurteilen.

M: David Low: Karikatur zur Stalin-Note, 14. März 1952

„Hinter Ihnen geht einer, dreh'n Sie sich nicht um."

Karikatur von David Low im „Daily Herald", London, 14. 03.1952; http://www.digam.net/expo/stalin note1952/einf.html (aufgerufen am 12. 10. 2018)

Anmerkung:
Der „Daily Herald" war eine populäre britische Tageszeitung, die auf eine Gewerkschaftszeitung zurückging und traditionell dem Arbeitermilieu nahestand.

Zugelassene Hilfsmittel: Wörterbuch zur deutschen Rechtschreibung

Lösungsvorschläge

Diese Aufgabe entspricht den folgenden aktuellen Schwerpunktthemen:
- ***Inhaltsfeld 6:** Nationalismus, Nationalstaat und deutsche Identität im 19. und 20. Jahrhundert*
  - *Nationale Identität unter den Bedingungen der Zweistaatlichkeit in Deutschland (Stalinnote)*
- ***Inhaltsfeld 7:** Friedensschlüsse und Ordnungen des Friedens in der Moderne*
  - *Konflikte und Frieden nach dem Zweiten Weltkrieg*

1. *Bei der in Teilaufgabe 1 geforderten Analyse wird erwartet, dass Sie die Quelle zunächst kurz vorstellen. Sie sollten also Angaben zum Zeichner, zu den Adressaten, zur Quellengattung sowie zum Erscheinungsort und -zeitpunkt der Karikatur machen, um den historischen Bezugsrahmen zu erfassen. Außerdem sollten Sie das Thema und die Intention des Zeichners knapp umreißen. Anschließend müssen Sie den Aufbau der Karikatur sowie ihre Bildelemente detailliert und systematisch beschreiben.*

Einleitung
Quelle
Autor
Erscheinungszeitpunkt
Adressaten
Thema

Bei der vorliegenden Bildquelle handelt es sich um eine **politische Karikatur** des britischen Karikaturisten **David Low**. Sie ist am 14. März 1952 in der Tageszeitung „Daily Herald“ erschienen und richtet sich in erster Linie an die **aus dem Arbeitermilieu stammenden Leser** in London und Großbritannien insgesamt. Low thematisiert in seiner Zeichnung die **Reaktion der Westmächte** auf die **Stalin-Note** vom 10. März 1952. Er karikiert die Situation vor dem Hintergrund der **Verhandlungen der Westmächte über** die Integration der Bundesrepublik in eine **Europäische Verteidigungsgemeinschaft** (EVG). Kurz vor deren Abschluss stellte der sowjetische Staatschef Josef Stalin in einem Notenwechsel eine mögliche Wiedervereinigung beider deutscher Staaten unter der Bedingung der Neutralität in Aussicht. Die Frage nach den Absichten, die Stalin mit diesem Angebot verfolgte, wurde 1952 auch in der Öffentlichkeit diskutiert. Mit seinem Beitrag möchte Low die **Ambivalenz von Stalins Angebot** hervorheben.

Intention

strukturierte Beschreibung
Aufbau

Low präsentiert in seiner Zeichnung eine **zweigeteilte Szenerie:** eine an einem **Tisch** stattfindende Besprechung im Vordergrund und eine außerhalb des Zimmers, **vor dem Fenster** ablaufende Demonstration im Hintergrund des Bildes.

Beschreibung der Szene im Raum

Im Vordergrund, innerhalb eines Raumes, befindet sich ein **Tisch**, der mit einem hellen Tischtuch bedeckt ist. Auf diesem liegt mittig ein großes **Schriftstück** mit der Aufschrift „Deutschland in der europäischen Verteidigung“. An den vier Seiten dieses Plakats liegen unbeschriftete Blätter.

Rund um den Tisch sitzen **vier Männer** auf Stühlen, zwei in schwarzen, zwei in weißen Anzügen. Einer der schwarz gekleideten Männer befindet sich mit dem **Rücken zum Fenster** und blickt sein Gegenüber an. Er ist mit Glatze gezeichnet, zeigt einen leicht verkniffenen Gesichtsausdruck sowie eine aufrechte Haltung und hat die Hände übereinandergelegt. Ihm gegenüber sitzt ein **Mann** in einem weißen Anzug, der in **Richtung Fenster** schaut. Sein Haar wirkt spärlich, die buschigen Augenbrauen und der Schnauzer treten deshalb deutlicher hervor. Sein Oberkörper ist leicht nach vorn gebeugt und die linke Hand auf dem Tisch abgelegt. An der für den Bildbetrachter rechten Seite des Tisches sitzt in einem schwarzen Anzug ein **Mann** mit vollem Haar, buschigen Augenbrauen und einem kleinen Schnauzer. Er hat sich **auf seinem Stuhl leicht zurückgelehnt**, die Hände liegen locker auf dem Tisch, die Finger und der Daumen bilden eine Raute. Sein Blick weist in eine unbestimmte Richtung nach vorn, eventuell wendet er sich leicht dem Mann rechts neben ihm zu. Auf der linken Bildseite befindet sich ein weiß gekleideter **Mann** mit einem schmalen, länglichen Kopf und nur wenigen Haaren, der eine Brille trägt. Auf seinem Stuhl ist er etwas weiter nach vorn gerutscht, seine Ellenbogen sind auf den Tisch gestützt, die Finger berühren sich leicht. Angestrengt und **konzentriert blickt er zum Fenster**. Er scheint aufmerksam zu beobachten, was draußen vor sich geht.

Beschreibung der Personen am Tisch

Das **große Fenster** im Hintergrund ist von schweren Vorhängen rechts und links gesäumt. Draußen läuft oder schwebt ein dickbäuchiger **Mann in einem hellen Gewand mit Engelsflügeln** von rechts nach links. Sein Haar ist dunkel und struppig, ein großer Schnauzer dominiert das Gesicht, welches er mit einem zufriedenen Ausdruck leicht nach oben reckt. Der Mann wird von **drei Tauben** begleitet und trägt wie bei einer Demonstration ein **großes Schild** vor sich her, das mit den folgenden Worten beschriftet ist: „Frieden (bewaffnet) für neutrales Deutschland“ Das Wort **„Frieden“** ist durch die etwas schnörkeligere Schreibweise besonders hervorgehoben.

Darstellung der Vorgänge vor dem Fenster

Unter dem Bild wird die **Aussage von einer der dargestellten Personen** zitiert: „Hinter Ihnen geht einer, dreh'n Sie sich nicht um.“ Sie ist vermutlich dem **Mann mit direktem Blick zum Fenster** zuzuordnen, der den dortigen Ablauf, ohne sich umzudrehen, genau sehen kann und dies seinem Gesprächspartner mitteilt, der mit dem Rücken zum Fenster sitzt.

Bildunterschrift

2. *Die zweite Teilaufgabe fordert Sie auf, die Karikatur zunächst in den weiteren Kontext ihrer Entstehung einzuordnen. Dazu sollten Sie auf wichtige Ereignisse im Rahmen des Ost-West-Konflikts, der deutschen Teilung und der europäischen Einigung eingehen. In einem zweiten Schritt müssen Sie die Bedeutung der Bildelemente erläutern. Stellen Sie dar, worauf jeweils angespielt wird und wie die einzelnen historischen Sachverhalte vom Karikaturisten gesehen werden. Fassen Sie abschließend in einem kurzen Fazit zusammen, wie der Zeichner die Reaktion der Westmächte auf die Stalin-Note einschätzt.*

historischer Kontext

Die Karikatur Lows entstand unter dem Eindruck des **Ost-West-Konflikts**, der die **Besatzungspolitik** der Siegermächte ebenso beeinflusste wie den Prozess der **europäischen Einigung**.

Entstehung des Ost-West-Konflikts

Das Zweckbündnis der westlichen Alliierten und der Sowjetunion zerbrach nach dem Sieg über Hitler-Deutschland zunehmend an **ideologischen Differenzen der Besatzungsmächte**. Die Sowjetunion nutzte das nach dem Zweiten Weltkrieg entstandene Machtvakuum zur **Sowjetisierung** zahlreicher osteuropäischer Staaten. Darauf reagierten die USA mit der **Containment-Politik**, die die sowjetische Expansion eindämmen sollte. Der amerikanische Präsident Truman stellte der sozialistischen Lebensweise die liberale gegenüber und kündigte an, Völker im Ringen um den Liberalismus mit wirtschaftlichen und finanziellen Mitteln zu unterstützen (**Truman-Doktrin**). Der daraus erwachsene **Marshall-Plan** – das European Recovery Program – diente nicht nur dem **Wiederaufbau** der vom Krieg gebeutelten europäischen Staaten, sondern förderte auch die **Kooperation** der Empfänger **mit den USA**. Aus diesem Grund distanzierte sich die Sowjetunion von den Hilfsmaßnahmen und dem damit verbundenen ideologischen Einfluss. Im September 1947 formulierte Shdanow, der Parteisekretär der KPdSU, die **Zwei-Lager-Theorie**, nach der die Welt in ein imperialistisches, antidemokratisches Lager (die Westmächte) und ein antiimperialistisches, demokratisches Lager (die UdSSR) geteilt sei. Die wachsende Spaltung zwischen Ost und West zeigte sich also nicht zuletzt im **unterschiedlichen Demokratieverständnis** der beiden Blöcke, was auch Auswirkungen auf die jeweilige Deutschlandpolitik der Siegermächte hatte.

Besatzungspolitik und deutsche Teilung

Während auf der **Potsdamer Konferenz** im August 1945 noch eine allgemein gehaltene Einigung bezüglich der Besatzungspolitik gelang, verschärften sich die **Spannungen**, als es um konkrete inhaltliche Fragen zur politischen und wirtschaftlichen Zukunft des deutschen Staats ging. So reagierte die Sowjetunion auf die am 23. Juni 1948 durchgeführte **Währungsreform** in den Westzonen mit der **Berlin-Blockade**, die vom 24. Juni 1948 bis zum 12. Mai 1949 andauerte. Die Konfliktsituation mündete schließlich in die **Gründung zweier deutscher Staaten** am 23. Mai 1949 (Bundesrepublik Deutschland) und am 7. Oktober 1949 (Deutsche Demokratische Republik). Sowohl die USA als auch die Sowjetunion strebten eine möglichst umfassende **Integration des jeweiligen deutschen Bündnispartners** in ihr politisches System an. Dies verschärfte die Trennung beider deutscher Staaten und ließ eine **Wiedervereinigung** immer **unwahrscheinlicher** werden. Der Kanzler der Bundesrepublik, Konrad **Adenauer**, beteuerte in der Öffentlichkeit zwar, alle Möglichkeiten einer Wiedervereinigung auszuloten, sein **Hauptinteresse** galt jedoch der **Westintegration**. Die Verhandlungen um eine Europäische Verteidigungsgemeinschaft unter Einbeziehung der Bundesrepublik verstand Adenauer als Chance, die **Aufhebung des Besatzungsstatuts** und die volle Souveränität zu erlangen. Dabei nahm er die weitere **Distanzierung vom ostdeutschen Staat** billigend in Kauf.

europäische Einigung

Die **Interessen der Siegermächte** an der weiteren Entwicklung der beiden deutschen Staaten sowie an deren Integration in eine **europäische Staatengemeinschaft** waren sehr unterschiedlich geartet und motiviert. Die **USA** strebten nach einer **Zurückdrängung des sowjetischen Einflusses** („Rollback“) und arrangierten sich daher mit der Teilung der Interessenssphären an einer innerdeutschen Grenze. Ein einheitlicher deutscher Staat mit liberalen Grundsätzen wurde im Sinne des „Rollback“ ebenfalls in Betracht gezogen. **Großbritannien** lehnte einen starken deutschen Staat ab, sah darin aber auch die Vorteile im **Kampf gegen den Kommunismus** und wusste mit den USA einen mächtigen Partner an seiner Seite. Im Bestreben, sich den eigenen Problemen im Empire zuwenden und Deutschland im Rahmen eines europäischen Einigungsprozesses kontrollieren zu können, unterstützte Großbritannien die **Einbindung der Bundesrepublik in ein westeuropäisches Verteidigungsbündnis**. **Frankreich** betrachtete Deutschland zunächst mit großer Skepsis und lehnte die Schaffung eines gesamtdeutschen Staats vehement ab. Die Franzosen hatten nicht nur **Angst vor** einem **Übergewicht Deutschlands** in Europa, sondern auch vor einer Kooperation Deutschlands mit der Sowjetunion. Unter dem Druck der USA und Großbritanniens, die angesichts des Korea-Kriegs eine **Wiederbewaffnung der Bundesrepublik** und eine **Einbindung in ein Verteidigungsbündnis** wünschten, ging Frankreich 1950 schließlich in die Offensive und entwickelte das **Konzept der EVG:** Die Mitgliedstaaten der 1952 gegründeten Montanunion sollten eine gemeinsame Armee unter supranationalem Kommando aufstellen. Die Umsetzung der EVG scheiterte schließlich an der Weigerung der französischen Nationalversammlung, das Bündnis zu ratifizieren. Somit wurden der Bundesrepublik erst im Rahmen der **Pariser Verträge** von 1955 die **Souveränität** und die **Aufnahme in die Westeuropäische Union** zugestanden. Die **Sowjetunion** betrachtete die Westintegration der Bundesrepublik, insbesondere die Option eines deutschen Wehrbeitrags in einem westeuropäischen Verteidigungsbündnis mit Sorge. Der Versuch, stattdessen einen **neutralen Staat** in der Mitte Europas zu schaffen, der eine Art **Pufferzone** zum kapitalistischen Westen darstellen könnte, erscheint vor diesem Hintergrund nachvollziehbar.

Stalin-Noten

Am 10. März 1952, während der Verhandlungen zur EVG und zum Deutschlandvertrag, unterbreitete der sowjetische Staatschef den ehemaligen alliierten Partnern den Vorschlag zu einem **Friedensvertrag mit Deutschland als einheitlichem, demokratischen Staat**. Seine Bedingungen dafür waren, dass sämtliche Streitkräfte der Besatzungsmächte abgezogen würden, **Deutschland neutral** bleibe und über eine eigene Armee und Kriegsausrüstung zu seiner Verteidigung verfüge. In den USA wurde die **Note** vorwiegend **als Störmanöver Stalins** gedeutet, dessen Absicht nicht wirklich eine friedliche Wiedervereinigung sei, sondern vielmehr die **Verzögerung der EVG-Verhandlungen**. Andere Stimmen erwogen jedoch eine mögliche Ernsthaftigkeit des Angebots und regten eine **Überprüfung** in Form eines Tests an. Falls Stalin den Test bestehen würde, ergäbe sich mit der Schaffung eines neutralen deutschen Staats die Chance, die Sowjetisierung im Osten weiter zurückzudrängen. Falls Stalin nicht zu seinem Wort stehe, könne die EVG umso überzeugender gerechtfertigt werden, so die Argumentation. In den Antwortnoten der Westalliierten setzten sich die Skeptiker durch und taktierten mit **Verhandlungsbedingungen, die eine Weigerung Stalins nahelegten**. Gesamtdeutsche Wahlen sollten von den Vereinten Nationen kontrolliert werden, die Bündnisfreiheit Deutschlands wurde gefordert und die Oder-Neiße-Grenze infrage gestellt. Eine ergebnisoffene **Prüfung** der Vorschläge wurde im Wechsel der sogenannten Stalin-Noten **nicht vollzogen**. Bereits in den 1950er-Jahren begann folglich die **Diskussion um** eine mögliche **verpasste Chance** der deutschen Wiedervereinigung, die bis heute unter Historikern umstritten ist. Die Mehrheit geht allerdings davon aus, dass **Stalins Angebot** nicht ernst gemeint war und **als Propaganda** angesehen werden muss.

David Low widmet sich in seiner Karikatur der **Reaktion der Westmächte auf das Angebot Stalins**, einen Friedensvertrag mit einem neutralen Deutschland auszuhandeln. Der zu diesem Zeitpunkt bereits verfestigte **Ost-West-Konflikt** spiegelt sich in der **Zweiteilung der Karikatur**, die Stalin im Hintergrund jenseits des Fensters und die über die EVG verhandelnden Westmächte am Tisch im Vordergrund des Raumes zeigt.

Erläuterung der Bildelemente
Zweiteilung als Spiegel des Ost-West-Konflikts

Am **Tisch** befinden sich rechts der britische Außenminister **Eden** und gegenüber dem Fenster der amerikanische Außenminister **Acheson**. Beide scheinen sich auf die **Verhandlungen mit** Bundeskanzler **Adenauer** zu konzentrieren, um die Frage nach einem **deutschen Verteidigungsbeitrag** möglichst schnell zu klären. Die **Demonstration Stalins** vor dem Fenster wird als **potenzielle Ablenkung** empfunden, weshalb Adenauer – vermutlich von Acheson – empfohlen wird, sich nicht umzudrehen. Gleichzeitig wird das **Ereignis heruntergespielt**, denn Adenauer erfährt nicht, wer sich vor dem Fenster befindet und welche Bedeutung diese Person für ihn haben könnte.

Ausblendung von Stalins Angebot durch Westmächte

Adenauer selbst richtet seine **volle Aufmerksamkeit auf** den **amerikanischen Außenminister**, von dem er sich eine Unterstützung seines Anliegens – die Aufhebung des Besatzungsstatuts – erhofft. Seine Haltung unterstreicht seine Position in der Runde: Er wirkt aufrecht, aber nicht fordernd. Die zurückhaltend umfassten Hände weisen auf seine **Rolle als Bittsteller** hin, der die Unterstützung der Westmächte benötigt. Er scheint bemüht, dem Hinweis Achesons zu folgen und sich nicht nach Alternativangeboten umzudrehen, wenn dies die **Westintegration der Bundesrepublik** gefährden würde.

Adenauers Interesse an Westintegration

Schuman hingegen **wendet sich** vom Verhandlungstisch **ab**, seine Aufmerksamkeit wird vom Geschehen jenseits des Fensters gefesselt. Diese **Ablenkung** lässt sich möglicherweise mit den **Befürchtungen der französischen Öffentlichkeit** bezüglich eines starken Gesamtdeutschlands erklären, das bei Annahme von Stalins Angebot Realität werden könnte.

Ablenkung von Schuman

Mit der **Darstellung Stalins vor dem Fenster** weist Low auf das Friedensangebot des sowjetischen Staatschefs im Rahmen der **Stalin-Noten** hin. Die **dickbäuchige Engelsgestalt** steht dabei im **Kontrast zu** den **Handlungen** des sowjetischen Diktators nach der Kapitulation Deutschlands. Die militärisch unterstützte Sowjetisierung der osteuropäischen Staaten wirkte ebenso wenig friedliebend wie die Auswüchse der Diktatur im eigenen Staat und der Konfrontationskurs gegenüber dem Westen. Die

Stalin als Friedensengel

religiöse Symbolik hebt Stalin gegenüber den Anzugträgern am Tisch hervor, seine **Engelsgestalt suggeriert** eine **moralische Überlegenheit**, die sich auch in Stalins zufriedenem, fast beseelt wirkendem Gesichtsausdruck spiegelt. Der Eindruck wird durch die besondere **Betonung des Friedensthemas** verstärkt: Der Begriff „Frieden“ auf Stalins Schild sticht durch die verwendete Schriftart besonders hervor. Außerdem folgen Friedenstauben Stalins kleiner Demonstration. Die übertriebene **religiös-pazifistische Symbolik** unterstreicht also den **Kontrast** zwischen Stalins Selbstdarstellung und seiner Wahrnehmung durch die Westmächte.

Gegensatz zwischen Stalins Angebot und geplanter Westintegration

Auch die **Aussage des Schildes und das Schriftstück auf dem Tisch** bilden einen Gegensatz. Der Arbeitstitel auf dem Tisch thematisiert die Integration Deutschlands in ein europäisches Verteidigungsbündnis, während Stalins Plakat ein „neutrales Deutschland“ fordert. Darüber hinaus scheint die **Bewaffnung für Stalin kein Problem** darzustellen, den Westalliierten hingegen ist es ein Anliegen, die **deutsche Wehrfähigkeit** im Rahmen einer Verteidigungsgemeinschaft zu **kontrollieren**.

Fazit

Insgesamt kontrastiert die Karikatur also das Geschehen im Vordergrund und jenseits des Fensters und unterstreicht damit die **Diskrepanz zwischen den Zielen der Westalliierten und denen Stalins**. Mit der **überzogenen Engels- und Friedenssymbolik** scheint der Zeichner Stalins Vorgehen zu verspotten, sein **Angebot** wirkt wie ein **bloßer Störfaktor** und keiner ernsthaften Prüfung wert. Diese Einschätzung unterstreicht Low mit der Darstellung der Politiker, die sich – mit Ausnahme des französischen Außenministers – von der Unterbrechung durch Stalin nicht beirren lassen.

3. *In der dritten Teilaufgabe sollen Sie auf der Grundlage Ihres Kontextwissens untersuchen, inwiefern den Aussagen des Karikaturisten zuzustimmen ist und inwiefern diese zu relativieren oder gar abzulehnen sind. Um ein abwägendes und differenziertes Urteil zu fällen, müssen Sie – mit Rückgriff auf Ihre Darstellung in Teilaufgabe 2 – sowohl Argumente finden, welche die Behauptungen des Zeichners stützen, als auch einige Argumente, welche seine Thesen widerlegen. Abschließend sollten Sie eine zusammenfassende Beurteilung der Karikatur als Fazit formulieren.*

Einleitung

Der Zeichner erfasst mit seiner Karikatur das **öffentliche Bild**, das in den Medien **zur Stalin-Note** vermittelt wurde, sehr genau und gibt deren Rahmenbedingungen größtenteils korrekt wieder.

Die **Stalin-Noten** wurden von den Westmächten tatsächlich überwiegend nicht als ernsthaftes Verhandlungsangebot, sondern vielmehr **als Störmanöver** empfunden, das die Integration der Bundesrepublik in ein **westliches Verteidigungsbündnis verhindern** sollte. Diese Einschätzung basierte unter anderem darauf, dass es nicht zu **Stalins politischer Strategie** passte, die DDR aufzugeben und für eine Wiedervereinigung aus dem Ostblock zu entlassen. Auf westlicher Seite bestanden also nachvollziehbare **Zweifel an** der Rechtschaffenheit von **Stalins Friedensangebot**, die auch in Lows Karikatur durch die übertrieben **friedfertige Darstellung des sowjetischen Diktators** zum Ausdruck kommen.

zustimmende Aspekte

Zweifel an Stalins Angebot

Low gibt auch das große **Interesse** der an den EVG-Verhandlungen beteiligten Staaten **an einer europäischen Einigung** treffend wieder. Sowohl die USA und Großbritannien als auch Frankreich waren um einen Wehrbeitrag Deutschlands und um die Anerkennung des ehemaligen Feindes als gleichberechtigten Partner sehr bemüht. Der latenten **Skepsis der französischen Öffentlichkeit** gegenüber der EVG trägt der Zeichner mit der Abwendung Schumans Rechnung. Insgesamt entspricht Lows Darstellung den Tatsachen, wenn er alle vier Staatsmänner gemeinsam an einem Tisch sitzend darstellt. Auch das Bemühen der Westalliierten, eine **Störung der Verhandlungen zu vermeiden**, bringt Lows Karikatur zutreffend zum Ausdruck.

Wille zur Westintegration

Adenauers **Konzentration auf die Verhandlungen** zur EVG sowie sein Desinteresse an den Vorgängen vor dem Fenster passen zur Position des Bundeskanzlers. Adenauer lehnte eine Wiedervereinigung auf der Basis von Stalins Vorschlag ab, da diese seiner Meinung nach die Westintegration der Bundesrepublik und damit auch die Aufhebung des Besatzungsstatuts gefährdet hätte. Ein von Stalin gewünschtes **neutrales Gesamtdeutschland** sah Adenauer **als leichtes Opfer für** Stalins **Sowjetisierungsversuche**, weshalb ein Eingehen auf das Angebot des Diktators für ihn nicht infrage kam.

Adenauers Ablehnung von Stalins Angebot

Trotz der weitgehend korrekten Darstellung der Ereignisse lässt Low die **diplomatischen Zwischentöne in der Kontroverse** um die Stalin-Noten in seiner Zeichnung vermissen.

relativierende Aspekte

So kommt nicht zum Ausdruck, dass **Stalins Friedensangebot** 1952 nicht rundheraus von den Westmächten abgelehnt, sondern durchaus auch **kontrovers diskutiert** wurde. Einige Politiker in Deutschland und in den USA rieten zumindest zu einer Prüfung des Vorschlags. Vor allem in Washington wurde die **Stalin-Note**

Diskussionen über Stalin-Note

als potenzielle Alternative aufgefasst, mit der sich die Westmächte auseinandersetzen sollten.

Adenauers Position

So war **Adenauer keineswegs so unwissend**, wie in der Zeichnung dargestellt. Zwar bekam er das Antwortschreiben der Westmächte erst vorgelegt, als es bereits formuliert war, jedoch stimmt es nicht, dass die Ereignisse völlig an ihm vorbeigingen. Sein **Verhalten** war weit **weniger passiv** als es Lows Zeichnung suggeriert. So trat er beispielsweise dafür ein, Stalins Angebot im Antwortschreiben nicht grundsätzlich abzulehnen, um den Westen nicht als treibende Kraft der Spaltung dastehen zu lassen. Eigentlich stand er den sowjetischen Plänen jedoch mit äußerster Skepsis gegenüber, da er sie als **Gefahr für die geplante Westintegration** betrachtete. Diese hatte für ihn Priorität, während er die **Wiedervereinigung** eher als **langfristiges Ziel** in Aussicht stellte.

Rolle Robert Schumans

Außerdem wirkt – selbst unter Berücksichtigung der öffentlichen Meinung in Frankreich – auch die **Abwendung Schumans** von den EVG-Verhandlungen **überspitzt** und trifft nicht das Wesen der Gespräche 1952. Nachdem Frankreich bezüglich der Wiederbewaffnung und Integration Deutschlands bis 1950 große Skepsis gezeigt hatte, entwickelte Pleven ein **EVG-Konzept**, das insbesondere die Mitgliedstaaten der Montanunion berücksichtigte. Schuman war **an** den Verhandlungen zur **Verteidigungsgemeinschaft** ebenso **interessiert** wie seine Amtskollegen und wies Stalins Vorschlag mit der gleichen Überzeugung zurück.

Fazit

Insgesamt trifft die Zeichnung das **Dilemma der Westmächte** in der Konfrontation mit Stalins Angebot. Die Karikatur spiegelt die öffentliche Einschätzung bezüglich der Stalin-Noten, dass **Deutschland entweder** in die **westeuropäische Staatengemeinschaft** integriert werden könne oder bei einer Annahme von Stalins Vorschlag neutral bleiben müsse. Demzufolge herrschte weitgehende **Einigkeit** darüber, **Stalins Angebot** als reine Propagandaaktion **abzulehnen**, was Lows Zeichnung in überzeugender Weise zum Ausdruck bringt. Die **zum Teil fehlende Differenziertheit** in seiner Darstellung kann ihm nur aus heutiger Sicht vorgeworfen werden, da er zum Zeitpunkt der Entstehung der Karikatur noch nicht über das gegenwärtige Wissen zu den Verhandlungen verfügte.

Schriftliche Abiturprüfung Nordrhein-Westfalen Geschichte
Leistungskurs – Aufgabe 8

A: Interpretation sprachlicher oder nichtsprachlicher historischer Quellen

Aufgabenstellung

Interpretieren Sie die vorliegende Quelle, indem Sie

1. Guttenbergs Bundestagsrede zusammenfassen.
2. die Bundestagsdebatte in den Kontext der internationalen Entspannungspolitik der 1970er-Jahre einordnen sowie Hintergründe und Ergebnisse der nationalsozialistischen Außenpolitik der 1930er-Jahre erläutern.
3. zur Angemessenheit von Guttenbergs Vergleich der Neuen Ostpolitik mit den außenpolitischen Entscheidungen vor dem Zweiten Weltkrieg Stellung nehmen.

M: Karl Theodor Freiherr von und zu Guttenberg (CSU): Rede im Deutschen Bundestag, 27. Mai 1970

„Frau Präsidentin! Meine Damen und Herren! […]

Ich will die Sache, die hier auf dem Spiele steht, um deretwillen wir schwerste, sage ich, Sorge haben, gleich bei ihrem Namen nennen. Diese Sache ist nicht mehr und nicht weniger als das Recht der Deutschen – aller Deutschen –, frei zu sein und selbst über sich zu bestimmen.

(Beifall bei der CDU/CSU.)

Dies war, dies ist und dies wird bleiben der feste, unveränderliche Kern und Auftrag aller konkreten deutschen Politik, wo und solange sie von Demokraten geführt wird und solange diese Demokraten sich selbst erkennen.

(Beifall bei der CDU/CSU.)

Ich sage: aller k o n k r e t e n deutschen Politik, denn meine Freunde und ich sind nicht willens, dieses unveräußerliche Freiheitsrecht zu einer – und diejenigen, die es angeht, mögen dies in ihren Ohren klingen lassen – salvatorischen Klausel[1], zu einer abstrakten Maxime werden zu lassen,

(Beifall bei der CDU/CSU.)

die allen Bezug auf das aktuelle, auf das tägliche politische Handeln verloren hat, ja gegen welche zu handeln heute sogar erlaubt sei, da doch – und ich zitiere wieder einen amtierenden Minister der SPD – dies – nämlich die Selbstbestimmung der Deutschen – „bestenfalls eine Sache des Jahres 2030 sei".

(Abg. Dr. Stoltenberg [CDU]: So sind die Herren! – Abg. Rasner [CDU]: So sind sie!)

Ich sage noch einmal, meine Damen und Herren: aller konkreten deutschen Politik, weil ein Handeln gegen das **Freiheitsrecht aller Deutschen** zugleich ein Handeln gegen den Frieden in Europa ist.

(Beifall bei der CDU/CSU.)

Denn, um es einfach und wiederum konkret zu sagen, wer Unterdrückung legitimierte, der ermunterte die Unterdrücker

(Abg. Lücke (Bensberg) [CDU]: Sehr richtig!)

und damit die Friedensstörer.

(Sehr gut! bei der CDU/CSU.)

Wer hingegen für seine und seiner Nachbarn Freiheitsrechte einsteht, der stärkt jene Kräfte, die in Wahrheit den Frieden tragen.

(Beifall bei der CDU/CSU.)

Ist nicht eben dies die wahre Lehre aus jener schrecklichen Zeit, als Adolf Hitler durch brutale Gewalt,

(Abg. Dr. Barzel [CDU]: Sehr wahr!)

wenn auch zunächst ohne Blut, Grenzen in Europa zu seinen Gunsten verrückte, um dann die europäischen Demokratien einzuladen, feierlich und durch Vertrag diese Unrechtsgrenzen zu achten?

(Zustimmung bei der CDU/CSU.)

Wo, meine Damen und Herren, ist der qualitative Unterschied, wo, frage ich, ist dieser Unterschied,

(Sehr wahr! bei der CDU/CSU)

wenn heute Moskau von uns fordert, jene **Unrechtsgrenzen**, die Moskau auf deutschem und auf anderem Boden für sein und innerhalb seines Imperiums erzwungen hat, zu respektieren und als unabänderlich zu erklären?

(Beifall bei der CDU/CSU.)

Ich sage hier für meine Freunde und für mich mit allem Nachdruck, mit allem Ernst und leider auch mit der heute nötigen Sorge: Wir, die CDU/CSU, sind nicht bereit, sogenannte Realitäten zu achten, zu respektieren oder gar anzuerkennen, die den Namen „Unrecht" tragen.

(Lebhafter Beifall bei der CDU/CSU.)

Wer immer dieser Debatte hier oder im Lande oder draußen in der Welt zuhört, muß wissen, daß dies das letzte, das entscheidende und das nicht aufhebbare Motiv für die Deutschlandpolitik der Christlich-Demokratischen und der Christlich-Sozialen Union ist.

(Beifall bei der CDU/CSU.)

Ich setze die Frage hinzu: Ist hier einer, der ernsthaft vorbringen wollte, daß Unrecht dadurch Recht würde, daß es Jahre, ja Jahrzehnte dauert? Ich bitte jeden in diesem Haus, sich zu prüfen. Meine Damen und Herren von der SPD, dies gilt besonders für Sie, weil Sie als Partei die Ehre für sich in Anspruch nehmen dürfen, unter Hitler Tausende von Märtyrern gestellt zu haben. Meine Frage heißt: Ist einer hier bereit, wäre einer hier bereit, seinen Frieden mit Adolf Hitler zu machen, wenn es diesem Mann gelungen wäre, 37 Jahre durchzuhalten? Ich sage nein, ich sage dreimal nein.

(Beifall bei der CDU/CSU. – Zurufe von der SPD.)

Aus dem gleichen Grunde kann es keine Anerkennung für neues Unrecht auf deutschem Boden, für Herrn Ulbricht[2] geben.

(Lebhafter Beifall bei der CDU/CSU.)

[...] Ich bin nicht der Meinung, daß wir uns hier gegenseitig die guten und honorigen Motive absprechen dürfen oder können. Aber ich bin der Auffassung, daß wir ehrlich und frei unsere Meinung sagen sollen, wohin die Politik des anderen führt, die wir für falsch halten. Ich will mir daher heute den Mut und die Freiheit nehmen, an unser aller – aller in diesem Hause – Gewissen zu appellieren, und ich will gleichzeitig ins Bewußtsein rufen, daß auch der, der besten Willens dem Frieden zu dienen meinen mag, gefährlich irren kann.

(Zustimmung bei der CDU/CSU.)

Er irrte dort am gefährlichsten, wo er sich verleiten ließe,

(Zurufe von der SPD)

einer militanten totalitären Ideologie mit jenem wertfreien bloßen Pragmatismus begegnen zu können, der für das tägliche Geschäft unter Demokraten selbstverständlich durchaus angemessen ist.

Karl Theodor Freiherr von und zu Guttenberg (CSU): Rede im Deutschen Bundestag, 6. Wahlperiode – 53. Sitzung. Bonn, Mittwoch, den 27. Mai 1970, online unter: http://dipbt.bundestag.de/doc/btp/06/06053.pdf

Anmerkungen:

1 Guttenberg meint hier ein Versprechen, das eigentlich nicht ernst gemeint ist.

2 Walter Ulbricht (1893–1973) war von 1949 bis zu seiner Entmachtung 1971 der bedeutendste Politiker der Deutschen Demokratischen Republik.

Zugelassene Hilfsmittel: Wörterbuch zur deutschen Rechtschreibung

---

Lösungsvorschläge

Diese Aufgabe entspricht den folgenden aktuellen Schwerpunktthemen:

- ***Inhaltsfeld 5:** Die Zeit des Nationalsozialismus – Voraussetzungen, Herrschaftsstrukturen, Nachwirkungen und Deutungen*
  - *Die Herrschaft des Nationalsozialismus in Deutschland und Europa*
- ***Inhaltsfeld 6:** Nationalismus, Nationalstaat und deutsche Identität im 19. und 20. Jahrhundert*
  - *Nationale Identität unter den Bedingungen der Zweistaatlichkeit in Deutschland (neue Ostpolitik)*

1. *In der Teilaufgabe 1 geht es darum, die Rede Guttenbergs in eigenen Worten wiederzugeben. Dazu sollten Sie die Quelle zunächst kurz vorstellen, indem Sie den Verfasser, den Veröffentlichungszeitpunkt, das Thema sowie den historischen Kontext nennen. An dieser Stelle sollten Sie auch auf die Adressaten der Rede eingehen und anschließend den Inhalt der Ansprache strukturiert und nachvollziehbar darstellen. Wahren Sie dabei die Distanz zum Text, indem Sie die indirekte Rede und den Konjunktiv I verwenden.*

Am 27. Mai 1970 debattierte der Bundestag über die neue Ost- und Deutschlandpolitik der seit Herbst 1969 amtierenden sozialliberalen Bundesregierung unter Kanzler Willy Brandt (SPD). Im Verlauf der Debatte hielt der CSU-Abgeordnete Karl Theodor Freiherr von und zu Guttenberg eine **Grundsatzrede**, die hier in Auszügen abgedruckt ist. Er übt darin scharfe **Kritik an Brandts Politik** und plädiert dafür, auf eine Anerkennung der DDR zu verzichten, um die Sowjetunion nicht in ihrem Vorgehen zu bestätigen. Die zahlreichen Zwischenrufe im Protokoll belegen, dass die Diskussion sehr kontrovers und emotional geführt wurde.

Einleitung
Veröffentlichungszeitpunkt
historischer Kontext
Autor
Quelle
Thema

Guttenberg betont in seiner Rede das **Recht aller Deutschen auf** ein Leben in **Freiheit und Selbstbestimmung** (vgl. Z. 4 f.). Dieses sieht er durch die Politik Brandts in Gefahr, da der Kanzler zwar auch von den Freiheitsrechten aller Deutschen spreche, deren konkrete Umsetzung aber in eine ferne Zukunft verschiebe (vgl. Z. 11 ff.). Für Guttenberg dagegen müssen diese Rechte den „Kern [...] aller konkreten deutschen Politik" (Z. 7 f.) bilden, da nur das Eintreten dafür den Frieden in Europa sichern könne (vgl. Z. 23 f.). Der Regierung Brandt wirft er vor, mit der **Anerkennung der bestehenden deutschen Zweistaatlichkeit** die Sowjetunion zu ermuntern, ihre undemokratische **Politik der Unterdrückung** fortzusetzen (vgl. Z. 26 f.).

zusammenfassende Wiedergabe
Streben nach Wiedervereinigung als Ziel der Politik

Um diesen Vorwurf zu untermauern, greift Guttenberg zu einem drastischen **Vergleich:** Er sieht in der Akzeptanz der „Unrechtsgrenzen" (Z. 39) eine **Analogie zur** britischen **Appeasement-Politik** vor dem Zweiten Weltkrieg, die es versäumt habe, für die Freiheitsrechte von Deutschlands Nachbarstaaten einzutreten und den noch unblutigen Grenzverschiebungen Hitlers Einhalt zu gebieten (vgl. Z. 34 ff.). Mit seinem Vergleich fordert Guttenberg die Abgeordneten der SPD auf, nicht den gleichen Fehler zu machen, sondern sich gemeinsam mit der CDU/CSU der **Akzeptanz** von „sogenannte[n] Realitäten" (Z. 50) **zu verweigern**.

historischer Vergleich

Guttenberg betont, dass Unrecht auch nicht durch den Faktor Zeit aufgehoben werde und stellt den SPD-Abgeordneten die rhetorische Frage, ob ihre Partei etwa nach 37 Jahren bereit gewesen wäre, das Vorgehen des NS-Staats zu akzeptieren. Aus der klar mit Nein beantworteten Frage schlussfolgert Guttenberg, dass es auch **keine Anerkennung der DDR** geben könne (vgl. Z. 67 f.).

Der CSU-Politiker beendet seine Rede mit der **Warnung**, einer „totalitären Ideologie“ (Z. 80) nicht mit dem gleichen Pragmatismus zu begegnen, wie er im täglichen Politikgeschäft unter Demokraten möglich und nötig sei (vgl. Z. 78 ff.). Er ruft also abschließend erneut dazu auf, der DDR die Anerkennung zu verweigern und sich nicht in dem Glauben, dem Frieden zu dienen, zu falschen Schritten verleiten zu lassen (vgl. Z. 74 ff.).

Warnung vor Zusammenarbeit mit totalitären Staaten

2. *Die Teilaufgabe 2 verlangt von Ihnen zunächst, Guttenbergs Rede in einen größeren internationalen Kontext einzubetten. Sie sollten also darlegen, was Sie über die Entspannungspolitik der 1970er-Jahre wissen, und aufzeigen, wie die deutsche Außenpolitik zu diesen Entwicklungen passt. Hier kann es sinnvoll sein, zeitlich etwas weiter zurückzublicken, um auf die Entstehung der Entspannungspolitik einzugehen. Achten Sie jedoch darauf, sich nicht in Details zum Kalten Krieg zu verlieren, nach denen in der Aufgabenstellung nicht gefragt wird. In einem zweiten Schritt sollen Hintergründe und Ergebnisse der NS-Außenpolitik der 1930er-Jahre erläutert werden. Es empfiehlt sich, auf Hitlers außenpolitische Maßnahmen vor Beginn des Zweiten Weltkriegs einzugehen und dabei auch die Appeasement-Politik zu erwähnen, mit der die Westmächte auf Hitlers Vorgehen reagierten. Stellen Sie dar, warum die Westmächte sich so zurückhaltend verhielten und welche Auswirkungen dies auf die weitere Entwicklung hatte.*

Einordnung in den historischen Kontext

Entspannungspolitik

Nachdem die **Kuba-Krise** die Welt 1962 an den Rand eines Atomkriegs gebracht hatte, mussten beide Parteien des Kalten Kriegs erkennen, dass es äußerst gefährlich war, die direkte Konfrontation mit dem Gegner zu suchen. Sowohl John F. Kennedy als auch Nikita Chruschtschow äußerten sich nach der friedlichen Beilegung der Krise mäßigend und forderten eine **Politik der Entspannung** mit dem Ziel einer friedlichen Koexistenz.

Rüstungsbegrenzungen

Um die Beziehung der beiden Supermächte zu stabilisieren, wurden in den 1960er- und 1970er-Jahren zahlreiche Verträge geschlossen, die die **Aufrüstung begrenzten** oder reduzierten. Provokationen (wie z. B. durch Atomtests) sollten vermieden werden, um neues Vertrauen aufzubauen. So vereinbarten die beiden Staaten 1963 das **Moskauer Atomteststoppabkommen**, das Kernwaffenversuche im Weltraum und unter Wasser verbot. 1969 begannen in Helsinki die Verhandlungen zu den **SALT-Verträgen** (Strategic Arms Limitation Talks), die im Laufe der 1970er-Jahre zu Rüstungsbegrenzungen für atomare Systeme führten. Auch die Konferenz für Sicherheit und Zusammenarbeit in Europa (**KSZE**), die zwischen 1973 und 1975 in Helsinki tagte, trug in erheblichem Maß zu Annäherung und Versöhnung bei. Die teilnehmenden Staaten verpflichteten sich zur Anerkennung der Menschen- und Bürgerrechte sowie zum Gewaltverzicht und zur Respektierung des Selbstbestimmungsrechts der Völker. Außerdem wurde eine verstärkte internationale Zusammenarbeit in verschiedenen Bereichen beschlossen.

Neue Ostpolitik

Die sozialliberale Koalition, die 1969 in der Bundesrepublik die Regierung übernahm, bemühte sich um eine **Übertragung** der Strategie des Friedens **auf Deutschland**. Dazu gehörte es, den **Alleinvertretungsanspruch** und die **Hallstein-Doktrin aufzugeben** und stattdessen in Verhandlungen mit der Sowjetunion, deren Satellitenstaaten und der DDR einzutreten. Guttenberg hielt seine Bundestagsrede kurz vor der Unterzeichnung des **Moskauer Vertrags** vom 12. August 1970. Dieser leitete nach der Aufnahme diplomatischer Beziehungen im Jahre 1955 eine neue Phase im deutsch-sowjetischen Verhältnis ein und bildete mit dem Gewaltverzicht sowie der völkerrechtlichen Anerkennung des Status quo die Basis der neuen Ost- und Deutschlandpolitik. Zwischen 1970 und 1973 konnten weitere wichtige Verträge mit Warschau, Prag und Ostberlin abgeschlossen werden, die das Ziel verfolgten, einen „**Wandel durch Annäherung**" (Egon Bahr) herbeizuführen. Brandts versöhnliche Ostpolitik war, wie Guttenbergs Rede zeigt, **nicht unumstritten**, weil die Opposition fürchtete, dadurch das angestrebte Ziel einer deutschen Wiedervereinigung zu verhindern. Jedoch sorgten die **Ostverträge** für eine **Normalisierung der zwischenstaatlichen Verhältnisse**, was letztendlich einen ersten Schritt auf dem Weg zu einer friedlichen Wiedervereinigung darstellte.

NS-Außenpolitik
Revisionspolitik

Guttenberg spielt in seiner Rede auf die **nationalsozialistische Außenpolitik** vor Ausbruch des Zweiten Weltkriegs an (vgl. Z. 34 ff.), die deshalb im Folgenden näher erläutert werden soll. Seit der Machtübernahme der Nationalsozialisten 1933 betrieb Hitler zunehmend auch mit militärischen Mitteln die **Revision des Versailler Vertrags**. Den Zeitgenossen erschien dieses Vorgehen wie eine konsequente **Fortsetzung** der Revisionspolitik der Weimarer Regierungen. Hitler unterstützte diesen Eindruck, indem er in der Öffentlichkeit einerseits seinen Friedenswillen betonte und andererseits aggressiv für ein Selbstbestimmungsrecht des deutschen Volks eintrat.

ideologische Grundlagen und Verschleierungstaktik

In Wirklichkeit unterschied sich das **außenpolitische Konzept** der Nationalsozialisten fundamental von dem der Weimarer Republik. Bereits am 3. Februar 1933 verkündete Hitler den Befehlshabern des Heeres und der Marine in einem vertraulichen Gespräch (**Liebmann-Aufzeichnung**), dass er die Eroberung von neuem „**Lebensraum im Osten**" anstrebe. Dabei offenbarte er die ideologischen Grundsätze seines Vorgehens, das auf **Rassismus** und **Sozialdarwinismus** basierte. Die ambivalenten Entscheidungen der Jahre bis 1936 dienten der **Verschleierung seiner eigentlichen Ziele**. Dazu handelte die nationalsozialistische Regierung einerseits vertragskonform, z. B. im Fall der **Wiederangliederung des Saarlands** an Deutschland (1935), und zeigte sich betont friedfertig, z. B. mit dem Abschluss des **Nichtangriffspakts mit Polen** (1934). Andererseits stellten die Wiedereinführung der **Wehrpflicht** (1935) sowie der **Einmarsch ins entmilitarisierte Rheinland** (1936) klare Vertragsbrüche dar, die Aufschluss über Hitlers eigentliche Pläne (Vorbereitung eines Angriffskriegs) gaben.

Reaktionen der Westmächte (Appeasement-Politik)

Abgesehen von verbaler Kritik und einer Verurteilung des Einmarschs vor dem Völkerbund kam es jedoch zu **keiner nennenswerten Gegenwehr** vonseiten der Westmächte. Die in der Stresa-Front verbündeten Staaten Großbritannien, Frankreich und Italien verfolgten unterschiedliche Interessen, weshalb ein gemeinsames Vorgehen gegen Hitler scheiterte. Somit bedeuteten die Vertragsbrüche einen enormen **Prestigegewinn** für den deutschen Diktator und verschafften ihm zum Teil sogar **internationale Anerkennung**. Zum Beispiel reagierte Großbritannien auf die Einführung der allgemeinen Wehrpflicht mit einem Angebot zu einem **Flottenabkommen**, das 1935 abgeschlossen wurde. Mithilfe von Verhandlungen und Zugeständnissen versuchten die Westmächte, Hitler zu beschwichtigen (**Appeasement-Politik**) und die deutschen Alleingänge zu kontrollieren.

Expansionspolitik

Hitler interpretierte das britische Vorgehen als politische Schwäche, forcierte die **militärische Aufrüstung** und legte in einer geheimen Rede vor den Oberbefehlshabern der Wehrmacht 1937 seine Kriegspläne detailliert dar („**Hoßbach-Protokoll**"). In einem ersten Schritt sollten Österreich und die Tschechoslowakische Republik (ČSR) kontrolliert werden, um dem Ziel der Eroberung von „Lebensraum im Osten" näherzukommen. Dafür verstieß Hitler bereits im März 1938 mit dem „**Anschluss**" **Österreichs** erneut gegen die Regelungen des Versailler Vertrags, ohne dass es vonseiten der Westmächte zu Widerstand gekommen wäre. Von seinem Erfolg bestärkt, forderte Hitler unter dem Vorwand des Selbstbestimmungsrechts der sudetendeutschen Bevölkerung die **Angliederung des Sudetenlands** an das Deutsche Reich. Auf der Konferenz von München (29./30. September 1938) vereinbarten die Regierungschefs von Großbritannien, Frankreich, Italien und Deutschland ohne Beteiligung der ČSR im „**Münchner Abkommen**" die Abtretung der Sudetengebiete an Hitlerdeutschland unter der Bedingung, dass der NS-Staat die neue tschechoslowakische Grenze achten würde. Auf diese Grenzverschiebung, die als **Höhepunkt der Appeasement-Politik** gilt, nimmt Guttenberg Bezug, wenn er die „schreckliche Zeit“ (Z. 34) anmahnt, als Hitler „Grenzen in Europa zu seinen Gunsten verrückte, um dann die europäischen Demokratien einzuladen, feierlich und durch Vertrag diese Unrechtsgrenzen zu achten“ (Z. 37 ff.). Das Scheitern der Appeasement-Politik wurde offensichtlich, als deutsche Truppen im März 1939 entgegen der vorherigen Vereinbarung in die ČSR einmarschierten („**Zerschlagung der Rest-Tschechei**“) und deren westlicher Teil als „Protektorat Böhmen und Mähren“ in das Deutsche Reich eingegliedert wurde. Das gewaltsame Vorgehen zeigte deutlich, dass Hitler seine nach außen propagierte Friedensrhetorik aufgegeben hatte und das Risiko einer Eskalation nicht weiter scheute. Vielmehr strebte er aktiv nach einem Krieg, worauf die **Kündigung des deutsch-polnischen Nichtangriffsvertrags** im April 1939 sowie der Abschluss des **Hitler-Stalin-Pakts** im August 1939 hinweisen. Am 1. September 1939 begann schließlich mit dem **deutschen Überfall auf Polen** der Zweite Weltkrieg, der sechs Jahre dauern und über 60 Millionen Menschen das Leben kosten sollte.

3. *Guttenberg kritisiert die Außenpolitik der sozialliberalen Koalition, indem er sie mit der Appeasement-Politik der Westmächte vor dem Zweiten Weltkrieg vergleicht. Die vierte Teilaufgabe fordert Sie dazu auf, zu diesem Rückgriff auf die Geschichte Stellung zu nehmen. Fragen Sie sich also, inwiefern Guttenbergs Argumentation tragfähig ist und inwiefern die Situationen vergleichbar sind. Finden Sie sowohl Aspekte, die Guttenbergs Analogie zustimmen, als auch Argumente, die sie relativieren. Dabei ist es legitim, eine Seite stärker zu gewichten und zu einem eindeutigen Ergebnis zu kommen. Dieses sollten Sie in einem abschließenden Fazit zusammenfassen.*

Einleitung
Bezug zu Guttenbergs Analogie

Der CSU-Abgeordnete Guttenberg untermauert in seiner Rede seine Kritik an der **Ostpolitik Brandts**, indem er diese mit der politischen Lage vor 1939, vor allem mit der **Appeasement-Politik** der Westmächte, vergleicht. Damit setzt er auch die **sowjetische Außenpolitik** der 1970er-Jahre mit **Hitlers Vorgehen** vor dem Zweiten Weltkrieg in eins. Da zwischen den Ereignissen über 30 Jahre vergangen sind und ganz unterschiedliche politische Konstellationen vorliegen, lohnt es sich, Guttenbergs **Analogie** einer kritischen Prüfung zu unterziehen.

Parallelen
Bereitschaft zu Zugeständnissen

Es ist nicht zu leugnen, dass die Appeasement-Politik einige **Parallelen** zur Entspannungspolitik aufweist. Zusammen mit Frankreich und Italien war Großbritannien im „**Münchner Ab-**

kommen" von 1938 bereit, das Sudetenland zu opfern, um das Wohlverhalten Hitlers zu erreichen und den Frieden in Europa zu retten. Ähnlich war Brandt in den 1970er-Jahren gewillt, die deutschen **Ostgebiete** und den **Alleinvertretungsanspruch** der Bundesrepublik **aufzugeben**, um das Verhältnis zur Sowjetunion zu verbessern. Dies war für die Normalisierung der Beziehungen zur DDR und auch für eine weitere Entspannung der Situation in Europa unabdingbar.

Stabilisierung eines Unrechtsregimes

Brandt musste dabei – wie die Teilnehmer der Münchner Konferenz auch – einige **Zugeständnisse** machen: Die **Vertreibung der Deutschen** aus den ehemaligen deutschen Ostgebieten musste endgültig hingenommen werden und **mit den Unrechtsstaaten** DDR und Sowjetunion wurden **Verträge geschlossen**, die beiden Diktaturen nach außen den Anschein von demokratischen Rechtsstaaten verliehen. Brandt musste mit der Hallstein-Doktrin brechen und de facto die **DDR anerkennen**, was nach Meinung der Kritiker den ostdeutschen Teilstaat eher stabilisierte. Genauso trugen die außenpolitischen Erfolge Hitlers, die geduldeten Verstöße gegen die Versailler Friedensordnung sowie die neuen Vertragsabschlüsse zur **Etablierung des NS-Regimes** bei und ließen die Kritik einflussreicher Oppositioneller, z. B. aus den Reihen der Wehrmacht, die auf Unterstützung aus dem Ausland gehofft hatten, verstummen.

Unterschiede
Verhandlungspositionen

Trotz der genannten Gemeinsamkeiten ist der **Vergleich**, den Guttenberg zieht, sachlich **nicht** vollkommen **gerechtfertigt**. Zunächst muss festgehalten werden, dass die **Bundesrepublik** gegenüber der Sowjetunion der klar schwächere Vertragspartner und daher in ihren **Möglichkeiten stark limitiert** war. Auf der von Mussolini initiierten **Münchner Konferenz** verhandelten dagegen souveräne, **etablierte Großmächte**, die trotz ihrer innenpolitischen Probleme und Interessensdifferenzen über einen deutlich **größeren Handlungsspielraum** verfügten als die Bundesrepublik Ende der 1960er-Jahre. Sie hatten zumindest theoretisch die Macht und die Möglichkeiten, militärisch gegen Hitlers Vertragsbrüche vorzugehen. Diese Option kam für die Bundesrepublik gegenüber der atomaren Supermacht Sowjetunion nicht infrage.

historische Voraussetzungen

Die von Guttenberg vorgenommene **Gleichsetzung nivelliert zudem die historischen Voraussetzungen** der jeweiligen Situation. Der Appeasement-Politik war die als relativ hart empfundene **Haltung der Siegermächte im Versailler Vertrag** von 1919 vorangegangen. Diese hatte nicht nur in Deutschland den Ruf nach einer Revision geweckt, sondern auch in Großbritannien zu der Bereitschaft geführt, eine solche zu tolerieren. Die Appeasement-Politik wurde von Großbritannien auch als Möglichkeit verstanden, den harten Kurs gegenüber Deutschland nachträglich zu korrigieren. Die **Neue Ostpolitik** hingegen wurde nicht von einem Gewinner eingeleitet, sondern vom Verlierer des Zweiten Weltkriegs. Das Unrecht, das den Menschen in der Sowjetunion und in Osteuropa im Namen der Deutschen angetan worden war, war dort in den 1970er-Jahren noch immer präsent. Deshalb kann die neue Ostpolitik nicht wie die Appeasement-Politik als eine Art von Wiedergutmachung gegenüber dem Verlierer, sondern als **Sühne für die Verbrechen** am Gewinner betrachtet werden. Brandt ließ keinen Zweifel daran, dass durch die neue Ostpolitik nichts aufgegeben werde, was nicht durch die Resultate des von Deutschland begonnenen, verschuldeten und verlorenen Weltkriegs bereits verloren war.

außenpolitische Grundlagen der Sowjetunion und NS-Deutschlands

Schließlich entspringt die Gleichsetzung der Außenpolitik der Sowjetunion mit der des „Dritten Reichs" der **traditionalistischen Interpretation des Kalten Kriegs**, die die **Schuld** für den Konflikt ausschließlich **bei der UdSSR** sucht (Forderung der Sowjetunion nach Reparationen, Lubliner Komitee als Marionettenregierung, Manipulation der Wahlen im sowjetischen Machtbereich nach 1945). Obwohl all diese Vorwürfe nicht von der Hand zu weisen sind, muss das **Verhalten der Sowjetunion** auch als **Ausdruck eines** ausgeprägten **Sicherheitsbedürfnisses** gesehen werden, das von den USA kaum anerkannt worden ist. Sicher war die UdSSR ebenso wenig wie Deutschland in den 1930er-Jahren ein Rechtsstaat. **Hitler** betrieb jedoch unter dem Deckmantel einer vermeintlich legitimen Revision des Versailler Vertrags von Beginn an eine **ideologisch motivierte Expansionspolitik**, die in einen „Weltanschauungs"- und **Vernichtungskrieg** im Osten Europas mündete. Dagegen zeichnete sich das **sowjetische Expansionsstreben** in Westeuropa nach dem Zweiten Weltkrieg vorwiegend durch **politische und** nur notfalls **militärische Kontrolle** aus. Die Gleichsetzung der beiden Staaten und ihrer jeweiligen Außenpolitik ist deshalb zu undifferenziert und blendet den historischen Kontext völlig aus.

Fazit

Sowohl der **Vergleich** von Brandts Ostpolitik mit der Appeasement-Politik als auch die Gleichsetzung der sowjetischen Außenpolitik mit der Revisionspolitik Hitlers ist also **kritisch zu betrachten**. Beides ist der Intention Guttenbergs zuzuschreiben, das Parlament von seiner Kritik am Umgang mit der Sowjetunion und der DDR zu überzeugen, und ist unter historischen Gesichtspunkten in dieser Eindeutigkeit nicht haltbar.

Abiturprüfung 2020 NRW – Leistungskurs Geschichte
Aufgabe 1

A: Interpretation sprachlicher oder nichtsprachlicher historischer Quellen

Aufgabenstellung Punkte

Interpretieren Sie die vorliegende Quelle, indem Sie

1.	sie analysieren,	26
2.	sie in den historischen Kontext einordnen *(14 Punkte)* und ausgehend vom Text die sozio-ökonomischen Veränderungen erläutern (*14 Punkte*),	28
3.	die Aussagen des Redners beurteilen.	26

M: August Bebel: Rede vor dem Reichstag vom 3. Februar 1893

Meine Herren, die Debatte am Dienstag hatte einen Charakter angenommen, der weit über das uns beschäftigende Thema hinausgegangen ist; sie hatte damit geendet, daß insbesondere der Herr Abgeordnete Bachem[1] in sehr lebhafter und lebendiger Weise verlangte, da nach seiner Meinung wir bisher noch keinerlei Mittel vorgeschlagen hätten, die seiner Ansicht nach ausreichten, um die bestehenden Verhältnisse zu bessern in einem alle befriedigenden Sinne, – daß wir, die Sozialdemokratie, doch endlich hier von der Tribüne des Reichstags herunter darlegten, was wir eigentlich wollten. Wir sollen, wie er wünscht, also ein Programm entwickeln, und zwar verlangte er, daß wir insbesondere auseinandersetzten, wie wir uns den sozialdemokratischen „Zukunftsstaat" vorstellten. […]

Meine Herren, wir haben in allen Reden, die wir hielten, und zwar sowohl da, wo wir Verbesserungsvorschläge, sei es zu bestimmten Gesetzentwürfen oder solche durch Einbringen neuer Gesetze, machten, stets betont und betonen es immer wieder, daß das, was wir vorschlagen, und was wir Ihnen zumuthen auf dem Boden der heutigen Gesellschaft durchzuführen, allerdings alles nur Palliativmittel[2] seien; sie würden bis zu einem gewissen Grade helfen, aber dauernd und gründlich zu helfen vermöchten sie nicht. Und zwar weil eine gründliche Hilfe bedingte, daß die heutige Gesellschaft ihrem ganzen Wesen nach umgestaltet werde […].

Im Laufe der Entwicklung treten eben Faktoren auf aus den unzufriedenen Schichten – bisher sind sie stets erschienen –, die zum Konflikt mit den bestehenden Zuständen treiben. Die Erkenntniß von der Unhaltbarkeit dieser Zustände nimmt an Macht zu und greift so mächtig um sich, daß eines Tages ihre Anhänger, sei es in dieser, sei es in jener Weise, sei es auf sogenanntem gesetzlichem, sei es auf sogenanntem revolutionärem Wege, die Dinge von Grund aus umgestalten, und zwar im Interesse der nothleidenden Mehrheit. Und das wird auch wieder so kommen.

Meine Herren, welche Vorschläge zur Abhilfe haben wir nun zunächst gemacht? Wir haben nicht allein hier, sondern auch in den Versammlungen der Arbeitslosen eine Reihe von Vorschlägen gemacht, die, wenn sie von den Reichs- und Staatsgewalten und namentlich auch von den Gemeindebehörden, kurz von den öffentlichen Gewalten zur Ausführung gebracht wurden, in hohem Grade dazu beitrugen, die gegenwärtige Nothlage großer Massen der Bevölkerung wenigstens zu mildern.

Wir haben insbesondere vorgeschlagen die Inangriffnahme öffentlicher Arbeiten [...]. Wir verlangen ferner, daß man Hospitäler, Schulen und andere öffentliche Bauten unternehme, die im Interesse der Gesellschaft nothwendig sind, ferner Straßen- und Kanalbauten und Meliorationen[3] aller Art. Wir haben heute noch in unseren Provinzen weite Strecken, die nahezu vollständig unfruchtbar sind, die aber bei dem heutigen Stande der Agronomie und Agrikulturchemie in das schönste, fruchtbarste Gartenland verwandelt werden könnten.

Für alle diese Dinge hat aber die Staatsverwaltung nahezu gar kein Interesse; sie läßt sich nur mit der größten Mühe bewegen, solche Arbeiten in Angriff zu nehmen, weil in vielen Fällen mehr oder weniger, namentlich durch Arbeiten wie die letzt angeführten, das Interesse unserer Großgrundbesitzer in Frage gezogen wird.

Wir haben weiter verlangt, daß durch eine erhebliche Verkürzung der Arbeitszeit, etwa auf 8 Stunden täglich, dazu beigetragen werde, daß eine große Zahl von Arbeitern eingestellt werden könne, damit die nothleidenden Arbeiter von der Straße weggenommen werden. Kurz, wir haben die verschiedenen Hilfsmaßregeln vorgeschlagen, um die beschäftigungslosen Arbeiter nach Möglichkeit zu verwenden. Wir haben also auf dem Gebiete des Nothstandes alles gethan, was wir zu thun in der Lage waren. Auf dem Gebiete der Reformen haben wir ferner, so lange wir in namhafter Zahl hier im Reichstage sind, unsererseits nach Kräften dahin gewirkt, auf dem Boden der bestehenden gesellschaftlichen Zustände die Lage der Arbeiter so weit zu bessern, als das überhaupt möglich ist.

Von diesem Gesichtspunkte ausgehend, haben wir seit ungefähr 15 Jahren bei jeder wichtigen Gesetzesvorlage, die im Reichstage für eine Verbesserung der Arbeiterlage eingebracht wurde, uns nicht nur lebhaft an der Debatte betheiligt, sondern auch durch Stellung von Anträgen zu den Vorlagen, wie durch die Einbringung vollständig neuer Gesetzentwürfe – ich erinnere nur an unseren umfänglichen Arbeiterschutzgesetzentwurf – die Richtung angegeben, in welcher nach unserer Meinung für die Lage der Arbeiterklasse, und zwar immer auf dem Boden der heutigen Gesellschaftsordnung, Verbesserungen eingeführt werden könnten. [...]

Weiter haben wir verlangt die Abschaffung der Lebensmittelzölle, weil nach unserer Meinung der Arbeiter es ist, welcher besonders darunter leidet. Bei der Unfallversicherungs-, der Alters- und Invaliditätsversicherungsgesetzgebung haben wir in sehr umfassendem Maße unsere Gegenanträge gestellt, und wären diese unsere Anträge angenommen worden, so ist sicher, daß diejenigen, die Unterstützungen auf Grund dieser Gesetze bekommen, sie in höherem und ausgiebigerem Maße bekommen würden, als es gegenwärtig der Fall ist.

(Sehr richtig! bei den Sozialdemokraten.)

[...] Wenn nun alle diese Anträge und Forderungen nicht durchgingen und nicht Gesetz geworden sind, so sind sie allein an *Ihrem* Widerspruch gescheitert und nicht an unserem Verhalten.

(Sehr richtig! bei den Sozialdemokraten.)

[...] Und gerade der Umstand, daß wir in allen diesen Beziehungen praktisch eingetreten sind, daß wir, ganz unbeschadet unseres sonstigen prinzipiellen Standpunkts der heutigen Staats- und Gesellschaftsordnung gegenüber, versuchten, auch auf dem Boden dieser Gesellschaftsordnung für die Verbesserung der arbeitenden Klassen einzutreten, hat es hauptsächlich herbeigeführt, daß die Sozialdemokratie eine so große Anhängerschaft in der deutschen Arbeiterbevölkerung gewonnen hat, wie sie dieselbe gegenwärtig besitzt. [...]

Gerade der Umstand, daß wir ökonomisch immer mehr und mehr in die Brüche kommen, aus einer Krisis in die andere geworfen werden, daß die Krisen immer länger und die Prosperitätsepochen immer kürzer werden und damit der Nothstand immer weitere Kreise der Gesellschaft dem Untergang entgegentreibt, weil die Widerstandsfähigkeit der Mittelschichten immer mehr sinkt und diese in das Proletariat geschleudert werden, – wird der Sozialdemokratie nicht nur innerhalb der Arbeiterklasse, sondern auch in den Reihen der Intelligenz immer mehr Eingang verschaffen. [...] Und wenn sie[4] nun weiter dazu kommen wird, daß die famose äußere Politik, die Sie seit Jahrzehnten treiben, über kurz oder lang uns einen europäischen Krieg auf den Hals zieht; wenn wir dann bei enorm geschwächten ökonomischen Kräften von Millionen Menschen in eine neue Krise eintreten, wie wir eine solche zuvor in keiner Periode durchgemacht haben, wenn Massenbankerotte über Massenbankerotte kommen, Tausende und Abertausende von Existenzen in das Nichts geschleudert werden, wenn die größten Unternehmungen aus Arbeitsmangel zu Grunde gehen, wenn durch die Hinderung der Zufuhr eine Lebensmitteltheurung in kolossalstem Maßstabe eintritt, wenn endlich[5] auf den Schlachtfeldern die Massenschlächtereien stattfinden, die das Entsetzen von ganz Europa hervorrufen werden, dann, meine Herren, haben Sie etwas geschaffen, an dem möglicherweise Ihre ganze Gesellschaft mit einem Mal zu Grunde geht.

(Oho!)

[...]

Meine Herren, das ist unser Programm, die Zukunft gehört uns und nur uns. Ob Sie mit meinen Auseinandersetzungen[6] zufrieden gestellt sind oder nicht – wir werden weiter marschiren, und nach den nächsten Wahlen werden Sie eine noch weit größere Zahl von uns in diesem Saal sehen, als wir gegenwärtig hier vorhanden sind.

(Lebhafter Beifall bei den Sozialdemokraten. Zischen rechts.)

August Bebel: Rede vor dem Reichstag vom 3. Februar 1893. Zitiert nach: Stenographische Berichte über die Verhandlungen des Reichstags, 8. Legislaturperiode, Bd. 2, Berlin 1893, S. 808–820.

Anmerkung:

1 Karl Bachem (1858–1945), Politiker der Zentrumspartei
2 Linderungsmittel
3 Bodenverbesserung
4 Gemeint ist hier die bestehende Gesellschaftsordnung.
5 Hier: schließlich
6 Hier im Sinne von „Ausführungen“ verwendet.

Hinweise zu Autor und Material:
August Bebel (1840–1913): Mitbegründer und erster Vorsitzender der SPD. Die vorliegende Rede wurde durch die SPD in gedruckter Form in einer Auflage von 1,7 Mio. Exemplaren verbreitet. Rechtschreibung und Zeichensetzung wie im Original.

Zugelassene Hilfsmittel: Wörterbuch zur deutschen Rechtschreibung

Lösungsvorschläge

Diese Aufgabe entspricht den folgenden aktuellen Schwerpunktthemen:

- ***Inhaltsfeld 4:** Die moderne Industriegesellschaft zwischen Fortschritt und Krise*
  - *Die „Zweite Industrielle Revolution" und die Entstehung der modernen Massengesellschaft*
  - *Vom Hochimperialismus zum ersten „modernen" Krieg der Industriegesellschaft*
- ***Inhaltsfeld 6:** Nationalismus, Nationalstaat und deutsche Identität im 19. und 20. Jahrhundert*
  - *Die „Deutsche Frage" im 19. Jahrhundert*
  - *„Volk" und „Nation" im Kaiserreich und im Nationalsozialismus*

1. *Die erste Teilaufgabe verlangt von Ihnen die Analyse einer schriftlichen Quelle. Dazu sollten Sie den vorliegenden Text zunächst kurz vorstellen, indem Sie den Autor, die Adressaten, die Quellenart, den Erscheinungszeitpunkt und -ort, den Anlass sowie das Thema und die Intention nennen. Anschließend müssen Sie dann Inhalt und Gedankengang der Rede strukturiert wiedergeben. Formulieren Sie dabei möglichst in Ihren eigenen Worten und belegen Sie Ihre Aussagen mit direkten und indirekten Zitaten am Text.*

Einleitung
Quellenart
Autor
Erscheinungszeitpunkt und -ort
Adressaten
Anlass
Thema
Intention

Bei der vorliegenden Quelle handelt es sich um das Protokoll einer politischen **Rede**, die der Reichstagsabgeordnete und Vorsitzende der SPD, **August Bebel**, am 3. Februar 1893 vor dem Reichstag in Berlin gehalten hat. Er richtet sich damit an die vor Ort anwesenden **Reichstagsabgeordneten** sowie über die spätere Publikation der Rede auch an die politisch interessierte Öffentlichkeit, vor allem an die **Arbeiterschaft**. Mit seiner Ansprache nimmt Bebel Stellung zum Vorwurf der Zentrumspartei, das sozialdemokratische Programm nicht hinreichend skizziert zu haben, und legt die **sozialdemokratischen Zukunftsvorstellungen** offen. Bebel verfolgt die Absicht, das Handeln der SPD zu rechtfertigen und **Zustimmung für die Visionen seiner Partei** zu erreichen.

strukturierte Wiedergabe
Schilderung der Ausgangssituation

Zu Beginn seiner Rede (vgl. Z. 1–18) nimmt Bebel Bezug auf eine **Forderung an die SPD**, einerseits darzulegen, wie die Sozialdemokratie eine **Veränderung der Lebens- und Arbeitsbedingungen** „in einem alle befriedigenden Sinne" (Z. 6) erreichen möchte, und andererseits zu erläutern, welchen Charakter ein „**sozialdemokratische**[**r**] ‚**Zukunftsstaat**'" (Z. 9 f.) in seinen Augen besitzen würde. Bebel betont, dass die Vorschläge und **Maßnahmen**, die von der SPD „auf dem Boden der heutigen Gesellschaft" (Z. 14 f.) bisher geplant worden seien, gar keine tiefgreifende Verbesserung der Lage der Arbeiter nach sich ziehen könnten, sondern lediglich die Funktion eines „Palliativmittel[s]“ (Z. 15) besäßen, weil sie die **Not nur an der Oberfläche bekämpfen** würden. Wolle man **wirkungsvollere Maßnahmen** ergreifen, so bedürfe es einer **radikaleren Veränderung der Gesellschaft** (vgl. Z. 17 f.).

Betonung des großen Handlungsdrucks

Im Folgenden führt Bebel seiner Zuhörerschaft die **Dringlichkeit des Handelns** vor Augen (vgl. Z. 19–25). Der **Missstand** bei den „unzufriedenen Schichten“ (Z. 19 f.), also der Arbeiterschaft, sowie die „Erkenntniß von der Unhaltbarkeit dieser Zustände“ (Z. 21) würden früher oder später „im Interesse der nothleidenden Mehrheit“ (Z. 24 f.) **in einen Umsturz münden**. Dieser werde entweder über grundlegende **Reformen** oder mithilfe einer **Revolution** herbeigeführt (vgl. Z. 23 f.).

Aufzählung von Forderungen der SPD

Nachdem er dies konstatiert hat, verweist Bebel auf zurückliegende und aktuelle Forderungen der SPD nach **Veränderungen innerhalb der bestehenden Gesellschaftsordnung** (vgl. Z. 26–79). Diese hätten, insofern sie von öffentlichen Institutionen umgesetzt worden seien, bereits zu einer **Verbesserung der Notlage** geführt. Darüber hinaus fordere die SPD den Bau von Krankenhäusern, Schulen und anderen gemeinnützigen Einrichtungen sowie insgesamt die **Verbesserung der öffentlichen Infrastruktur**. Zudem sei es nötig, einige Landstriche urbar zu machen, um die **Versorgung der Bevölkerung** sicherzustellen. Dass derlei Forderungen bisher nicht in Angriff genommen worden seien, führt Bebel auf das **fehlende Engagement der „Staatsverwaltung“** (Z. 39) zurück, die nicht bereit sei, wider die Interessen der Wirtschaftseliten, namentlich „unserer Großgrundbesitzer“ (Z. 42), zu handeln.

Konkretisierung von gescheiterten Reformvorschlägen der SPD

Als wesentliche Maßnahme zur **Senkung der Arbeitslosigkeit** und damit zur Linderung der Nöte der Arbeiterschaft habe die SPD die **Verkürzung des Arbeitstags** auf bis zu acht Stunden pro Tag gefordert. Außerdem habe seine Partei sich nach Kräften bemüht, weitreichende **Reformen** „auf dem Boden der bestehenden gesellschaftlichen Zustände“ (Z. 50 f.) durchzusetzen, um die Arbeits- und Lebensbedingungen der Arbeiterschaft erträglicher zu gestalten. Als Beispiele führt er verschiedene **Gesetzesanträge** der SPD aus den letzten 15 Jahre an wie einen „umfänglichen Arbeiterschutzgesetzentwurf“ (Z. 57 f.), die „Abschaffung der Lebensmittelzölle“ (Z. 61) sowie die Versuche der SPD, die **staatliche Sozialpolitik auszuweiten** (vgl. Z. 62 ff.). Das **Scheitern** all der genannten Maßnahmen schreibt Bebel dem **Widerstand der anderen Parteien** im Reichstag zu (vgl. Z. 69 ff.).

Dabei sei die **Vorgehensweise** der SPD bei der Bevölkerung auf **breite Zustimmung** gestoßen, was Bebel am großen Zulauf zu seiner Partei festmacht (vgl. Z. 73 ff.). Aufgrund der insgesamt desolaten wirtschaftlichen Situation, die zudem die **Mittelschicht** zunehmend in **finanzielle Schwierigkeiten** führe, sieht der Redner „auch in den Reihen der Intelligenz“ (Z. 86) einen weiteren Zuwachs für die SPD (vgl. Z. 85 f.).

Betonung der breiten Zustimmung zur SPD

In der nun folgenden **düsteren Zukunftsvision** (vgl. Z. 80–98) prophezeit er eine weitere **Verschärfung der wirtschaftlichen Krisenlage**, die auch den Mittelstand in zunehmende Bedrängnis bringen werde (vgl. Z. 80 ff.). Bebel sagt außerdem voraus, dass die seit Jahrzehnten betriebene Außenpolitik in einen **blutigen Krieg** münden werde (vgl. Z. 87 ff.), der ein Massensterben sowie den **totalen wirtschaftlichen und politischen Zusammenbruch** des alten Europas zur Folge hätte (vgl. Z. 89 ff.).

langfristige Prognosen

Dieser Entwicklung stellt Bebel abschließend seine **positiven Erwartungen für die SPD** gegenüber, deren Zahl an Reichstagsabgeordneten weiter steigen werde (vgl. Z. 100–104). Er beendet demzufolge seine Rede mit den selbstbewussten Worten: „[D]ie Zukunft gehört uns und nur uns.“ (Z. 100).

positive Zukunftsaussichten für SPD

2. *Die zweite Teilaufgabe enthält zwei unterschiedliche Operatoren: Zunächst einmal sind Sie dazu aufgefordert, Bebels Rede in ihren historischen Kontext einzuordnen. Das bedeutet, dass Sie die politische Lage im Kaiserreich in den Blick nehmen müssen. Fokussieren Sie sich dabei vor allem auf die Stellung der SPD, aber gehen Sie darüber hinaus auch auf allgemeine innen- und außenpolitische Entwicklungen im zeitlichen Umfeld der Rede ein. Anschließend sollen Sie die sozio-ökonomischen Veränderungen der Zeit erläutern. Stellen Sie also auf Basis Ihres Hintergrundwissens dar, wie sich die Lebens- und Arbeitsbedingungen während der Zweiten Industriellen Revolution wandelten und welche gesellschaftlichen Auswirkungen dies hatte. Achten Sie bei Ihren Ausführungen darauf, immer wieder Bezüge zum Ausgangstext herzustellen, wie es die Aufgabenstellung Ihnen vorschreibt.*

Nachdem **Reichskanzler Bismarck** von 1871 bis 1878 mit der Nationalliberalen Partei zusammengearbeitet hatte, um den politischen Arm der katholischen Kirche, das Zentrum, im „**Kulturkampf**“ zu schwächen, vollführte er 1878/79 eine **politische Kehrtwende**. Er strebte nun eine **Kooperation mit den konservativen Parteien** an, beendete die Frontstellung zum Zentrum und kündigte die Zusammenarbeit mit den Liberalen auf („**konservative Wende**“). In dieser Zeit errang die 1875 gegründete Sozialistische Arbeiterpartei (**SAP**) als Vorgängerin von Bebels SPD **zwölf Reichstagsmandate**, woraufhin Bismarck zwei

historischer Kontext

Bismarcks „konservative Wende“

Attentate auf Kaiser Wilhelm I., mit denen die Partei nachweislich nichts zu tun hatte, zum Anlass nahm, politisch gegen die Sozialisten vorzugehen.

Entwicklung der SPD

Bereits zuvor war deren parteipolitische Vertretung wegen ihrer **Oppositionshaltung zum politischen und gesellschaftlichen System des Kaiserreichs** von den anderen Parteien ausgegrenzt worden. Zwar wollten die Sozialisten eine völlige **Umgestaltung der Gesellschaftsordnung**, arbeiteten jedoch auch innerhalb des bestehenden Systems eng mit den **Gewerkschaften** zusammen, um die Lage der Arbeiter zu verbessern. Seit 1891 galt für die **SPD** ihr **Erfurter Programm**. Dieses war in seinem Theorieteil zwar revolutionär-marxistisch geprägt, orientierte sich in seinem Praxisteil jedoch an der realpolitischen **Umsetzung demokratischer und sozialpolitischer Ziele** innerhalb der bestehenden Gesellschaftsordnung, was auch immer wieder an Bebels Rede ersichtlich wird (vgl. Z. 14 f., 50 f., 59, 75 f.).

Sozialistengesetz und Sozialgesetzgebung

1878 beschloss der Reichstag schließlich das **Sozialistengesetz**, das bis 1890 immer wieder verlängert wurde. Dieses verbot die SAP, untersagte Versammlungen und Druckschriften von Sozialisten und legte die Partei- und Gewerkschaftsarbeit lahm. Damit verfolgte Bismarck das **Ziel**, die **Sozialdemokratie zu unterdrücken und auszuschalten**. Um die Sozialisten zusätzlich zu schwächen und gleichzeitig die Arbeiter an den Staat heranzuführen, betrieb Bismarck eine **staatliche Sozialpolitik**, indem er die weltweit erste staatliche Sozialgesetzgebung einführte. 1883 entstand die gesetzliche **Krankenversicherung**, ein Jahr später folgte die **Unfallversicherung** und ab 1889 die **Alters- und Invaliditätsversicherung**. Auch diese erwähnt Bebel in seiner Rede und weist darauf hin, dass seine Partei sich für eine Ausweitung der Versicherungsleistungen eingesetzt habe, um die prekäre Situation der Arbeiterschaft grundlegend zu verbessern (vgl. Z. 62 ff.). Insgesamt hatten sämtliche **Maßnahmen Bismarcks gegen die Sozialdemokratie** langfristig **keinen Erfolg**, da der Stimmenanteil der Sozialdemokraten in den kommenden Reichstagswahlen weiter anstieg, was auch Bebel in seiner Rede konstatiert (vgl. Z. 77 ff.).

„persönliches Regiment“ Wilhelms II.

Zum Zeitpunkt von Bebels Ansprache existierte das Sozialistengesetz bereits seit drei Jahren nicht mehr, da 1888 **Wilhelm II.** den Thron bestiegen hatte und es 1890 aufgrund persönlicher Differenzen zum **erzwungenen Rücktritt von Bismarck** als Reichskanzler gekommen war. Das **Gesetz gegen die Sozialdemokratie** wurde daraufhin **nicht mehr verlängert**, jedoch führte Kaiser Wilhelm II. die von Bismarck initiierte **Sozialpolitik** fort, da sich der neue Kaiser auch gegenüber der Arbeiterschaft als volksnaher Monarch profilieren wollte. Die Arbeitszeit für Frauen wurde auf elf Stunden täglich begrenzt, die Kinderarbeit beschränkt und die Sechstagewoche eingeführt. Wilhelm II. setzte im Gegensatz zu seinen Vorgängern auf ein „**persönliches Regiment**", womit ein „**Neuer Kurs**" in der deutschen Außenpolitik einherging, auf den auch Bebel in seiner Rede anspielt, wenn er von einer „famose[n] äußere[n] Politik" (Z. 87) spricht, die dem Deutschen Reich „über kurz oder lang […] einen europäischen Krieg auf den Hals zieht" (Z. 88 f.). Während **Bismarck** eine für die anderen Mächte **berechenbare Bündnispolitik** betrieben und das Kaiserreich für saturiert erklärt hatte, verfolgte Wilhelm II. eine „**Politik der freien Hand**", die dem Deutschen Reich einen „**Platz an der Sonne**" (Reichskanzler Bülow) erobern sollte, womit das Kaiserreich sich in **Konkurrenz zu den anderen Großmächten** begab. Dies kritisiert Bebel und prognostiziert einen europaweiten Krieg, der den Untergang der bestehenden Gesellschaft zur Folge hätte (vgl. Z. 95 ff.).

Erläuterung der Veränderungen

Zweite Industrielle Revolution

Mit der **Reichsgründung 1871** war das deutsche Kaiserreich nach den drei Einigungskriegen als „verspätete Nation" in Europa etabliert worden. Trotz des sogenannten **Gründerkrachs** ab 1873, mit dem eine langjährige wirtschaftliche Depression verbunden war, gelang es dem Deutschen Reich bis 1914, zu einer der **weltweit führenden Industrienationen** aufzusteigen. In dieser Phase der **Hochindustrialisierung** veränderten sich die Grundlagen des Wirtschaftens vollkommen. Die **neuen Leitsektoren** – die Chemie- und Pharmaindustrie, der Fahrzeug- und Maschinenbau sowie die optische Industrie – brachten wichtige Neuerungen hervor, die zu einer **Beschleunigung der Herstellungsverfahren** führten und die Produktion in den Dienst der modernen Wissenschaften stellten. So gelang es beispielsweise, neue Farb- und Werkstoffe zu erzeugen oder elektrisches Licht in einer Glühbirne herzustellen. Dies lag auch daran, dass mit **firmeneigenen Forschungs- und Entwicklungseinrichtungen** die Produktion verwissenschaftlicht wurde, um dem Konkurrenzdruck standzuhalten. Auch im Finanzwesen traten Neuerungen auf, da die Zahl der **Banken und Aktiengesellschaften** wuchs. Diese investierten in die neuen Industrien und trieben durch größere Kapitalmengen die Entwicklungen in den Leitsektoren weiter voran. Zum Schutz vor dem immer stärkeren Wettbewerb kam es zu **Konzern- und Kartellbildungen**, wodurch Industriegiganten entstanden, die maßgeblichen Einfluss auf Politik und Gesellschaft ausübten.

Für die Arbeiterschaft im deutschen Kaiserreich veränderten sich in diesem Zusammenhang die **Arbeits- und Lebensbedingungen** drastisch. Wie Bebel andeutet, führten unterschiedliche „Faktoren […] aus den unzufriedenen Schichten" (Z. 19 f.) dazu, dass die **Soziale Frage** in den Mittelpunkt rückte. **Urbanisierung** und „**Landflucht**" hatten in den Städten ein **Industrieproletariat** geschaffen, dessen Arbeitsverhältnisse kaum zumutbar waren: Die **Arbeitszeiten** waren **lang**, die Gegebenheiten in der Fabrik laut und schmutzig und die Arbeit hart und monoton. Dadurch stellten sich viele typische **Krankheitsbilder** wie Entzündungen der Augen und Atemwege oder Rückenleiden durch eine immer gleiche Körperhaltung ein. Die **Löhne blieben insgesamt niedrig** und reichten oft nicht zur Ernährung der Familie aus, weshalb **Frauen- und Kinderarbeit** an der Tagesordnung war. Außerdem wurde der **Arbeitsschutz** bis in die 1880er-Jahre hinein **kaum berücksichtigt**. Die auch 1893 teilweise noch miserablen Arbeitsbedingungen nimmt Bebel zum Anlass, die Forderungen seiner Partei nach Verbesserungsmaßnahmen aufzuzählen (vgl. Z. 43 ff.).

Arbeitsbedingungen der Industriearbeiterschaft

Auch die **Lebensverhältnisse** der Arbeiterschaft waren **oft katastrophal**. So lebten viele Familien in „**Mietskasernen**" in nur einem Zimmer auf engstem Raum zusammen und hatten oft noch „**Schlafgänger**" als Untermieter, die sich nur zur Schlafenszeit im Zimmer aufhalten durften und ein Bett mit mehreren Personen im Schichtbetrieb nutzen mussten. Die **hygienischen Verhältnisse** waren zum Teil **miserabel**, sodass es zur Ausbreitung von Seuchen wie Cholera und Typhus kam. Die Schaffung einer **städtischen Infrastruktur**, die auch Bebel als Verdienst der SPD erwähnt (vgl. Z. 32 ff.), trug jedoch enorm zu einer **Hebung des Lebensstandards** bei. Das Straßennetz sowie der öffentliche Nahverkehr wurden ausgebaut und es kam zu einer flächendeckenden Versorgung mit Wasser, Gas und Strom. Außerdem entstanden eine städtische **Kanalisation und Kläranlagen**, was die sanitären und hygienischen Verhältnisse maßgeblich verbesserte.

Lebensbedingungen der Industriearbeiterschaft

Neben Schulen, Universitäten, Polizeistationen sowie Armen- und Krankenhäusern wurde auch der **Bau von Theatern, Opernhäusern und Bibliotheken** vorangetrieben. Diese dienten vor allem der Freizeitgestaltung der neu entstandenen **Mittelschicht aus Beamten und Angestellten**, die sich in ihrer Lebensführung und ihren Wertvorstellungen an der Oberschicht orientierten. So bildeten sich klar voneinander abgegrenzte **schicht- und wohnortspezifische Lebenswelten**, die wiederum

Entstehung schichtspezifischer Lebenswelten

Auswirkungen auf die politische Einstellung und das Wahlverhalten hatten. Auch Bebel spricht von der „Arbeiterklasse“ (Z. 85) und den „Reihen der Intelligenz“ (Z. 86), die sich seiner Meinung nach beide zunehmend von der Sozialdemokratie repräsentiert fühlen würden.

3. *In der dritten Teilaufgabe sollen Sie überprüfen, inwieweit Bebels Ausführungen den tatsächlichen Entwicklungen im Deutschen Reich entsprechen. Es gilt zu untersuchen, ob die Lebens- und Arbeitsbedingungen, wie Bebel sie skizziert, sowie die Darstellung der Lösungsansätze zur Sozialen Frage zutreffend wiedergegeben werden. Außerdem sollten Sie auch Bebels Zukunftserwartungen beurteilen, indem Sie aufgrund Ihrer Kenntnisse vom weiteren Verlauf der Geschichte entscheiden, ob sich seine Prognosen bewahrheitet haben. Strukturieren Sie Ihre Ausführungen in zustimmende und relativierende Aspekte und ziehen Sie zum Schluss ein differenzierendes Fazit.*

Einleitung
Hinführung zur Beurteilung

August Bebel nimmt in seiner Rede Stellung zu den zentralen **sozialen, ökonomischen und politischen Gegebenheiten** seiner Zeit, an denen er durchaus auch **Kritik** übt. Es soll deshalb im Folgenden untersucht werden, inwiefern er mit seinen Einschätzungen richtigliegt, inwiefern diese aber auch relativiert werden müssen.

zustimmende Aspekte
Lage der Arbeiterschaft und Rolle der SPD

Zunächst einmal kritisiert und **verurteilt** der SPD-Vorsitzende zu Recht die sozio-ökonomischen Verhältnisse und prekären **Arbeits- und Lebensbedingungen der Industriearbeiterschaft**. In einer Zeit des ungebremsten Wirtschaftswachstums bei gleichzeitiger mangelhafter sozialer Absicherung wurde ein **Industrieproletariat** geschaffen, dessen Interessen und Nöte im Rahmen einer liberalen Wirtschaftspolitik kaum Beachtung fanden. Bebel und die **SPD fordern** deshalb zu Recht weitreichende **Maßnahmen zur Verbesserung** der Lage. Es ist keinesfalls übertrieben, wenn er seine **Partei als politische Vertretung der Arbeiterschaft** hervorhebt. Nicht nur wurde durch die Arbeiterbewegung, die Sozialdemokratie und die verschiedenen Arbeiterorganisationen ein eigenes Bewusstsein innerhalb der Arbeiterschaft erzeugt: **Genossenschaften und Gewerkschaften als Instrumente der Selbsthilfe** und Selbstverantwortung setzten sich außerdem für eine **Verbesserung des Arbeitsschutzes** und der Versorgung der Arbeiter ein.

Sozialleistungen des Staats noch ausbaufähig

Der von Bebel erwähnte und von Bismarck im Deutschen Reich verankerte **Sozialstaat** ist für seine Zeit eine große Errungenschaft, wenn man ihn mit der Sozialpolitik anderer Industrienationen vergleicht. So ist beispielsweise die in dieser Zeit etablierte paritätische Verteilung der Versicherungsbeiträge bis heute das Grundprinzip des Sozialstaats geblieben. Trotzdem muss man Bebel auch dahingehend rechtgeben, dass die **Unterstützungsleistungen des Staats** für die Arbeiter durchaus **noch ausbaufähig** waren. Zutreffend ist außerdem, dass es noch **Jahre** dauerte, **bis der Staat weitere Ziele** der SPD **umsetzte**. So wurde der von Bebel geforderte **Achtstundentag** erst im November 1918 eingeführt, als es auch zu einer rechtlichen **Anerkennung der Gewerkschaften** kam. Insgesamt waren zu jener Zeit, wie Bebel anmerkt, Nachbesserungen in der sozialen Absicherung vonnöten, um die Lage der Arbeiter wirklich grundlegend zu verändern.

weitsichtige Prognosen

Weiterhin kann man Bebel hinsichtlich seiner **Prognosen** durchaus eine gewisse **Weitsichtigkeit** bescheinigen. So sagt er den **stetigen Stimmenzuwachs der SPD** richtig voraus, da die Partei ihre Wählerstimmen weiter vervielfachen konnte und **1912** sogar erstmals die **stärkste Reichstagsfraktion** stellte. Als geradezu visionär erweist sich Bebel auch in seinen **düsteren Zukunftsaussichten**, wenn er die gegebenen politischen und wirtschaftlichen Entwicklungen in einen **gesamteuropäischen Krieg** münden sieht, der mit dem **Untergang des alten Europas** enden werde. Der **Erste Weltkrieg** stellte in einer niemals zuvor erlebten Dimension den traurigen Höhepunkt einer Entwicklung dar, die aufgrund des technischen Fortschritts und der Errungenschaften der chemischen Industrie ein **Massensterben** auf den Schlachtfeldern herbeiführte. Danach **brachen** vielerorts die **alten Monarchien zusammen** (Deutsches Reich, Österreich-Ungarn, Osmanisches Reich), sodass an ihrer Stelle neue politische und territoriale Gebilde entstanden.

relativierende Aspekte

kaum Erwähnung bereits eingetretener Verbesserungen

Trotz seiner in vielerlei Hinsicht überzeugenden Darstellung gibt es auch einzelne **Aspekte** in Bebels Rede, die zumindest **relativiert** werden müssen. So finden **bereits eingetretene soziale Verbesserungen** in seiner Ansprache **kaum Erwähnung**, was wahrscheinlich der Intention seiner Rede geschuldet ist. Er geht nicht darauf ein, dass sich die deutsche Wirtschaft seit Beginn der 1890er-Jahre in einer **Phase des Aufschwungs** befand, von der durchaus auch die Arbeiterschaft profitieren konnte. Nicht nur stieg das **allgemeine Lohnniveau** an, sondern es wurden **Arbeitsschutzgesetze** verabschiedet, die die tägliche Arbeitszeit zumindest für Kinder, Jugendliche und Frauen begrenzten. **Falsch** ist außerdem Bebels Prognose von einem **Absinken des Mittelstands**. Dieser erlebte vielmehr einen **sozialen Aufstieg** und erhielt 1911 sogar ein eigenes Sozialversicherungssystem.

Kritisieren muss man außerdem Bebels **pauschale Aburteilung der deutschen Außenpolitik** der letzten Jahrzehnte. Schließlich war diese bis zum erzwungenen Rücktritt Bismarcks überwiegend von dem **Bestreben** gekennzeichnet, einen **großen Krieg zu vermeiden**. So hatte **Bismarck** das Kaiserreich für **saturiert** erklärt und es in ein **Geflecht von Bündnissen** eingebunden, das Deutschland vor einem Zweifrontenkrieg bewahren und die übrigen Mächte dem neuen Reich in der Mitte Europas gewogen machen sollte. Den **Erwerb von Kolonien** hatte Bismarck stets **abgelehnt**, auch wenn erste überseeische Erwerbungen in seine Reichskanzlerschaft fielen. Dennoch beteiligte sich das Deutsche Reich zum Zeitpunkt von Bebels Rede **erst seit wenigen Jahren** am **Wettlauf um Besitzungen auf dem afrikanischen Kontinent**, sodass seine Aussagen zu einer langjährigen kriegstreiberischen Außenpolitik doch sehr übertrieben wirken.

pauschales Urteil über deutsche Außenpolitik

Schlussendlich schätzt Bebel das politische **Potenzial seiner Partei zu optimistisch** ein. Zwar gewann die **SPD** stetig neue Wähler hinzu, sie blieb jedoch grundsätzlich eine **Partei der Arbeiterklasse** und wurde vor dem Ersten Weltkrieg **nicht**, wie von Bebel prophezeit, zu einer **Volkspartei** mit einer differenzierten Wähler- und Mitgliederstruktur. Zudem mutet die Aussage Bebels, durch eine SPD-Regierung würden die **sozialen Missstände vollständig aus der Welt geschafft** werden, geradezu **naiv** an. Eine solche Äußerung ist wahrscheinlich der Rhetorik geschuldet, mit der Bebel versuchte, seine Partei abzugrenzen und als soziale politische Gruppierung zu profilieren.

zu idealistische Sicht auf Potenzial der SPD

Zusammenfassend lässt sich also festhalten, dass Bebel die prekäre **Situation der Arbeiter** durchaus **zutreffend** wiedergibt und **weitsichtig in die Zukunft blickt**. Dennoch lässt er bestimmte Aspekte außer Acht und neigt zu **monokausalen Schlussfolgerungen**, wenn er die bereits eingetretenen Verbesserungen verschweigt und den Ausbruch eines Kriegs einseitig an der deutschen Außenpolitik festmacht. Daran zeigt sich, dass er mit seiner Rede ein gewisses Ziel verfolgt (Profilierung seiner Partei), das seine **rhetorische Strategie** bestimmt.

Fazit

Abiturprüfung 2020 NRW – Leistungskurs Geschichte
Aufgabe 2

A: Interpretation sprachlicher oder nichtsprachlicher historischer Quellen

Aufgabenstellung	Punkte
Interpretieren Sie die Quelle, indem Sie	
1. sie analysieren,	26
2. sie in den historischen Kontext seit dem Herbst 1848 einordnen *(14 Punkte)* und die Sichtweise des Autors auf die Revolution charakterisieren (*14 Punkte*),	28
3. zu den Ausführungen des Redners Stellung nehmen.	26

M: Otto von Bismarck: Rede in der Zweiten Kammer des Preußischen Landtags am 21. April 1849

[…] Es ist das viertemal seit unserer zweimonatlichen Sitzungszeit, daß uns zugemuthet wird, unsere Ansichten und Gefühle über eine Frage auszudrücken, welche verfassungsmäßig unserer unmittelbaren Entscheidung und Beschlußnahme für jetzt nicht unterliegt. […] Denn die rechtlosen[1] Beschlüsse, mit welchen die National-Versammlung in Frankfurt ihren Oktroyierungs-Gelüsten Nachdruck zu geben versuchte …

(Unterbrechung. Glocke)

kann ich für uns als vorhanden nicht anerkennen. Eben so wenig kann ich zugeben, daß die Erklärungen von 28 Regierungen, welche zusammen 6 ½ Millionen oder, wie ich nachher nachweisen will, 4 bis 5 Millionen Unterthanen haben …

(Stimmen von der Linken: „Unterthanen?“)

Ja, Unterthanen …

(Heiterkeit)

dieser Regierungen, deren Minister eilig bemüht sind, ihre märzerrungenen Stellungen mittelst der konstituirten Anarchie, welche von Frankfurt aus dargeboten wird, unter Dach und Fach zu bringen.

(Bravo rechts. Heiterkeit)

Daß, wie gesagt, diese Erklärungen nicht hinreichend schwer ins Gewicht fallen, unsre Ansichten da zu ändern, wo es sich um die Zukunft Preußens handelt.

[…]

Die frankfurter Verfassung bringt uns unter ihren Geschenken zuerst das Prinzip der Volkssouverainetät, sie trägt den Stempel derselben offen auf der Stirn, sie erkennt es an in der ganzen Art, wie die frankfurter Versammlung uns diese Verfassung – ich würde mich, wenn ich zur Linken gehörte, des Ausdruckes „octroyirt“ bedienen – sie sanctionirt das Prinzip der Volkssouverainetät am schlagendsten in dem Suspensiv-

Veto des Königs, was der geehrte Vorredner Camphausen[2] ausführlicher entwickelt hat, als ich es imstande und geneigt bin, zu thun. Die frankfurter Verfassung veranlaßt den König, seine bisher freie Krone als Lehn von der frankfurter Versammlung anzunehmen, und wenn diese Volksvertreter es dreimal beschließen, so hat der König und jeder andere Fürst, der Unterthan des engeren Bundesvolkes geworden ist, aufgehört zu regieren.

Sie bringt uns zweitens die direkten Wahlen mit allgemeinem Stimmrecht. Wenn die Wahlbezirke bleiben sollen, wie sie sind, so werden ungefähr auf einen Wahlbezirk, der zwei Abgeordnete wählen soll, 26,000 Urwähler im Durchschnitt kommen. Ich frage, ob irgend einer der rechten Seite sich im Stande glaubt, 26,000 Wähler, die zerstreut in den verschiedenen Hütten und Bauerhöfen wohnen, parteimäßig zu organisiren. Den Herren der linken Seite wird es vielleicht leichter sein.

(Bravo!)

Gern räume ich ein, sie organisiren mit mehr Geschicklichkeit.

[…]

Das, meine Herren, kann ich keine Vertretung nennen; ich sehe voraus, daß bei diesem Wahlgesetz, mit Rücksicht auf den Zuwachs , der aus den kleinen republikanisirten Staaten kommen wird, die Linke sich gegen die Rechte bedeutend verstärken wird, und das halte ich für das Land und die Krone für ein großes Unglück.

(Heiterkeit und Bravo auf der Linken.)

Manche werden ihren Trost darin finden, daß die konservative Partei einen Anhaltspunkt am Staatenhause haben werde. Da finde ich nun aber, daß wir Preußen schlecht weggekommen sind. Preußen soll zum Staatenhause 40 Abgeordnete nach Frankfurt schicken, also 1 auf 400,000; die Bayern sind schon mehr werth, da kommt auf 200,000 Einer; Weimar auf 120,000, Hessen-Homburg auf 26,000, und Liechtenstein, was so viel Einwohner hat, als Schöneberg[3] – hier vor dem Halleschen Thore – würde im Staatenhause denselben Einfluß ausüben, als die Mehrzahl der preußischen Regierungs-Bezirke mit 400,000 und mehr Einwohnern.

Das dritte Uebel, welches uns die frankfurter Verfassung bringt, ist die jährliche Bewilligung des Budgets. Durch diesen Paragraphen ist es in die Hände derjenigen Majorität, die aus dem Lottospiel dieser direkten Wahlen hervorgehen wird, und welche nicht die mindeste Garantie bietet, daß sie urtheilsfähig oder auch nur von gutem Willen sein wird –

(Heiterkeit.)

in die Hände dieser Majorität ist es gelegt, die Staats-Maschine in jedem Augenblick zum Stillstehen zu bringen, indem sie das Budget nicht wieder bewilligt, und so als Konvent die ganze Königliche und jede andere Macht im Staate neutralisirt, und das scheint mir im hohen Grade gefährlich.

Die frankfurter Verfassung verlangt ferner von ihrem zukünftigen Kaiser, daß er ihr das ganze Deutschland schaffe, so wie es früher den Deutschen Bund gebildet hat. Ich gebe gern zu, daß die Herren Antragsteller von heute diese Meinung mit ihrem Antrag nicht verbunden haben; indeß, die Frankfurter haben sich feierlich verschworen, kein Jota[4] an dieser Verfassung zu ändern, und wir werden uns ihnen wohl fügen müssen, wenn wir uns ihnen überhaupt fügen.

(Heiterkeit und Bravo.)

[…]

Hat uns die Unterwürfigkeit gegen Frankfurt doch schon zu der wunderlichen Erscheinung geführt, daß Königl. Preuß. Truppen die Revolution in Schleswig gegen den rechtmäßigen Landesherrn vertheidigen, […] während die Herren in Frankfurt gemüthlich von den Thaten unsrer Krieger in den Zeitungen lesen, wie weit hinten in Dänemark die Völker auf einander schlagen.

Die deutsche Einheit will ein Jeder, den man danach fragt, sobald er nur deutsch spricht, mit dieser Verfassung aber will ich sie nicht.

[…]

Ich halte es daher für unsere Aufgabe entschieden widerstrebend, wenn wir die deutsche Frage dadurch noch mehr verwirren, daß wir in dem Augenblicke, wo Europa anfängt, sich von dem Taumel der Revolution zu erholen, den frankfurter Souveraine-täts-Gelüsten, die gerade um ein Jahr zu spät kommen, die Stütze unsrer Zustimmung leihen.

(Ruf links: Sehr gut!)

Ich glaube, daß gerade dann, wenn wir ihnen unsere Unterstützung verweigern, Preußen um so eher im Stande sein wird, die deutsche Einheit auf dem von der Regierung betretenen Wege herbeizuführen. Die Gefahren, welche uns dabei entgegenstehen könnten, fürchte ich nicht; weil das Recht auf unserer Seite ist, und sollten sie auch die gebräuchliche Ausdehnung eines Heckerschen Putsches[5] um das zehnfache übersteigen. Im schlimmsten Falle will ich aber, ehe ich sehe, daß mein König zum Vasallen der politischen Glaubensgenossen der Herren Simon[6] und Schaffrath[7] herabsteigt, lieber, daß Preußen Preußen bleibt. Es wird als solches stets in der Lage sein, Deutschland Gesetze zu geben, nicht, sie von Anderen zu empfangen.

Meine Herren! Ich habe als Abgeordneter die Ehre, die Chur- und Hauptstadt Brandenburg[8] zu vertreten, welche dieser Provinz, der Grundlage und Wiege der preußischen Monarchie, den Namen gegeben hat, und fühle deshalb mich um so stärker verpflichtet mich der Diskussion eines Antrags zu widersetzen, welcher darauf hinausgeht, das Staatsgebäude, welches Jahrhunderte des Ruhmes und der Vaterlandsliebe errichtet haben, welches von Grund auf mit dem Blute unserer Väter gekittet ist, zu untergraben und einstürzen zu lassen. Die frankfurter Krone mag sehr glänzend sein, aber das Gold, welches dem Glanze Wahrheit verleiht, soll erst durch das Einschmelzen der preußischen Krone gewonnen werden, und ich habe kein Vertrauen, daß der Umguß mit der Form dieser Verfassung gelingen werde.

(Bravo!)

Otto von Bismarck: Rede in der Zweiten Kammer des Preußischen Landtags am 21. April 1849. In: Stenographische Berichte über die Verhandlungen der durch das Allerhöchste Patent vom 5. Dezember einberufenen Kammern. Zweite Kammer. Von der Eröffnungs-Sitzung am 26. Februar bis zur Auflösung in der siebenunddreißigsten Sitzung am 27. April 1849. Berlin 1849, S. 586–588.

Anmerkung:

1 Hier im Sinne von „unrechtmäßig“.
2 Otto von Camphausen (1812–1896), 1849 bis 1892 Abgeordneter der liberalen Partei in der Zweiten Kammer. Camphausen war von 1869 bis 1878 preußischer Finanzminister.
3 Stadt am Rande Berlins, aus dem der heutige Ortsteil im Berliner Bezirk Tempelhof-Schöneberg hervorgegangen ist.
4 griech. Buchstabe, hier im Sinne von „nicht das Geringste“.

5 Aufstand in Baden unter der Führung Friedrich Heckers im April 1848 mit dem Ziel der Errichtung einer Republik.
6 Ludwig Simon (1819–1872), demokratischer Abgeordneter der Frankfurter Nationalversammlung.
7 Wilhelm Schaffrath (1814–1893), politischer Weggenosse von Robert Blum, in der Frankfurter Nationalversammlung der äußersten Linken zugehörig.
8 Offizieller Name Brandenburgs an der Havel, das vor dem Umzug nach Berlin die Residenzstadt der brandenburgischen Kurfürsten war.

Hinweise zum Redeort und zum Material:
Die Zweite Kammer war bis 1855 die Bezeichnung für das preußische Abgeordnetenhaus. Diese war im Januar 1849 erstmals gewählt worden.
Der Rede voraus ging ein Antrag des Abgeordneten Georg von Vincke, den preußischen König zur sofortigen Annahme der Kaiserkrone aufzufordern. Der preußische Ministerpräsident Graf von Brandenburg hatte diesen Antrag zurückgewiesen.

Rechtschreibung und Hervorhebungen wie im Original.

Zugelassene Hilfsmittel: Wörterbuch zur deutschen Rechtschreibung

---

Lösungsvorschläge

Diese Aufgabe entspricht den folgenden aktuellen Schwerpunktthemen:
- ***Inhaltsfeld 6:** Nationalismus, Nationalstaat und deutsche Identität im 19. und 20. Jahrhundert*
  - *Die „Deutsche Frage" im 19. Jahrhundert*
- ***Inhaltsfeld 7:** Friedensschlüsse und Ordnungen des Friedens in der Moderne*
  - *Europäische Friedensordnung nach den Napoleonischen Kriegen*

1. *Die erste Teilaufgabe fordert Sie dazu auf, den vorliegenden Textauszug zu analysieren. Dazu gehört, dass Sie zunächst detaillierte Angaben zum Autor, zu den Adressaten, zum Thema, zur Textsorte, zur Entstehungszeit, zum Anlass sowie zur Aussageabsicht des Verfassers machen. Nach der Vorstellung des Materials sollen Sie dessen Inhalt strukturiert wiedergeben. Das Ziel der Analyse ist die Rekonstruktion eines historischen Sachverhalts auf Basis der Quelle. Beim vorliegenden Text sollen Sie folglich die Einschätzung des Abgeordneten Otto von Bismarck zum Verfassungsvorschlag der Frankfurter Nationalversammlung darlegen.*

Einleitung
Textsorte, Autor
Entstehungszeit

Bei der vorliegenden **Schriftquelle** handelt es sich um das **Protokoll einer politischen Rede**, die Otto von Bismarck am 21. April 1849 im Preußischen Landtag in **Berlin** gehalten hat. **Bismarck** war zu diesem Zeitpunkt **Abgeordneter des Landtags** und vertrat als solcher die Stadt Brandenburg an der Havel (vgl. Z. 95 f.). Er wendet sich an die anwesenden **Mitglieder der Zweiten Kammer** sowie an die politisch interessierte Öffentlichkeit, insbesondere an diejenigen, die das Ringen um die Arbeit der Frankfurter Nationalversammlung aufmerksam verfolgten. **Anlässlich** des **Antrags** liberaler Abgeordneter, den König von Preußen zur Annahme der von der Nationalver-

Adressaten

Anlass

Thema

sammlung angebotenen Kaiserkrone aufzufordern, **gibt** Bismarck eine Einschätzung der bisherigen **Arbeit der Frankfurter Paulskirche** und ihrer Konsequenzen für Deutschland ab. Er **beabsichtigt**, eine **Ablehnung** des Antrags durch die Zweite Kammer zu erwirken, und plädiert stattdessen für eine nationale Einigung unter preußischer Führung.

Intention

strukturierte Wiedergabe

Bismarcks Abneigung gegenüber der Nationalversammlung

Zu Beginn des vorliegenden Redeausschnitts stellt Bismarck seine **grundsätzliche Abneigung** gegenüber dem Antrag, den Urhebern und ihren Unterstützern dar (vgl. Z. 1–19). Er behauptet, dass die Zweite Kammer des Landtags für diese Entscheidung nicht zuständig sei und bezeichnet den **Antrag** daher als **Zumutung** (vgl. Z. 1 ff.). Darüber hinaus **spricht** er den Urhebern des Antrags, der Frankfurter **Nationalversammlung**, die **Rechtmäßigkeit ihrer Beschlüsse ab** und unterstellt ihnen „Oktroyierungs-Gelüst[e]" (Z. 5). Die bereits erfolgte **Unterstützung des Antrags** durch 28 Staaten **wertet der preußische Abgeordnete ab**, indem er die vergleichsweise geringe Bevölkerungszahl dieser Staaten hervorhebt und deren Ministern machtpolitischen Opportunismus vorwirft, da sie lediglich ihre „märzerrungenen Stellungen" (Z. 14 f.) sichern wollten.

Begründung seiner Ablehnung mit der Frankfurter Reichsverfassung

Nach der Klarstellung dieser grundsätzlichen Vorbehalte begründet Bismarck seine **Ablehnung mit der Frankfurter Reichsverfassung**, die er aufgrund des Prinzips der Volkssouveränität, des Wahlrechts, des parlamentarischen Budgetrechts sowie der Problematik der deutschen Grenzen kritisiert (vgl. Z. 21–76).

Kritik an Prinzip der Volkssouveränität

Das Prinzip der **Volkssouveränität verstößt** für den Abgeordneten **gegen** die Grundsätze einer **rechtmäßigen**, **monarchischen Herrschaft**, denn der Kaiser erhielte die Krone von der Nationalversammlung als „Lehn" (Z. 28) und bei der Gesetzgebung bliebe ihm nur das suspensive Veto. Seine Ansicht von einer vollständigen **Umkehrung des Herrschaftsverhältnisses** unterstreicht Bismarck mit den Worten, dass der König so zum „Unterthan" (Z. 30) seines Volks degradiert werde und aufhöre zu regieren.

Kritik am Wahlrecht wegen vermeintlicher Benachteiligung Preußens

Das allgemeine, gleiche und direkte **Wahlrecht** beanstandet Bismarck, da es in vielen dünn besiedelten Wahlbezirken sowie in den „kleinen republikanisirten Staaten" (Z. 42 f.) zu einer **Bevorzugung der linken Parteien** käme, denen die Mobilisierung der Wählerschaft besser gelinge (vgl. Z. 35 ff.). Er räumt ein, dass das Staatenhaus voraussichtlich ein konservatives Gegengewicht zum Aufstieg der linken Parteien bilden könne, moniert jedoch die **Benachteiligung Preußens** aufgrund des neuen Wahlrechts. Preußen würde im Staatenhaus maßgeblich an Einfluss verlieren, da es pro 400 000 Einwohner nur einen Abgeordneten entsenden dürfe, während kleinere Staaten von einem Abgeordneten pro 26 000 Einwohner repräsentiert würden (vgl. Z. 47 ff.).

Als drittes „Uebel" (Z. 54) bezeichnet Bismarck das **Budgetrecht des Parlaments**. Mit einer **Abwertung der direkten Wahlen** als „Lottospiel" (Z. 56) spricht er den Abgeordneten die Kompetenz ab, über den Staatshaushalt zu entscheiden: Es gäbe „nicht die mindeste Garantie [...], daß sie urtheilsfähig oder auch nur von gutem Willen" (Z. 57 f.) seien. Ihre Befugnis, das Budget nicht zu bewilligen, würde nicht nur die Regierungsgeschäfte behindern, sondern wiederum die **Macht des Königs infrage stellen** (vgl. Z. 60 ff.).

Kritik am Budgetrecht des Parlaments

Abschließend geht Bismarck auf das **Problem der Grenzziehung** eines vereinigten Deutschlands und auf die außenpolitischen Folgen ein. Er räumt ein, dass dies kein unmittelbarer Gegenstand des vorliegenden Antrags sei, verweist aber darauf, dass die **Frankfurter Verfassung ein Deutschland in den Grenzen des Deutschen Bundes vorsehe** (vgl. Z. 64 ff.). Er unterstellt der Nationalversammlung, dass sie sich der Tragweite dieser Entscheidung nicht bewusst sei, da sie bereits **im Krieg um Schleswig berechtigte Herrschaftsansprüche unterschätzt** und sich für den Einsatz der preußischen Soldaten nicht ausreichend interessiert habe (vgl. Z. 72 ff.).

Kritik an Umgang der Nationalversammlung mit Grenzen eines deutschen Nationalstaats

Als **Zwischenfazit** (vgl. Z. 77–84) räumt Otto von Bismarck ein, dass die **deutsche Einheit von jedem gewünscht** werde, entgegnet aber, dass er sie **nicht auf der Grundlage der Frankfurter Reichsverfassung** akzeptiere (vgl. Z. 77 f.). Er unterstreicht seine Ablehnung mit dem Hinweis, dass die antirevolutionären Kräfte in Europa derzeit wieder an Macht gewännen und das Konzept der Frankfurter Nationalversammlung deshalb ein Jahr zu spät käme (vgl. Z. 81 ff.).

Zwischenfazit: berechtigter Wunsch nach deutscher Einheit, aber nicht auf Grundlage der Frankfurter Verfassung

Zuletzt **wirbt** Bismarck stattdessen **für eine Reichseinigung unter preußischer Führung** (vgl. Z. 86–104). Möglichen Einwänden hält er entgegen, dass die potenzielle Gefahr, die noch von den Revolutionären ausginge, gering und das Recht auf preußischer Seite sei. Zur Untermauerung betont er die **Bedeutung Preußens**, das selbstständig eher in der Lage sei, „Deutschland Gesetze zu geben" (Z. 93 f.), als in einem von der Nationalversammlung gebildeten Deutschen Reich. Auch der preußische König werde sich keinesfalls zum „Vasallen" (Z. 91) der Frankfurter Abgeordneten degradieren lassen. Als Vertreter der ehemaligen Residenzstadt brandenburgischer Kurfürsten **bekennt**

Wunsch Bismarcks nach Reichseinigung unter preußischer Führung

Bismarck sich zur herrschaftlichen und militärischen Tradition Preußens und appelliert an die Anwesenden, die Frankfurter Nationalversammlung davon abzuhalten, dieses Erbe zu zerstören (vgl. Z. 95 ff.).

2. *Die zweite Teilaufgabe besteht aus zwei einander ergänzenden Aufgabenstellungen. Im ersten Schritt geht es darum, Bismarcks Ausführungen in den Zusammenhang der deutschen Revolution seit dem Herbst 1848 einzuordnen. Dabei ist es sinnvoll, sowohl auf die Herausforderungen der Frankfurter Nationalversammlung als auch auf die Reaktionen der Revolutionäre und ihrer Gegner einzugehen. Beschränken Sie sich hier auf den genannten Zeitraum ab Herbst 1848 bis kurz nach Bismarcks Rede im April 1849, da Sie sonst in Zeitnot geraten könnten und den Eindruck erwecken, die Fragestellung nicht angemessen zu berücksichtigen. In einem zweiten Schritt sollen Sie Bismarcks Ansichten über die Revolution unter übergreifenden Gesichtspunkten zusammenfassen. Hier bietet es sich an, auf seine Einschätzung der Verfassung und der Revolutionäre ebenso einzugehen wie auf seine Sicht der Konsequenzen für die allgemeine politische Lage. Achten Sie darauf, nicht nur, wie in Teilaufgabe 1 bereits geschehen, die Inhalte der Quelle wiederzugeben, sondern fokussieren Sie sich auf Stellen, an denen Bismarcks persönliche Meinung deutlich wird. So vermeiden Sie unnötige inhaltliche Wiederholungen.*

historischer Kontext

Beginn der Gegenrevolution im Herbst 1848

Bismarck behauptet in seiner Rede, dass Europa gerade anfange, sich „von dem Taumel der Revolution zu erholen“ (Z. 82), und nimmt dies zum Anlass für seinen **Aufruf**, der **Frankfurter Nationalversammlung** nun endgültig jede **Unterstützung zu entziehen**. Allerdings hatte der Niedergang der Revolution bereits wesentlich eher begonnen und reicht bis in den Herbst 1848 zurück, als es zu einem **Erstarken der gegenrevolutionären Kräfte** kam.

Diskussionen der Paulskirche über zukünftige Gestalt Deutschlands

Zu diesem Zeitpunkt waren die Abgeordneten der Frankfurter Paulskirche, die am 18. Mai 1848 das erste Mal zusammengetreten waren, gerade damit beschäftigt, sich den unterschiedlichsten **Herausforderungen** zu stellen. So führten sie Debatten über die **Verfassungsfrage**, in denen sie sich damit auseinandersetzten, ob das zukünftige Deutsche Reich eher eine **Republik oder** eine **konstitutionelle Monarchie** werden solle. Das monatelange Ringen um die Verfassung endete schließlich in **einem Kompromiss**, der eine **konstitutionelle Erbmonarchie** vorsah. Die Gesetzgebung sollte in den Händen des allgemein, gleich und frei gewählten Reichstags liegen, dem Kaiser und der Regierung wurde jedoch ein suspensives Veto (vgl. Z. 25 f.) gewährt. Neben der Staatsform und -organisation diskutierten die Abgeordneten zudem, welche Teile des Deutschen Bundes künftig zum **deutschen Nationalstaat** gehören sollten. Die erste Entscheidung fiel im Oktober 1848 zugunsten der sogenannten **großdeutschen Lösung**, die alle Staaten des Deutschen Bundes (also auch Teile Österreichs) sowie Schleswig und Ostpreußen beinhalten sollte. Als der österreichische Ministerpräsident jedoch eine **Zersplitterung des Habsburgerstaats** ablehnte, wurde neu verhandelt und im März 1849 der Beschluss für einen **kleindeutschen Staat** (ohne die deutschsprachigen Gebiete Österreichs) gefasst, in dem der preußische König als Kaiser das Oberhaupt stellen sollte.

Schleswig-Holstein-Frage als außenpolitischer Konflikt

Während dieses Entscheidungsprozesses wuchs der **Druck auf die Abgeordneten der Paulskirchenversammlung** unaufhörlich. So galt es bereits, einen **außenpolitischen Konflikt mit Dänemark um Schleswig** zu lösen, den auch Bismarck in seiner Rede erwähnt (vgl. Z. 72 ff.). Die Deutschen im dänischen Hoheitsgebiet Schleswig hatten eine Aufnahme in den Deutschen Bund gefordert, was der dänische König mit einem militärischen Einschreiten abzuwenden versuchte. Im Auftrag der Nationalversammlung, die in der Schleswig-Holstein-Frage selbst gespalten war, **kämpften Bundestruppen unter preußischer Führung gegen dänische Truppen**, bis Preußen – unter dem Druck Englands und Russlands – eigenmächtig im August 1848 den **Waffenstillstandsvertrag** von Malmö unterzeichnete, der im September 1848 von der Nationalversammlung ratifiziert werden musste. Der Konflikt, der sich von März bis September 1848 hingezogen hatte, stellte nicht nur die Entscheidungskraft der Nationalversammlung auf die Probe, sondern offenbarte auch deren **Abhängigkeit vom Deutschen Bund** und ihre **fehlenden Machtmittel** zur Durchsetzung ihrer Interessen.

Radikalisierung der Revolution und Gegenrevolution

Infolge der langwierigen Diskussionen und des Eingehens von **Kompromissen der Nationalversammlung mit der Obrigkeit** sahen sich die Kleinbürger und Arbeiter bei der Lösung ihrer dringenden sozialen und wirtschaftlichen Probleme enttäuscht und schlossen sich den radikaldemokratischen Kräften an. Diese **Radikalisierung** alarmierte nicht nur die Fürsten, sondern auch die wohlhabenden Wirtschaftsbürger, die einen proletarischen Aufstand fürchteten und den Revolutionären zunehmend die Unterstützung entzogen. So wurde im September 1848 ein national und sozial motivierter **Sturm radikaler Demokraten auf die Nationalversammlung von Bundestruppen niedergeschlagen** und in Wien unterlagen radikaldemokratische Aufständische den kaiserlichen Truppen im Oktober 1848. Zahlreiche

Wortführer der Demokraten wurden **hingerichtet**, unter anderem der Abgeordnete **Robert Blum** am 9. November 1848. Im Anschluss an die Niederschlagung der Erhebung wurde die **verfassunggebende Versammlung in Österreich aufgelöst** und eine vom Kaiser oktroyierte Verfassung erlassen. Auch der preußische König **Friedrich Wilhelm IV.**, der im März 1848 noch zu Zugeständnissen an die Revolutionäre bereit gewesen war (Berufung von „Märzministern"), nutzte die Entwicklung, indem er die **Berliner Bürgerwehren durch preußische Truppen entwaffnen** ließ und die **preußische Nationalversammlung auflöste**. Anschließend erhielt auch Preußen eine **oktroyierte Verfassung**, die eine konstitutionelle Monarchie mit einem Zweikammersystem vorsah. Sie gewährte den Bürgern zwar einige Freiheiten und unabhängige Gerichte, verwehrte ihnen jedoch das allgemeine, gleiche Wahlrecht zugunsten eines Dreiklassenwahlrechts.

Ablehnung der Kaiserkrone durch Friedrich Wilhelm IV. und Ende der Revolution

Als die Nationalversammlung sich im März 1849 schließlich auf eine gemeinsame **Verfassung** geeinigt hatte, zog eine Abordnung am 3. April 1849 zu **Friedrich Wilhelm IV.** nach Berlin, um ihm persönlich die **Kaiserkrone anzubieten**. Dieser hielt es jedoch nicht für standesgemäß, eine Krone aus den Händen des Volks anzunehmen (vgl. Z. 27 ff.), und **lehnte ab**. Viele Parlamentarier hofften, die Verfassung trotzdem noch retten zu können. Obwohl die Fürsten ihre Abgeordneten aus Frankfurt zurückriefen und die **Nationalversammlung auflösten**, wichen einige Parlamentarier vor den heranrückenden preußischen Truppen nach Stuttgart aus und tagten dort als **Rumpfparlament**. In der sogenannten **Reichsverfassungskampagne** bemühten sie sich um eine Anerkennung der in der Paulskirche erarbeiteten Verfassung, was ihnen insbesondere in vielen süddeutschen Staaten gelang. Begleitet wurde diese Widerstandsbewegung von **deutschlandweiten Aufständen** im Mai/Juni 1849. **Preußische Truppen schlugen** diese letzten **Erhebungen** im Juli 1849 endgültig **nieder** und beendeten damit die Revolution.

Bismarcks Sicht auf die Revolution

Der preußische Abgeordnete Otto von Bismarck betrachtet die revolutionären Ereignisse vor dem Hintergrund seines **monarchischen Herrschaftsverständnisses** und seines **preußischen Patriotismus**. Dies spiegelt sich in seiner Einschätzung der Gesamtsituation in Deutschland ebenso wider wie in seiner **Sicht auf die Revolutionäre und die Verfassung**.

Einschätzung der allgemeinen Lage

Mit **Sorge** blickt Bismarck auf die **politische Situation Deutschlands** und mit **Verachtung** auf all jene Staaten, die zu Zugeständnissen gegenüber der Frankfurter Nationalversammlung bereit waren. Er **beklagt die Republikanisierung** der kleineren und mittleren deutschen Staaten (vgl. Z. 41 ff.), unterstellt den Ministern, dass sie nur um ihre Machtposition besorgt seien (vgl. Z. 14 ff.), und kritisiert die preußische „Unterwürfigkeit gegen Frankfurt“ (Z. 72) im Schleswig-Holstein-Konflikt. Die **Schwächung der Konservativen** gegenüber den liberalen und demokratischen Kräften sei für Deutschland und die Monarchie „ein großes Unglück“ (Z. 44). Seine **Hoffnung** baut Bismarck **auf den Staat Preußen** und seinen Monarchen. Er **lobt die Stärke Preußens** sowie die **monarchische Tradition** der Hohenzollern und sieht hier die **Chance**, die **revolutionären Erhebungen zu beenden**. Er bekennt sich zum **deutschen Nationalismus**, dessen Fortsetzung er **unter der Führung Preußens** und seines Monarchen anstrebt (vgl. Z. 86 ff.).

Sicht auf die Revolutionäre

Die **Revolutionäre** sieht Bismarck **als dilettantische Putschisten und Kriegstreiber**, die für eine Herrschaft nicht geeignet seien. Er **wirft** den Abgeordneten der Nationalversammlung ein emotionales, **unrechtmäßiges Ansinnen** („Oktroyierungs-Gelüst[e]“, Z. 5) **vor**, das letztlich eine Machtenthebung der Monarchen zur Folge hätte (vgl. Z. 29 ff.). Wahlberechtigte Bürger bleiben in seinen Augen „**Unterthanen**“, was bei der Linken auf Widerspruch stößt (vgl. Z. 10 ff.). Seine Skepsis, dass diese Abgeordneten eine politische Ordnung schaffen könnten, untermauert er mit dem Begriff „konstituirt[e] Anarchie“ (Z. 15) und dem Hinweis, dass weitere **Putschversuche zu erwarten** seien (vgl. Z. 89 ff.). Zugleich empört er sich über die **Rolle der Frankfurter Abgeordneten im Schleswig-Holstein-Konflikt** mit Dänemark. Die Zurückdrängung der Dänen aus Schleswig durch Bundestruppen unter preußischer Führung bezeichnet Bismarck als „wunderlich[e] Erscheinung“ (Z. 72 f.), da hier die Revolution gegen den „rechtmäßigen Landesherrn“ (Z. 74) verteidigt worden wäre. Polemisch behauptet der Redner, dass die Verantwortlichen in Frankfurt „gemüthlich“ (Z. 75) von den Kämpfen in der Zeitung gelesen und sich für das Schicksal der Soldaten nicht nennenswert interessiert hätten.

Aburteilung der Reichsverfassung

Die **Reichsverfassung** stuft Bismarck **als Gefahr für eine rechtmäßige staatliche Ordnung** und für die Gleichberechtigung der beteiligten Staaten ein. In seiner Rede blendet er die Rechte des Monarchen ebenso wie den liberal-konstitutionellen Charakter der Verfassung aus und **betont** als entscheidende Merkmale deren **republikanische Elemente**. Er charakterisiert die **Volkssouveränität als Affront gegen den König**, der zum „Unterthan“ (Z. 30) degradiert werde. Die **Abwertung der Wahlen** als „Lottospiel“ (Z. 56) impliziert den Vorwurf, dass die gewählten Abgeordneten nicht aufgrund ihrer Fähigkeiten, sondern durch Glück ihre Positionen erhalten würden. Auf diese Weise **spricht** Bismarck **ihnen jeglichen politischen Sachverstand ab**. Darüber hinaus beklagt er das **vermeintliche Ungleichgewicht** in der Zusammensetzung des Staatenhauses, das zu einem erheblichen **Machtverlust Preußens** führen würde, da bevölkerungsärmere Staaten ebenso viel Mitspracherecht hätten wie Preußen (vgl. Z. 46 ff.).

Bismarck als Verfechter der preußisch-absolutistischen Monarchie

Zusammenfassend lässt sich **Bismarcks Sicht** auf die Revolution als **im reaktionären Sinne konservativ und preußisch** bezeichnen. Er hält an den herrschaftlichen Grundsätzen der **absolutistischen Monarchie** ebenso wie an der **Legitimation durch das Gottesgnadentum** fest und lehnt jegliche Einschränkung der fürstlichen Autorität durch eine von Bürgern entworfene Verfassung ab. Sein ausgeprägter **preußischer Patriotismus** zeigt sich in der Forderung, eine **deutsche Einigung unter preußischer Führung** zu unterstützen. Eine Beschneidung der preußischen Vormachtstellung wäre für Bismarck völlig inakzeptabel, stattdessen solle „Preußen Preußen" (Z. 93) bleiben.

3. *In der dritten Teilaufgabe geht es darum, auf der Grundlage des bisher Erarbeiteten und Ihres Wissens über die Revolution von 1848/49 die Aussagen Bismarcks auf ihre Angemessenheit hin zu überprüfen. Wägen Sie Aspekte, denen Sie zustimmen können, und Aspekte, die Sie ablehnen oder relativieren möchten, ab und formulieren Sie am Ende ein abschließendes Urteil.*

Einleitung
Hinführung zur Beurteilung

Bismarcks Sicht auf die politische Lage im April 1849 ist gänzlich von seiner konservativen, preußischen Sichtweise geprägt. Dennoch sind einige seiner **Beobachtungen und Prognosen durchaus zutreffend**.

zustimmende Aspekte
teilweise korrekte Einschätzung der Revolutionäre und der politischen Lage

So ist es nicht von der Hand zu weisen, dass die Revolutionäre mit der **Entwicklung einer Verfassung**, die den Monarchen an geltendes, von gewählten Volksvertretern mitbestimmtes Recht binden sollte, die **Autorität des vormals absolutistischen Herrschers einschränkten**. Die Aufstände im Rahmen der „Reichsverfassungskampagne" zeigten zudem deutlich, dass die **Parlamentarier ihre Rechte durchaus auch mit Gewalt zu verteidigen** suchten. Das letzte Aufbäumen der Revolution ging überwiegend von flächen- und zahlenmäßig kleineren süddeutschen Regionen wie von Baden oder der Pfalz aus, die der politischen und militärischen Übermacht Preußens nicht viel entgegenzusetzen hatten. So trifft also auch Bismarcks **Einschätzung**

des sich wandelnden Kräfteverhältnisses zugunsten der preußischen Obrigkeit zu.

politische Probleme durch Budgetrecht des Parlaments

Darüber hinaus **prognostiziert Bismarck weitsichtig** die möglichen **politischen Probleme**, die ein dem Parlament obliegendes **Budgetrecht** mit sich bringen könnte. Dieses führte schließlich 1862 zum **preußischen Verfassungskonflikt**, da die Liberalen im preußischen Landtag die Kosten für die vom König beabsichtigte Heeresreform nicht bewilligen wollten. Die dadurch entstandene Pattsituation löste Bismarck mithilfe der sogenannten **Lückentheorie**. Diese besagte, dass bei einem in der Verfassung nicht vorgesehenen Konflikt wie bei der umstrittenen Heeresreform der König als Verfassungsgeber auch ohne Zustimmung des Parlaments die erforderlichen Gelder erheben dürfe. Obwohl König Wilhelm I. Bismarck für seine Konfliktlösung zum Ministerpräsidenten beförderte, lehnte die Landtagsmehrheit das Vorgehen des preußischen Diplomaten ab und **blockierte** in der Folge **das politische System Preußens**.

Umsetzung der angekündigten Reicheinigung unter preußischer Führung

In seiner Machtposition als Regierungschef des – neben Österreich – einflussreichsten deutschen Staats trieb Bismarck in den Folgejahren den **Prozess der nationalen Einigung unter preußischer Führung** voran. So bekräftigte er 1862 in seiner berühmten **„Blut-und-Eisen"-Rede** sein Versprechen von 1849, die **nationale Einheit unter der Vorherrschaft Preußens herstellen zu wollen**, und trug danach durch **Taktik und Aggressivität** maßgeblich zur Umsetzung dieser Pläne bei. In der auf die drei **Reichseinigungskriege** folgenden **Nationalstaatsgründung „von oben"** 1871 vollendete Bismarck, was er in der vorliegenden Rede bereits als wünschenswerte Option verteidigt.

relativierende Aspekte

Verschweigen der Rolle des Königs

Trotz der teilweise zutreffenden Analysen und Prognosen wird jedoch auch deutlich, dass Bismarck die aktuellen Entwicklungen **zu einseitig** betrachtet. So **verschweigt** er – vermutlich aus redetaktischen Gründen –, **dass** der **preußische König** im März 1848 selbst das **Aufgehen Preußens in Deutschland öffentlich zugestanden hatte**. Obgleich Friedrich Wilhelm IV. in privaten Korrespondenzen einräumte, dass er diesen Schritt nur unter Zwang und ohne innere Überzeugung gegangen sei, hatte er mit seinen Zugeständnissen den Weg für die Frankfurter Nationalversammlung geebnet. Gleichzeitig zeigen sein eigenmächtiges Vorgehen im Schleswig-Holstein-Konflikt, die Oktroyierung einer preußischen Verfassung sowie die gewaltsame Niederschlagung der „Reichsverfassungskampagne" die **ambivalente Rolle des preußischen Herrschers**. Dieser wird von Bismarck nicht Rechnung getragen, sondern er **beklagt die**

Zugeständnisse an die Revolutionäre, als ob diese nicht zuerst vom preußischen König ausgegangen wären.

Die **politischen Errungenschaften der Nationalversammlung** werden von Bismarck **ebenso wenig gewürdigt wie** die den König stützenden Merkmale der **Verfassung**. Die Erbmonarchie stärkte die Herrschaft der Hohenzollern und das suspensive Veto des Kaisers und der von ihm ernannten Regierung konnte alle unliebsamen Gesetzesentwürfe des Reichstags aufschieben. Diese **monarchischen Elemente** finden bei Bismarck keine positive Erwähnung, stattdessen unterstellt er in seiner Rede, dass die Nationalversammlung eine **Anarchie** anstrebe und ihre Verfassung oktroyieren wolle. Mit dieser **sachlich falschen Wortwahl** nimmt er eine **Umwertung politischer Vorgänge** vor, die die Nationalversammlung diskreditieren und als radikales Zwangsregime ausweisen soll.

fehlende Würdigung der Errungenschaften der Nationalversammlung

Es gelingt Bismarck nicht, die **Bedeutung der zeitgenössischen Forderungen nach Volkssouveränität** und der Achtung von Grundrechten, die sich seit einem halben Jahrhundert entwickelt und verfestigt hatten, zutreffend einzuschätzen. Stattdessen verspottet er die Volksvertreter und **setzt auf unzeitgemäße traditionelle Autorität und militärische Stärke**, um diese Bestrebungen einzudämmen. Diese Vorgehensweise prägte später auch seine Politik als preußischer Ministerpräsident und als deutscher Reichskanzler. Letztlich **unterschätzte** er jedoch die **politische Macht der Arbeiter** und ihrer politischen Vertreter, die er selbst mithilfe des Sozialistengesetzes nicht mehr erfolgreich zu unterdrücken vermochte.

unzeitgemäße Sichtweise Bismarcks

Insgesamt prognostiziert Bismarck die Bedrohung der traditionellen, auf dem Gottesgnadentum beruhenden Ordnung und die **Herausforderungen** eines politischen Wandels **zutreffend**. Seine **einseitige Ausrichtung an** absolutistischer Autorität und **preußischer Hegemonie** verzerrt jedoch seinen Blick auf die tatsächlichen **Errungenschaften der Frankfurter Nationalversammlung**, die sich um einen Kompromiss zwischen alten und neuen Werten bemüht hatte.

Fazit

Abiturprüfung 2020 NRW – Leistungskurs Geschichte
Aufgabe 3

B: Analyse von Darstellungen und kritische Auseinandersetzung mit ihnen

Aufgabenstellung | Punkte

1. Analysieren Sie den vorliegenden Textauszug. — 26
2. Erläutern Sie ausgehend vom Text die historischen Bezüge zur Neuen Ostpolitik *(14 Punkte)* und die Konzeption der vorangegangenen bundesdeutschen Außen- und Deutschlandpolitik (*14 Punkte*). — 28
3. Beurteilen Sie die Darlegungen des Autors zur Neuen Ostpolitik. — 26

M: Hans Jörg Hennecke: Das Doppelgesicht der sozialdemokratischen Ostpolitik

[…]

Dass eine aktivere und elastischere Ost- und Deutschlandpolitik geboten war, zeichnete sich aus einer ganzen Reihe von Gründen im Laufe der 1960er Jahre ab. Zum einen musste die Bundesrepublik nach der buchstäblichen Zementierung der deutschen Teilung im August 1961 eine Gesprächsbasis mit Moskau und Ost-Berlin finden, um praktische und humanitäre Probleme, wenn nicht zu lösen, so doch zu lindern. Im Interesse der Bundesrepublik lag es auch, eine flexiblere Haltung gegenüber denjenigen Staaten zu finden, die zu einer Anerkennung der DDR bereit waren. Ein starres Festhalten an der berüchtigten Hallstein-Grewe-Doktrin[1] hätte auf Dauer den diplomatischen Handlungsspielraum der Bundesrepublik gegenüber den Staaten des Ostblocks und der „blockfreien" Welt eingeschnürt, ohne dass sie ihren Alleinvertretungsanspruch auf dem internationalen Parkett hätte durchsetzen können. Ohnehin musste die Bundesrepublik sich allmählich damit abfinden, dass es zu einer Entkopplung von deutscher Teilung und Ost-West-Konflikt gekommen war: Die deutsche Teilung wurde längst nicht mehr als vordringlich zu lösendes Problem, sondern als bis auf weiteres unabänderliches Faktum wahrgenommen. In den Jahren zwischen 1968 und 1975, als die schroffe Konfrontationspolitik des Kalten Krieges vorübergehend durch eine Detente-Politik des begrenzten Interessenausgleichs abgelöst wurde, war die Bundesrepublik gut beraten, den Kontext der Entspannungspolitik zur Durchsetzung eigener Interessen, namentlich für eine sicherheitspolitische Stabilisierung in Mitteleuropa und humanitäre Erleichterungen für die Deutschen in der DDR und Osteuropa, zu nutzen. Die Gesamtkonstellation des Ost-West-Konflikts zeichnete, stärker als es die aufgeheizte Debatte der frühen 1970er Jahre nahelegte, sowohl die Notwendigkeit als auch die Grenzen einer neuen Ostpolitik vor.

Es mag gut sein, dass die Motive und Intentionen einiger Protagonisten, die die sozialliberale Ost- und Deutschlandpolitik vorantrieben, über diesen begrenzten Handlungsspielraum einer Ostpolitik, die an der Staatsräson der Bundesrepublik und der

Interessenlage des westlichen Bündnisses orientiert blieb, hinauszielten. Ebenso zeigt ein kritischer Blick auf die konkreten Verhandlungsergebnisse, welche zwischen 1970 und 1973 in den Vertragswerken mit Moskau, Ost-Berlin, Warschau und Prag ausgehandelt wurden, dass die sozialliberale Bundesregierung an der einen oder anderen Stelle recht großzügig Zugeständnisse gemacht und im Gegenzug nicht immer verbindliche und belastbare Gegenleistungen erhalten hatte. Jenseits der berechtigten Kritik an den Intentionen und Ergebnissen der sozialliberalen Ostpolitik muss aber auch deren Beitrag zur Vorgeschichte der deutschen Wiedervereinigung anerkannt werden. Zuallererst war die Ostpolitik in dieser Hinsicht von Bedeutung, weil sie von den Deutschen in der DDR als ein lange vermisstes Signal der Zuwendung, der Hoffnung und des Zusammenhalts empfunden wurde und deshalb eine tiefe psychologische Wirkung entfaltete, die sich 1989 auszahlte. Gleiches galt auch für das Signal der Gesprächsfähigkeit und Glaubwürdigkeit, das die Ostpolitik nach Moskau, Warschau und Prag sandte. Die ostpolitische Kontinuität der Regierungen Brandt, Schmidt und Kohl schuf im Laufe der Jahre viel Vertrauen und untermauerte das Versprechen der Bundesrepublik, die Wiederherstellung der deutschen Einheit in den Kontext der Europäischen Union zu stellen, sich als Fürsprecher für eine zügige Integration der osteuropäischen Staaten in EU und NATO anzubieten und in einem heiklen Balanceakt zugleich ein partnerschaftliches Verhältnis zu Moskau zu wahren. Die Ostpolitik erleichterte die Wiederherstellung der deutschen Einheit, weil sie den östlichen Nachbarländern half, die Erwartungsunsicherheiten über die Rolle eines wiedervereinigten und vergrößerten Deutschlands abzubauen.

In anderer Hinsicht erwies sich die Ostpolitik allerdings als schiere Illusion: Die deutsche Einheit wurde nicht durch einen „Wandel durch Annäherung“ ermöglicht, sie geschah nicht infolge einer von außen angestoßenen Reform des Kommunismus, und sie hing erst recht nicht davon ab, dass es zuvor zu einer Konvergenz von freier Welt und Kommunismus gekommen wäre. Die Chance zur deutschen Einheit eröffnete sich vielmehr genau in dem Moment, als die kommunistische Ideologie in sich zusammenbrach. Als die Stunde der Wiedervereinigung geschlagen hatte, war es nicht entscheidend, dass man einen guten Draht zur SED-Führung hatte, sondern dass die meisten Menschen in der DDR nach jahrzehntelangem Ertragen einer sozialistischen Diktatur mit all ihrem Mangel und all ihrer Unterdrückung und Gängelung ihre Hoffnungen auf das westliche Modell von Freiheit, Marktwirtschaft, Rechtsstaatlichkeit und Demokratie richteten – und dabei sogar über einige Unzulänglichkeiten und Verschleißerscheinungen der stabilitätsverwöhnten Bundesrepublik hinwegsahen.

[…]

Im Jahre 1990 bestätigte sich also, dass die Westintegration den Kern der Staatsräson der Bundesrepublik ausmachte. Adenauersche Westpolitik und Brandtsche Ostpolitik waren keine gleichwertigen Leitentscheidungen, vielmehr war die oft überschätzte Ostpolitik nur eine Modifikation, mit der nach einem Modus Vivendi in einer an sich unerträglichen Situation und nach einer Anpassung an eine veränderte sicherheitspolitische Konstellation gesucht wurde. Ihre Berechtigung als Akzentsetzung der bundesrepublikanischen Außenpolitik und ihr politischer Beitrag zur Wiederherstellung der deutschen Einheit waren gegeben, soweit sie den Primat der Westintegration achtete.

Alles in allem blieb die Ostpolitik der deutschen Bundesregierungen bis 1989/1990 der Staatsräson der Bundesrepublik verpflichtet. Deutschlandpolitisch wurde dies durch das Urteil des Bundesverfassungsgerichts von 1973 abgesichert, das möglichen Intentionen, aus dem Grundlagenvertrag mit der DDR allmählich einen Verzicht auf die deutsche Einheit abzuleiten, einen Riegel vorschob. Es war zudem von großer Bedeutung, dass seit 1974 mit Helmut Schmidt ein Bundeskanzler amtierte, der sich gegenüber den hochfliegenden ostpolitischen Hoffnungen in der sozialliberalen Koalition immer einen gesunden Realismus bewahrt hatte. Die Regierungen Schmidt und Kohl hielten den Primat der Westbindung hoch und wussten deshalb das Potential der Ostpolitik zu nutzen, ohne ihren Illusionen zu erliegen.

[…]

Hans Jörg Hennecke: Das Doppelgesicht der sozialdemokratischen Ostpolitik. In: Dreißig Thesen zur Deutschen Einheit. Hrsg. von Dagmar Schipanski und Bernhard Vogel, Freiburg u. a. 2009, S. 64–72.

Anmerkung:

1 Wilhelm Grewe (1911–2000), 1955 Leiter der politischen Abteilung des Auswärtigen Amtes, beeinflusste maßgeblich die Formulierung und Ausarbeitung der Hallstein-Doktrin.

Hinweise zum Autor:

Hans Jörg Hennecke (*1971) ist ein deutscher Politikwissenschaftler und seit 2010 außerplanmäßiger Professor für Politik an der Universität Rostock.

Rechtschreibung und Hervorhebungen wie im Original.

Zugelassene Hilfsmittel: Wörterbuch zur deutschen Rechtschreibung

Lösungsvorschläge

Diese Aufgabe entspricht den folgenden aktuellen Schwerpunktthemen:

- ***Inhaltsfeld 6:** Nationalismus, Nationalstaat und deutsche Identität im 19. und 20. Jahrhundert*
  - *Nationale Identität unter den Bedingungen der Zweistaatlichkeit in Deutschland*
  - *Die Überwindung der deutschen Teilung in der friedlichen Revolution von 1989*
- ***Inhaltsfeld 7:** Friedensschlüsse und Ordnungen des Friedens in der Moderne*
  - *Konflikte und Frieden nach dem Zweiten Weltkrieg*

1. *Die erste Teilaufgabe fordert Sie dazu auf, einen Auszug aus einer Darstellung zu analysieren. Das heißt, dass Sie den vorliegenden Text zunächst kurz vorstellen, indem Sie den Autor, die Adressaten, die Textsorte, das Erscheinungsjahr, den Anlass und das Thema nennen. Anschließend müssen Sie die Hauptaussagen des Textes präzise und differenziert herausarbeiten und in Ihren eigenen Worten wiedergeben. Achten Sie darauf, auch die dem Text zugrundeliegende Argumentationsstruktur zu berücksichtigen. Belegen Sie Ihre Erkenntnisse außerdem immer wieder durch direkte oder indirekte Zitate am Text, um Ihre Aussagen nachprüfbar zu machen.*

Einleitung
Erscheinungsjahr
Autor
Textsorte
Anlass
Adressaten
Thema

Der vorliegende Text ist ein Auszug aus dem 2009 erschienenen Aufsatz „Das Doppelgesicht der sozialdemokratischen Ostpolitik" von Hans Jörg Hennecke. Die **wissenschaftliche Darstellung** des Politikprofessors, die zum Anlass des **20-jährigen Mauerfall-Jubiläums** in dem Buch „Dreißig Thesen zur Deutschen Einheit" veröffentlicht wurde, richtet sich sowohl an ein Fachpublikum als auch an die historisch-politisch interessierte Öffentlichkeit. In seinem Aufsatz beleuchtet Hennecke die **Ost- und Deutschlandpolitik der sozialliberalen Regierung** unter Willy Brandt und Walter Scheel kritisch. Er widmet sich in diesem Zusammenhang außerdem der Frage, inwieweit die Ostpolitik einen **Beitrag zur Wiedervereinigung** geleistet hat.

strukturierte Wiedergabe
Begründung der Notwendigkeit einer neuen Deutschlandpolitik

Zu Beginn des vorliegenden Textauszugs begründet Hennecke, warum im Laufe der 1960er-Jahre eine **flexiblere Ost- und Deutschlandpolitik notwendig** wurde. Zunächst nennt er den Bau der Mauer 1961, der zu einer „buchstäblichen Zementierung der deutschen Teilung" (Z. 4 f.) geführt habe. Deshalb sei eine **Verständigung mit Moskau und Ostberlin** nötig geworden, um „praktische und humanitäre Probleme" (Z. 6) anzugehen. Darüber hinaus sei eine **Abweichung von der Hallstein-Doktrin** geboten gewesen, um den diplomatischen Handlungsspielraum der Bundesrepublik zu vergrößern. Außerdem sei die **deutsche Teilung nicht mehr als vordringliches Problem** angesehen, sondern faktisch von den restlichen Themen des Ost-West-Konflikts entkoppelt worden (vgl. Z. 12 ff.).

Hennecke führt aus, dass die Jahre von 1968 bis 1975 von einer **globalen Entspannungspolitik** gekennzeichnet gewesen seien. In dieser Situation sei es für die Bundesrepublik sinnvoll gewesen, diese Tendenz zur **Durchsetzung ihrer eigenen Interessen** zu nutzen (vgl. Z. 16 ff.). Darunter versteht Hennecke eine Politik der sicherheitspolitischen Stabilisierung Mitteleuropas sowie den **Einsatz für humanitäre Erleichterungen in der DDR** und in Osteuropa (vgl. Z. 20 f.).

Auswirkungen der globalen Entspannungspolitik auf Deutschland

Hennecke charakterisiert in dieser Phase den **Ost-West-Konflikt als begrenzenden Faktor** für die bundesdeutsche Ostpolitik, die an die „Staatsräson der Bundesrepublik" (Z. 27) sowie **an** die **Interessen der westlichen Bündnispartner geknüpft** gewesen sei. Er gibt jedoch zu bedenken, dass gewisse Akteure eine Ostpolitik angestrebt hätten, die über diese Prämissen hinausgegangen wäre (vgl. Z. 25 ff.). Zudem übt der Politikwissenschaftler **Kritik an** der **Unausgewogenheit** bestimmter Ergebnisse **der Ostpolitik:** Seiner Meinung nach hat die Regierung „recht großzügig **Zugeständnisse** gemacht" (Z. 32), **ohne** dafür eine **angemessene Gegenleistung** zu bekommen.

Ost-West-Konflikt als bestimmender Faktor für Deutschlandpolitik

Nach dieser allgemeinen Einordnung und Charakterisierung der Ostpolitik wendet sich Hennecke der Frage zu, welchen **Beitrag** diese **zur Wiedervereinigung** geleistet habe und gesteht ihr durchaus eine gewisse Bedeutsamkeit zu. So habe sie bei den DDR-Bürgern eine **psychologische Tiefenwirkung** erzielt, die den Wiedervereinigungsprozess 1989/90 beeinflusst habe. Er nennt konkret, dass die Ostverträge der Bevölkerung in der DDR Zuwendung, Hoffnung und ein **Gefühl der Zusammengehörigkeit** vermittelt hätten (vgl. Z. 36 ff.). Ferner hätten die Verträge den Regierungen in Osteuropa gezeigt, dass die **Bundesrepublik glaubwürdig und gesprächsfähig** sei. Die Fortführung von Brandts Ostpolitik unter Schmidt und Kohl habe das **Vertrauen** in das deutsche Versprechen erhöht, die deutsche **Einheit nur im Rahmen der Europäischen Union** herzustellen und die bisherige **Westbindung** nicht anzutasten (vgl. Z. 41 ff.). Zugleich habe man glaubhaft vermittelt, ein **partnerschaftliches Verhältnis zum Osten** schaffen zu wollen. Dadurch sei es gelungen, bei den östlichen Nachbarn die Unsicherheiten bezüglich der Rolle eines wiedervereinigten Deutschlands abzubauen (vgl. Z. 46 ff.).

Bedeutung der Neuen Ostpolitik für Wiedervereinigung

Auf der anderen Seite **kritisiert** Hennecke die **Ostverträge** als „schiere Illusion" (Z. 50). Seiner Meinung nach ist die **Wiedervereinigung nicht durch die Ostpolitik** der sozialliberalen Koalition nach ihrem von Bahr geprägten Motto „Wandel durch Annäherung" zustande gekommen. Genauso wenig habe es eine

Kritik an Ostpolitik

Reform des Kommunismus gegeben oder gar eine Annäherung von „freier Welt und Kommunismus“ (Z. 53 f.). Vielmehr sei Ende der 1980er-Jahre der **Kommunismus** in sich **zusammengebrochen**. In dieser Situation sei die treibende Kraft der Wiedervereinigung nicht die Beziehung der Bundesrepublik zur DDR gewesen, sondern die **Hoffnung der DDR-Bevölkerung auf das westliche Freiheitsmodell** mit Marktwirtschaft, Rechtsstaatlichkeit und Demokratie (vgl. Z. 56 ff.).

Betonung des Primats der Westintegration

Am Ende des Textauszugs gelangt Hennecke zu dem Schluss, dass die **Westintegration** den **Kern der bundesrepublikanischen Außenpolitik** bis 1989/90 gebildet habe. West- und Ostpolitik würden demzufolge nicht gleichberechtigt nebeneinanderstehen, sondern die **Ostpolitik** sei **nur eine Modifikation** im Rahmen der Westpolitik gewesen (vgl. Z. 65 ff.). Hennecke lobt deshalb die Regierungen Schmidt und Kohl, die mit einem „gesunden Realismus“ (Z. 79) den **Vorrang der Westbindung** hochgehalten und trotzdem pragmatisch Brandts Ostpolitik fortgeführt hätten (vgl. Z. 79 ff.).

2. *Die zweite Teilaufgabe ist in zwei Schritte untergliedert. Zunächst sollen ausgehend vom Text die historischen Bezüge zur Neuen Ostpolitik erläutert werden. Das heißt, dass Sie in chronologischer Reihenfolge sowohl die Rahmenbedingungen als auch die konkreten Maßnahmen und Verträge von Brandts Deutschlandpolitik darlegen und dabei, wenn möglich, Bezüge zu Henneckes Text herstellen sollen. Danach müssen Sie auf die Konzeption der Außen- und Deutschlandpolitik der Vorgängerregierungen eingehen. Überlegen Sie also, wodurch die Außenpolitik von Adenauer, Erhard und Kiesinger geprägt war und welche deutschlandpolitischen Entscheidungen in deren Regierungszeit getroffen wurden.*

Erläuterung der Neuen Ostpolitik

Vorläufer: Passierscheinabkommen

Der Aufsatz von Hans Jörg Hennecke beschäftigt sich mit der **Ostpolitik der sozialliberalen Koalition** unter Kanzler Willy Brandt. Allerdings hatte es bereits vor dessen Regierungsantritt 1969 Zeichen einer **deutschlandpolitischen Entspannung** gegeben. So sorgte das **Passierscheinabkommen** 1963 dafür, dass Bürger der Bundesrepublik auch nach dem Mauerbau in die DDR einreisen konnten. Dieses Abkommen wurde in den Folgejahren mehrfach verlängert und erweitert, lief aber 1966 aus.

„Wandel durch Annäherung“ im Rahmen internationaler Entspannungspolitik

Mit einer solchen Annäherung bewegte sich die Bundesrepublik im Rahmen der **internationalen Entspannungspolitik**, auf die auch Hennecke in seinem Text zu sprechen kommt (vgl. Z. 16 ff.). Diese wurde Anfang der 1960er-Jahre von den beiden Großmächten USA und UdSSR eingeleitet, nachdem die **Kuba-Krise** (1962) fast zu einem Dritten Weltkrieg geführt hatte. In der

Bundesrepublik war es vor allem Egon Bahr, der als politischer Berater Brandts schon früh für eine Entspannungspolitik geworben hatte. Mit seinem Motto „**Wandel durch Annäherung**", das auch Hennecke in seinem Text erwähnt (vgl. Z. 51), trat er für eine Verständigung der Bundesrepublik mit den Ostblockstaaten und der DDR ein, um dadurch eine **neue Grundlage für die Beziehungen mit den osteuropäischen Staaten** zu schaffen.

Ostverträge: Moskauer Vertrag

Vor diesem Hintergrund schloss die Bundesregierung unter Willy Brandt von 1970 bis 1973 ein Bündel von **Verträgen mit verschiedenen osteuropäischen Staaten**, die auch Hennecke in seinem Text erwähnt (vgl. Z. 29 ff.). Der am 12. August 1970 unterzeichnete **Moskauer Vertrag** mit der Sowjetunion stellte dabei die Voraussetzung für alle folgenden Verträge mit Polen, der Tschechoslowakei und der DDR dar. In ihm bekannten sich die beiden Vertragspartner zur Achtung der **territorialen Integrität aller Staaten** in Europa und zum **Gewaltverzicht**. Außerdem erkannte die Bundesrepublik die **Unverletzlichkeit** (aber nicht die Unveränderbarkeit) **der Oder-Neiße-Grenze** zu Polen sowie der Grenze zur DDR an.

Warschauer Vertrag und Kniefall Willy Brandts

Am 7. Dezember 1970 folgte der **Warschauer Vertrag** mit Polen, in dem erneut dessen **Westgrenze bestätigt** wurde, auch wenn eine endgültige Regelung einem Friedensvertrag mit Gesamtdeutschland vorbehalten bleiben sollte. Berühmt geworden ist diese Vertragsunterzeichnung vor allem, weil Willy Brandt kurz vor der Zeremonie das **Ehrenmal für die Toten des Warschauer Gettos** besuchte. Dabei kniete er spontan vor der Gedenktafel nieder, was international als eine **Geste der Demut** und als Bitte um Vergebung interpretiert wurde. Wenn also Hennecke von einem „Signal der Gesprächsfähigkeit und Glaubwürdigkeit" (Z. 39 f.) hinsichtlich der Ostverträge spricht, dann muss auch diese Geste Brandts mit einbezogen werden.

Viermächteabkommen

Das **Viermächteabkommen über Berlin**, das am 3. September 1971 zwischen den USA, Großbritannien, Frankreich und der UdSSR geschlossen wurde, regelte den **Status Westberlins**. Die Stadt sollte weiterhin kein Bestandteil der Bundesrepublik sein, auch wenn ihre **enge Bindung an Westdeutschland** akzeptiert wurde. Außerdem wurde **freier Transitverkehr** nach Westberlin gewährt und Gewaltverzicht vereinbart.

Transitabkommen und Verkehrsvertrag

Das **Transitabkommen** vom 17./20. Dezember 1971 und der **Verkehrsvertrag** vom 26. Mai 1972 zwischen Bundesrepublik und DDR stellten ganz zentrale Verträge zur **Lösung praktischer und humanitärer Probleme** dar, auf die Hennecke in seinem Text immer wieder verweist (vgl. Z. 5 f., 21). Sie regelten den **Personen- und Güterreiseverkehr** zwischen der Bundesrepublik und Westberlin und schufen **Reiseerleichterungen** sowie erweiterte **Besuchsmöglichkeiten** von West nach Ost.

Grundlagenvertrag

Der entscheidende Vertrag für die **Neubestimmung des Verhältnisses zwischen der Bundesrepublik und der DDR** war jedoch der **Grundlagenvertrag**, der am 21. Dezember 1972 unterzeichnet wurde. In ihm vereinbarten die beiden Länder die Aufnahme **gutnachbarschaftlicher**, **gleichberechtigter Beziehungen**. Die Bundesrepublik gab damit ihren in der Hallstein-Doktrin festgelegten Alleinvertretungsanspruch auf, was auch Hennecke rückblickend als notwendig erachtet (vgl. Z. 8 ff.). Damit vollzog die Regierung Brandt einen deutlichen Wechsel zur vorherigen Praxis. Faktisch wurde die **DDR nun als eigener Staat anerkannt** (wenn auch nur staatsrechtlich und nicht völkerrechtlich). Dieser Richtungswechsel führte im Deutschen Bundestag und auch in der Öffentlichkeit zu einer intensiven, mit Leidenschaft geführten **Debatte**. Vor allem die **CDU/CSU lehnte die Neue Ostpolitik vehement ab** und warf der sozialliberalen Regierung vor, damit die deutsche Teilung zu zementieren und wesentliche Rechtspositionen, z. B. in Bezug auf die Oder-Neiße-Linie, aufzugeben.

Prager Vertrag

Als letzter der Ostverträge wurde am 17. Dezember 1973 der **Prager Vertrag** zwischen der Bundesrepublik und der Tschechoslowakei unterzeichnet. Beide Seiten verzichteten darin auf Gebietsansprüche und bekannten sich zur **Unverletzlichkeit der Grenzen**. Außerdem trafen sie Vereinbarungen zu künftiger Zusammenarbeit und zur **Aufnahme diplomatischer Beziehungen**.

Fortsetzung der Entspannungspolitik (KSZE)

Ihre Fortsetzung fand die Politik der Regierung Brandt in den Bemühungen, eine **internationale sicherheitspolitische Stabilisierung** herbeizuführen. Dieser Prozess begann 1973 mit der Konferenz über Sicherheit und Zusammenarbeit in Europa (**KSZE**) und fand mit der Schlussakte von Helsinki 1975 einen ersten Höhepunkt.

Erläuterung der vorherigen deutschen Außenpolitik

Bis zu einem solchen Abschluss hatte die internationale Staatengemeinschaft einen **weiten Weg** zurückgelegt, der **bei Gründung der beiden deutschen Staaten** im Jahr 1949 so **noch nicht abzusehen** war.

Alleinvertretungsanspruch und Hallstein-Doktrin

So verfolgte die erste deutsche Bundesregierung unter ihrem Kanzler Konrad **Adenauer** die Strategie des **Alleinvertretungsanspruchs**. Damit ging die Ablehnung von Beziehungen zu

Drittstaaten, die die DDR anerkannten (mit Ausnahme der UdSSR), einher, was 1955 in der auch von Hennecke erwähnten **Hallstein-Doktrin** festgelegt wurde (vgl. Z. 8 ff.). Eine solche außenpolitische Strategie stand in einem deutlichen Gegensatz zu der von Brandt verfolgten Politik der Annäherung und Versöhnung.

Wiedererlangung der Souveränität über Westbindung:

Petersberger Abkommen

Das Hauptziel der Politik Konrad Adenauers bildete die **Wiedererlangung der vollständigen Souveränität**, die er über eine verstärkte **Westbindung** zu erreichen suchte. Der erste Schritt in diese Richtung war das **Petersberger Abkommen** vom 22. November 1949, mit dem die Bundesrepublik von den Besatzungsmächten als eigenständiger Staat anerkannt wurde. Außerdem erhielt der westdeutsche Staat die Erlaubnis, internationalen Organisationen beizutreten, was 1950 durch seine Mitgliedschaft im **Europarat** verwirklicht wurde.

Diskussion über EVG und Stalin-Note

Ab 1952 wurde zudem die **Gründung einer Europäischen Verteidigungsgemeinschaft** (EVG) **diskutiert**, der auch der westdeutsche Teilstaat beigetreten wäre. Während die Verhandlungen noch liefen, kam es mit der **Stalin-Note** von 1952 zu dem Angebot des sowjetischen Diktators, die Wiedervereinigung eines neutralen Gesamtdeutschlands zu akzeptieren. Von westlicher Seite wurde Stalins Vorstoß allerdings überwiegend als **gegen die Westintegration gerichtetes Störmanöver** und als Wunsch der Sowjetunion, ihre Macht auf ganz Deutschland auszudehnen, **interpretiert** und letztlich abgelehnt.

Deutschlandvertrag und Pariser Verträge

Durch das Petersberger Abkommen hatte die junge Bundesrepublik in Teilen **Souveränitätsrechte** erhalten, die in den kommenden Jahren **sukzessive erweitert** wurden. Dabei verstand es Adenauer, jeden Schritt in Richtung einer stärkeren Westbindung mit einem Zugewinn an Souveränität zu verknüpfen. Ein gutes Beispiel hierfür ist der **Deutschlandvertrag** von Mai 1952, durch den das Besatzungsstatut aufgehoben wurde und die Bundesrepublik ihre innen- und außenpolitische Souveränität (bis auf kleine Einschränkungen) zurückerhielt. Gültigkeit erlangte dieser Vertrag 1955 mit den **Pariser Verträgen**, die unter anderem den **Beitritt** der Bundesrepublik zur Westeuropäischen Union (WEU) sowie **zur NATO** festlegten.

deutsch-französische Versöhnung

Ein wichtiges Element der Politik Adenauers war von Anfang an die **Aussöhnung mit Frankreich**, die die Voraussetzung für eine weitere Westintegration darstellte. Zugleich bildete diese das Fundament einer erfolgreichen wirtschaftlichen Zusammenarbeit, aus der 1957 die **Europäische Wirtschaftsgemeinschaft**

(EWG) entstand. Die deutsch-französische Versöhnung gipfelte 1963 im Abschluss des **Elysée-Vertrags**, der als wichtiger Motor für die europäische Einigung gilt.

Obwohl Adenauers **„Politik der Stärke" nicht unumstritten** war und seine Kritiker ihm vorwarfen, die Chance auf eine **Wiedervereinigung** leichtfertig zu verspielen, blieb letztere für den Bundeskanzler immer ein **erstrebenswertes Fernziel**. Dabei vertrat er im Kern die sogenannte **Magnettheorie**, nach der der Westen bei wirtschaftlicher und politischer Stabilität, die in seinen Augen nur über eine starke Westbindung zu erreichen war, so anziehend auf den Osten wirken würde, dass es zu einer **Wiederherstellung der Einheit** käme. Kennzeichnend für Adenauers Politik war außerdem, dass er trotz der zunehmenden Spannungen im Kalten Krieg den Gesprächsfaden mit der Regierung in Moskau nie ganz abreißen ließ. So gelang es ihm 1955 bei einem Besuch in der russischen Hauptstadt zum Beispiel, dass die Führung der Sowjetunion zehn Jahre nach Ende des Zweiten Weltkriegs die letzten Kriegsgefangenen freiließ. Auch die Regierungen nach Adenauer signalisierten immer wieder **Gesprächsbereitschaft gegenüber der Sowjetunion**, was letztlich auch die tatsächliche Annäherung seit den 1960er-Jahren erleichterte.

„Politik der Stärke" und „Magnettheorie"

3. *In der dritten Teilaufgabe sollen Sie die Aussagen Henneckes zur Neuen Ostpolitik beurteilen. Sie müssen also auf der Basis Ihres historischen Fachwissens entscheiden, inwiefern Hennecke zuzustimmen ist, inwiefern seine Darlegung aber auch relativiert oder abgelehnt werden muss. Am Ende sollten Sie dann in einem Fazit noch einmal dezidiert Stellung zu Henneckes Text nehmen und ein differenzierendes Urteil fällen.*

Einleitung
Hinführung zur Beurteilung

Hennecke betrachtet die **Neue Ostpolitik** der Regierung Brandt durchaus **differenziert**, wobei insgesamt auffällt, dass er bemüht ist, deren **Bedeutung herunterzuspielen**. Es lohnt sich also, seine **Aussagen einer genaueren Prüfung zu unterziehen** und zu beurteilen, inwiefern ihnen zuzustimmen ist, inwiefern sie aber auch relativiert oder abgelehnt werden müssen.

zustimmende Aspekte
geteiltes Deutschland als Status quo

Zunächst einmal ist seiner **Beschreibung der Ereignisse im Kontext der Neuen Ostpolitik** rechtzugeben. In der Tat nahmen die Regierungen des Westens den **Mauerbau** einfach hin, ohne dagegen zu protestieren. So war US-Präsident **Kennedy nicht bereit**, wegen der Vertiefung der deutschen Teilung eine **Verschärfung des Ost-West-Konflikts in Kauf zu nehmen**. Reaktionen wie die seine zeigten, dass die westlichen Verbündeten der Bundesrepublik die **Existenz zweier deutscher Staaten als Status quo** akzeptiert hatten. Daher ist der Einschätzung Henneckes zuzustimmen, dass es Ende der 1960er-Jahre auch für die Bundesrepublik **notwendig** wurde, eine **Beziehung zum zweiten deutschen Staat aufzubauen**.

Zutreffend ist auch die Einschätzung, dass die Entspannungspolitik der sozialliberalen Bundesregierung in eine **Phase internationaler Entspannung** fiel. So waren die USA und die UdSSR nach der Kuba-Krise intensiv bestrebt, Maßnahmen einzuleiten, die eine **erneute Eskalation verhindern** sollten. Zum Beispiel richteten sie mit dem sogenannten Roten Telefon eine direkte Verbindung („**heißer Draht**") zwischen den beiden Regierungen ein, die eine **Friedensgefährdung** durch Missverständnisse und Verzögerungen **verhindern** sollte. Zudem gab es in den 1960er-Jahren auch **erste Abrüstungsbemühungen**, wenngleich Verträge dazu erst in den 1970er-Jahren abgeschlossen wurden (SALT I/SALT II, 1972/79).

internationale Entspannung und Abrüstungsbemühungen

Was die **Bedeutung der Ostpolitik** angeht, so ist Hennecke zuzustimmen, dass die Verträge ein international **geregeltes Miteinander** ermöglichten und dass sie eine Reihe von **alltäglichen Erleichterungen** für die Bürger beiderseits des sogenannten Eisernen Vorhangs brachten. Zudem hat die Ostpolitik in Osteuropa das **Vertrauen in die Regierung der Bundesrepublik** enorm erhöht. Zu Recht weist Hennecke darauf hin, dass dieses Vertrauen **im Zuge des Wiedervereinigungsprozesses von großer Bedeutung** war. **Von keiner Regierung** in Osteuropa gab es nach dem Fall der Mauer **nennenswerten Widerspruch** und selbst Gorbatschow stand der Wiedervereinigung mit Ausnahme der Frage nach der Bündniszugehörigkeit nach anfänglichem Zögern positiv gegenüber. Hennecke hebt in diesem Zusammenhang richtigerweise die **Kontinuität der Politik durch die Nachfolgeregierungen Brandts** hervor. So bewies Kohl gegenüber der Sowjetunion großes **Fingerspitzengefühl in der deutschen Frage** und schaffte es schließlich (auch durch die Zusicherung von deutschen Finanz- und Wirtschaftshilfen), Gorbatschow von der Einheit zu überzeugen.

Bedeutung der Ostpolitik für Wiedervereinigung

Betrachtet man die Auseinandersetzungen der Zeit um die Neue Ostpolitik Brandts, so mag sich der **Eindruck** aufdrängen, dass ein **grundlegender Paradigmenwechsel** in der Außenpolitik stattgefunden habe, den die Opposition nicht aufhalten konnte. Mit dem Abstand eines halben Jahrhunderts aber ist Hennecke zuzustimmen, dass es sich bei der **Neuen Ostpolitik eher** um eine **Modifikation der Außenpolitik der Bundesrepublik**

Beibehaltung der Westintegration trotz Neuer Ostpolitik

gehandelt hat, die gleichwohl zeitgemäß und notwendig war. Die **Westintegration**, die Hennecke „den Kern der Staatsräson" (Z. 64 f.) nennt, wurde **zu keinem Moment angetastet**. Die Bundesrepublik trat weder aus der NATO aus, noch kehrte sie den USA den Rücken oder verließ die EU. Henneckes Aussagen zum „**Primat der Westbindung**" (Z. 80) ist also durchaus zuzustimmen.

Trotz der Vielzahl an überzeugenden Erläuterungen des Politikwissenschaftlers gibt es auch einige **Aspekte** in seinem Text, **die zumindest relativiert werden müssen**.

relativierende bzw. ablehnende Aspekte

So erwähnt Hennecke an keiner Stelle, dass es einer **neuen Regierung** bedurft hatte, um die auch von ihm für nötig erachtete **Wende in der Außenpolitik** einzuleiten. Zwar ist es nicht zu leugnen, dass auch **vor Brandts Kanzlerschaft** schon **kleine Schritte der Annäherung** an den Osten unternommen wurden, jedoch war die Politik Adenauers und Erhards trotz allem in hohem Maße vom **Antikommunismus** geprägt. Diese Einstellung war **kaum geeignet**, eine wirkliche Annäherung und **Versöhnung mit dem Osten herbeizuführen**. Auch die **massive Kritik der Opposition** von CDU und CSU in den 1970er-Jahren zeigt, wie schwierig Brandts Politik gegen die Kräfte der Vorgängerregierungen durchzusetzen war. Obwohl es stimmt, dass Brandts Nachfolger seinen Kurs weiterverfolgten und damit zur Wiedervereinigung beitrugen, darf nicht vergessen werden, dass es Willy Brandt, Walter Scheel (als Außenminister) und Egon Bahr waren, die den **Grundstein für das erforderliche Vertrauen** gelegt hatten. Dieser Aspekt kommt bei Hennecke zu kurz, was den Eindruck erweckt, als wolle er die **Bedeutung der sozialliberalen Regierung eher kleinreden**.

Notwendigkeit einer neuen Regierung für Neue Ostpolitik

In diesem Zusammenhang muss man auch Henneckes **Wortwahl kritisieren**. Er spricht davon, dass die **Ostpolitik** Brandts „keine gleichwertig[e] Leitentscheidun[g]" (Z. 66) zu Adenauers Politik der Westintegration gewesen sei und bezeichnet sie als **bloße Akzentverschiebung** („Modus Vivendi", Z. 67), **die überschätzt worden sei**. Auch wenn die Neue Ostpolitik nicht direkt zur deutschen Wiedervereinigung führte, stellte sie doch einen **gravierenden politischen Richtungswechsel** dar. Henneckes Wortwahl dient also erneut seinem **Bemühen**, die **Ostpolitik** insgesamt in ihrer Bedeutung **herunterzuspielen**.

Kritik an Henneckes Wortwahl

Auch seiner Einschätzung, dass der „**Wandel durch Annäherung**" eine „**schiere Illusion**" (Z. 50) gewesen sei, **muss vehement widersprochen werden**. Wenige Zeilen nach diesem

große Bedeutsamkeit der Ostpolitik für Wiedervereinigung

Urteil spricht Hennecke davon, dass die **kommunistische Ideologie zusammengebrochen** sei, klärt jedoch an keiner Stelle, was zu diesem Zusammenbruch 1988/89 geführt hat. Man kann durchaus der Meinung sein, dass die **Annäherung** des Westens an den Osten einen nicht unerheblichen **Anteil an diesem Zusammenbruch** hatte. **Ohne** die vielen **Begegnungen zwischen den Menschen** in West und Ost, die die Ostpolitik erst ermöglicht hatte, hätten die **Bürger** der DDR das freiheitliche **westliche Gesellschaftsmodell nicht kennengelernt** und sich wahrscheinlich nicht so vehement von der SED-Diktatur abgewandt. Zudem hätte die DDR-Regierung wohl auch **keine Veranlassung** gesehen, die **Konsumgüterindustrie** in ihrem Land **zu fördern**, um ihren Bürgern einen annähernd westlichen Lebensstandard zu bieten. Genau diese Politik trug maßgeblich zum **ökonomischen Verfall der DDR** bei, da die Investitionen in die Produktionsgüterindustrie deswegen zurückgefahren werden mussten. Schließlich muss man in diesem Kontext auch den **KSZE-Prozess** erwähnen, der ebenfalls durch die Entspannungspolitik (auch) der Bundesrepublik angestoßen wurde. Die Schlussakte von Helsinki bot der **Opposition in der DDR** das erste Mal einen rechtlichen Rahmen, um Missstände in ihrem Land begründet zu kritisieren, und verlieh ihr dadurch Auftrieb. Es ist also **falsch** von Hennecke, die **Bedeutung von Brandts Ostpolitik in solcher Weise herunterzuspielen**.

Fazit

Dadurch, dass Hennecke immer wieder in ähnlicher Weise seine **abwertende Haltung gegenüber Brandts Ostpolitik** zum Ausdruck bringt, wirkt sein Text an vielen Stellen **tendenziös** und **nicht vollkommen überzeugend**. Dennoch ist ihm eine **grundsätzliche Glaubwürdigkeit** nicht abzusprechen, was er durch zahlreiche nachvollziehbare Argumente erreicht.

Abiturprüfung 2021 NRW – Leistungskurs Geschichte
Aufgabe 1

A: Interpretation sprachlicher oder nichtsprachlicher historischer Quellen

Aufgabenstellung Punkte

Interpretieren Sie die vorliegende Quelle, indem Sie

1. sie analysieren, 26
2. ausgehend vom Text die verfassungsmäßigen und innenpolitischen Grundlagen der Kanzlerschaft Bismarcks erläutern *(14 Punkte)* und die Haltung des Verfassers charakterisieren (*14 Punkte*), 28
3. zu den Ausführungen des Verfassers unter Berücksichtigung der bisherigen und weiteren Entwicklung des Deutschen Reiches Stellung nehmen. 26

M: Politische Uebersicht.

Schon einmal, vor zweiundvierzig Jahren, ist in Preußen der 18. März der Markstein einer neuen Zeit gewesen; die Erhebung des Volkes gab damals dem morschen, in allen Fugen krachenden System des Absolutismus den letzten Stoß. Auch der heurige 18. März scheint einem System ein Ende machen zu sollen, einem System, dessen Zusammenbruch seit Jahr und Tag klar zu erkennen war […].

So still und geräuschlos sich der Rücktritt des Fürsten Bismarck bisher abgespielt hat und vollziehen wird, daß er ein welthistorisches Ereigniß ist, wird jedermann klar sein. Nicht um der Person willen, denn so gewaltig und mächtig sie war, es hat schon Mächtigere und Gewaltigere gegeben, die man scheiden sehen mußte. Wenn Fürst Bismarck jetzt die Stelle verläßt, auf der er […] enden wollte, so bedeutet das etwas Anderes als einen Personenwechsel, als daß Einer geht und ein Anderer kommt. Das System Bismarck fällt, es stirbt ab an dem jugendkräftigen Wesen einer neuen Zeit, die sich aus dem Volke heraus offenbart und auch auf der Höhe[1] die Geister beherrscht. Keiner Intrigue, keiner Rivalität erliegt der Mann, der länger als ein Vierteljahrhundert die Geschichte Preußens und Deutschlands geleitet hat, er weicht der Erkenntniß, daß seine Zeit vorüber ist, daß er den Anforderungen, die eine neue Zeit stellt, nicht zu genügen vermag.

Man denke nicht, daß diese Erkenntniß das Werk eines Augenblicks oder eines Tages gewesen ist, daß es eine einzelne Frage war, die sie zum Durchbruch gebracht hat. Langsam ist gereift, was sich heute oder in den nächsten Tagen vollziehen wird, ein System stürzt nur, wenn das Fundament sich als unhaltbar erwiesen hat. Vor zwei Jahren noch ging eine gewaltige Aufregung durch das Reich, als es hieß, der Kanzler wolle zurücktreten […]. Heute regt sich Nichts, trotzdem die Geister ergriffen sind, Alle bannt das Gefühl, daß ein historischer Prozeß, der unabwendbar sei, sich vollziehe. Das ist nicht etwa der berüchtigte „Undank“, den die Größe erntet, es ist die

Unterordnung unter die Gebote des politischen und kulturellen Fortschritts, die unerbittlich das, was innerlich abgestorben ist, auch äußerlich dem Untergange weihen. Den „Undank" wird Fürst Bismarck von ganz anderer Seite, als von der seiner ehrlichen Gegner erleben; gerade die sich rühmten, die Stützen seines Systems zu sein, werden die Ersten sein, die uns mit Enthüllungen darüber in Staunen setzen werden, wie schwer sich dieses System an dem Geiste des deutschen Volkes versündigt hat, wie es seine Werkzeuge ausgenutzt und gemißbraucht hat.

Die Quintessenz des Systems war die Bekämpfung und Niederhaltung jeder ihm entgegentretenden Meinung und Bestrebung durch äußere Machtmittel, die Uebertragung der Grundsätze der äußeren Politik auf das innere Staatsleben. In der Wahl der Mittel war der Fürst Bismarck nie verlegen, mit schnellem kräftigen Entschluß, der vor keinem Wechsel in der Politik zurückscheute, wenn damit dem Bedürfniß des Augenblicks genügt werden konnte, wußte er jeder Zeit das Spiel zu beherrschen. Darin lag seine Stärke, die alle Parteien zerrieb und zersetzte, die sich ihm einmal dienstbar gemacht hatten, die ihre Schranke nur fand an der festen selbstbewußten Haltung der Opposition, die auch der politischen und persönlichen Aechtung Trotz zu bieten wußte.

So lange das Bismarck'sche System sich der Mehrheit der Nation in dem „nationalen" Nimbus zu zeigen vermochte, so lange ihm ein Herrscher zur Seite stand, der ihm in allen Phasen Schild und Deckung war, konnte er als unüberwindlich gelten. Unter der Regierung Wilhelms I. […] war Fürst Bismarck unumschränkter Leiter der gesammten Politik, und es gab, da er sich in den militärischen Dingen, in denen der greise Herrscher auch Gebieter sein wollte, vorsichtig zurückhielt, keinen Willen dem seinigen gegenüber. Es war keine Uebertreibung, wenn die Opposition von einem „Hausmeierthum"[2] Bismarck's sprach, der Kanzler herrschte wirklich, wenn er auch äußerlich den Unterthan und Diener der Krone keinen Augenblick verleugnete, ja oft sogar geflissentlich, als wolle er seine Machtfülle verdecken, hervorkehrte. Nicht ungestraft aber lebt sich ein Staatsmann politisch und seelisch hinein „in die unumschränkte Machtfülle einer allgewaltigen Stellung", wie ein nationalliberales Blatt es bezeichnet. Auch das Herrschertum wird zur Gewohnheit und ist in seinem Gleichgewicht gestört, sobald ihm das Bewußtsein kommt, daß es sich in seiner Allgewalt nicht werde behaupten können.

Daß dieses Bewußtsein dem Reichskanzler unter der Regierung des Kaisers Wilhelm II. sich aufdrängen mußte, war Niemandem ein Geheimnis, der die Natur beider Männer zu würdigen verstand. „Der Kaiser wird einmal sein eigener Kanzler sein", „der Kaiser liebt mich, aber imponieren kann ich ihm nicht" – diese Aussprüche des Fürsten Bismarck beweisen, daß er das Ende seiner Herrschaft mit klarem Blick voraussah. Der Gegensatz erschöpft sich nicht darin, wenn man sagt: auf der einen Seite die stürmisch vorwärtsstrebende Kraft der Jugend, auf der anderen die bedächtige zurückhaltende Weisheit des Alters, denn Fürst Bismarck ist auch als Greis ein Mann der That, der kühne Brandenburgische Junker geblieben. Nicht in dem verschiedenen Temperament, in der gegensätzlichen Auffassung der weltbewegenden politischen und sozialen Fragen lag das Moment, das die Trennung zuletzt als gebieterische Forderung erscheinen ließ […]. Der Monarch aber hatte bekundet, daß er Herrscher sein wolle, der Kanzler war Herrscher gewesen; mußte er als solcher weichen, so konnte er auch nicht länger mehr die Verantwortung tragen, die für ihn mit den Jahren aus einer nur politischen und staatsrechtlichen zu einer historischen geworden war.

Daß die Gegensätze gerade auf einem Gebiete zuerst und am stärksten in Erscheinung traten, das die schlimmsten Versündigungen des Bismarck'schen Systems aufweist, auf dem sozialpolitischen, kann als strafende Nemesis bezeichnet werden. Das Ausnahmegesetz, unter dessen Herrschaft die Sozialdemokratie die stärkste Partei im Reiche geworden ist und eine Gefahr für die innere Entwicklung zu werden droht, hatte keinen entschiedeneren Verfechter, der Arbeiterschutz und die Anerkennung der Berechtigung des Emanzipationskampfes des vierten Standes keinen hartnäckigeren Gegner als den Fürsten Bismarck, der genug damit gethan zu haben glaubte, das Reich auf die breite demokratische Basis des allgemeinen Stimmrechts gestellt zu haben und wähnte[3], auf dieser Basis lasse sich der Bau eines absoluten Regiments errichten. An diesem verhängnißvollen Fehler mußte das Bismarck'sche System zugrunde gehen, und das Geschick hat es so gewollt, daß fast zu gleicher Zeit die Mehrheit der Nation wie auch der Träger der Krone zu der Erkenntniß gelangten, daß ein solches Fundament einen anderen Aufbau heische, wenn das Haus auf sicherer Grundlage stehen solle.

Das ist's, was sich jetzt vor unseren Augen vollzieht. Es wird kein Bismarck wiederkommen! hört man sagen, aber zugleich, und hier wird der Ton voller und freudiger: Auch für ein Bismarck'sches System ist die Zeit dahin, in der Größe seiner Thaten und Sünden wird ihm kein anderes gleichkommen. Mögen wir schweren Kämpfen und noch schwereren Versuchungen entgegengehen, das Ende des Bismarck'schen Systems wird als eine Erlösung empfunden werden, es ist nicht das Werk eines Einzelnen, sondern eine That aus dem Geiste der Nation, der nun mit freiem Flügelschlag sich regen und aufschwingen kann zu neuen Thaten.

Leitartikel Frankfurter Zeitung vom 18. 03. 1890 (Abendblatt) zum Rücktritt Bismarcks.

Anmerkung:

1 auf der Höhe, *hier:* auf der Ebene der gesellschaftlichen Eliten.
2 Hausmeiertum: Das Amt des Hausmeiers war ein wichtiges Amt am frühmittelalterlichen Königshof. Im Merowingerreich besaßen die Hausmeier große Macht und bestimmten wesentlich die Politik des Reiches. Später stürzten die Hausmeier den König und gründeten die karolingische Dynastie.
3 wähnen: glauben

Hinweise zum Material:
Frankfurter Zeitung: Tageszeitung, die in der Zeit von 1866 bis 1943 in Frankfurt erschien und nach der Reichsgründung zu einem bedeutenden Organ der liberal-bürgerlichen Opposition wurde. Die liberale Haltung zeigte sich auch in der internen Organisation, bei der die Chefredaktion durch eine Redaktionskonferenz ersetzt wurde, die sich aus gleichberechtigten Mitgliedern zusammensetzte. Der Leitartikel repräsentierte die Meinung dieses Redaktionsgremiums und wurde deshalb nicht unter einem Verfassernamen veröffentlicht. Täglich erschienen drei Ausgaben der Frankfurter Zeitung, der vorliegende Artikel erschien im Abendblatt des 18. 03. 1890.
Rechtschreibung, Interpunktion und Hervorhebungen wie im Original.

Zugelassene Hilfsmittel: Wörterbuch zur deutschen Rechtschreibung

Lösungsvorschläge

Diese Aufgabe entspricht den folgenden aktuellen Schwerpunktthemen:

- ***Inhaltsfeld 4:** Die moderne Industriegesellschaft zwischen Fortschritt und Krise*
  - *Die „Zweite Industrielle Revolution" und die Entstehung der modernen Massengesellschaft*
- ***Inhaltsfeld 6:** Nationalismus, Nationalstaat und deutsche Identität im 19. und 20. Jahrhundert*
  - *„Volk" und „Nation" im Kaiserreich und im Nationalsozialismus*

1. *Die erste Teilaufgabe fordert Sie dazu auf, die vorliegende Quelle zu analysieren. Dazu gehört, dass Sie sie zunächst kurz vorstellen, indem Sie folgende Aspekte nennen: Autor, Adressaten, Datierung, Textsorte, Anlass, Thema und Intention. Im Anschluss daran müssen Sie die zentralen Inhalte der Quelle strukturiert und möglichst in Ihren eigenen Worten darlegen. Berücksichtigen Sie dabei auch den Gedankengang des Textes und belegen Sie Ihre Ausführungen mit direkten und indirekten Zitaten an der Quelle.*

Einleitung
Textsorte
Autor
Datierung
Adressaten
Anlass
Thema
Intention

Bei der vorliegenden Quelle handelt es sich um einen Leitartikel eines namentlich nicht genannten Mitglieds der Redaktionskonferenz der **Frankfurter Zeitung**, der in der Abendausgabe vom 18. März 1890 erschienen ist und sich vorwiegend an eine **liberal-bürgerliche Leserschaft** richtet. Der Artikel mit der Überschrift „Politische Uebersicht" thematisiert den erzwungenen **Rücktritt** Otto von **Bismarcks** am selben Tag, blickt auf das politische **Wirken** des Reichskanzlers zurück und verweist auf zukünftige **Entwicklungsmöglichkeiten** des Kaiserreichs nach Bismarcks Regierungszeit. Ziel der Veröffentlichung ist es, die **Politik Bismarcks zu kritisieren** und der Freude über das Ende seiner Ära Ausdruck zu verleihen.

strukturierte Wiedergabe
einleitender Vergleich der Revolution von 1848/49 mit Bismarcks Rücktritt

Zu Beginn seines Artikels erinnert der Verfasser zunächst an den 18. März 1848 als „Markstein einer neuen Zeit" (Z. 1 f.) und damit an die **Revolution von 1848/49**, welche „dem morschen, in allen Fugen krachenden System des Absolutismus" (Z. 2 f.) ein Ende bereitet habe. Die Bedeutung des 18. März 1890 sei damit vergleichbar, da nun auch das **rückständige System Bismarcks beendet** sei und eine neue Ära anbreche (vgl. Z. 3 f.).

Bedeutung von Bismarcks erzwungenem Rücktritt

Die These, dass nach Bismarcks Entlassung eine **neue Zeit** beginne, wird im folgenden Abschnitt begründet. Der Rücktritt Bismarcks wird als „welthistorisches Ereigniß" (Z. 7) bezeichnet, bei dem es sich laut dem Verfasser nicht bloß um einen personellen Wechsel, sondern um den **Untergang eines gesamten politischen Systems** handelt: „Das System Bismarck fällt, es stirbt ab an dem jugendkräftigen Wesen einer neuen Zeit, die sich aus dem Volke heraus offenbart und auch auf der Höhe die Geister beherrscht." (Z. 12 ff.) Nach Meinung der Frankfurter Zeitungsredaktion ist eine **das gesamte deutsche Volk umfassende Bewegung** entstanden, die nicht mehr mit den alten Strukturen bismarckscher Prägung vereinbar ist. Diese neue Zeit habe nicht plötzlich von heute auf morgen begonnen, sondern habe sich **über einen längeren Zeitraum entwickelt** (vgl. Z. 18 ff.). Der Verfasser betrachtet dies als einen „historische[n] Prozeß, der unabwendbar sei" (Z. 24). Demzufolge habe der Rücktritt Bismarcks auch **kaum Proteste** hervorgerufen, weil er von allen Seiten als „Unterordnung unter die Gebote des politischen und kulturellen Fortschritts" (Z. 26) gesehen werde. So sei gerade von Bismarcks bisherigen Unterstützern zu erwarten, dass sie die grundlegenden **Fehler des bismarckschen Systems** beizeiten **offenlegen** werden (vgl. Z. 29 ff.).

Charakterisierung von Bismarcks politischem Handeln

Nach seiner Einschätzung der Bedeutung von Bismarcks Entlassung widmet sich der Artikel im Folgenden dem **politischen Handeln des Reichskanzlers**. Das Fundament der bismarckschen Politik sei „die Bekämpfung und **Niederhaltung jeder ihm entgegentretenden Meinung** und Bestrebung durch äußere Machtmittel" (Z. 33 f.) gewesen, wobei Bismarck seine außenpolitischen Leitlinien auch auf die Politik im Inneren angewendet habe. Dabei habe er eine so **dominierende Position** innegehabt, dass er „alle Parteien zerrieb" (Z. 39), mit denen er vorher zur **Durchsetzung seiner Ziele** und Maßnahmen zusammengearbeitet habe. Lediglich die „fest[e] selbstbewusst[e] Haltung der Opposition" (Z. 40 f.) habe sich im Reichstag seiner Macht entgegengestellt, obwohl sie dafür die **politische und persönliche Ausgrenzung** durch Bismarck in Kauf habe nehmen müssen.

Anlass für Bismarcks Entlassung

Im Folgenden geht der Artikel auf den eigentlichen **Anlass** für Bismarcks erzwungenen Rücktritt ein, den der Verfasser mit der **Regierungsübernahme von Kaiser Wilhelm II.** verknüpft. Während es Bismarck unter Wilhelm I. gelungen sei, seine eigene Politik fast uneingeschränkt durchzusetzen (vgl. Z. 46 ff.), habe er seine **Machtfülle** mit der Thronbesteigung Wilhelms II. **eingebüßt** (vgl. Z. 60 ff.). Dies liege daran, dass der neue **Kaiser** von Bismarck **abweichende soziale und politische Vorstellungen** habe und zudem darauf aus sei, seiner Position entsprechend selbst zu herrschen (vgl. Z. 69). Deshalb wolle er Bismarck keinen so allumfassenden Einfluss mehr auf die Politik gewähren.

Umgang mit der Sozialdemokratie

Der größte Fehler Bismarcks sei jedoch sein **Umgang mit der Sozialdemokratie** und der Arbeiterschaft gewesen („Versündigungen des Bismarck'schen Systems", Z. 74). Auf der einen

Seite habe Bismarck mit seinem „Ausnahmegesetz" (Z. 76) zur **Bekämpfung der Sozialdemokratie** indirekt **zu deren Stärkung beigetragen**, sodass sie nun laut dem Verfasser zu „eine[r] Gefahr für die innere Entwicklung zu werden droht" (Z. 77). Auf der anderen Seite sei Bismarck dem Irrtum erlegen, die **Einführung des allgemeinen Wahlrechts** sei **als demokratisches Zugeständnis ausreichend** gewesen, um darauf sein absolutes Regime zu errichten (vgl. Z. 80 ff.). Sowohl das Volk als auch der Kaiser würden sich aber eine andere Politik wünschen (vgl. Z. 84 ff.).

Fazit und Ausblick

Abschließend bekräftigt der Verfasser seinen **Zukunftsoptimismus**, wenn er Bismarcks Rücktritt als „**Erlösung**" (Z. 93) **von einem autoritären System** betrachtet und der Überzeugung Ausdruck verleiht, dass diesem kein vergleichbares folgen werde („in der Größe seiner Thaten und Sünden wird ihm kein anderes gleichkommen", Z. 90 f.). Stattdessen erhofft sich der Verfasser **neue Freiheiten und Rechte für die gesamte deutsche Nation** (vgl. Z. 94 f.).

2. *Die Aufgabenstellung der zweiten Teilaufgabe ist zweigeteilt. In einem ersten Schritt sollen Sie die verfassungsmäßigen und innenpolitischen Grundlagen der Kanzlerschaft Bismarcks erläutern. Hierbei sollten Sie die für die Quelle relevanten Charakteristika der Reichsverfassung von 1871 darlegen sowie Bismarcks Regierungskonzept, den Kampf gegen seine Gegner und seine Maßnahmen zur inneren Sicherheit und Stabilität des Reichs. In einem zweiten Schritt gilt es, die Haltung des Verfassers zu charakterisieren. Das heißt, dass Sie herausarbeiten müssen, wie das Redaktionsgremium der Frankfurter Zeitung zu Bismarck und seiner Politik steht. Dabei kann es hilfreich sein, zu berücksichtigen, dass die Zeitung aus dem liberal-bürgerlichen Milieu stammt. Vergessen Sie nicht, sich bei beiden Aufgabenteilen an passenden Stellen auf den Ausgangstext zu beziehen.*

Bismarcks Kanzlerschaft

Verfassungsgrundlagen

Nach den drei **Einigungskriegen** (1864, 1866, 1870/71) und der Kaiserproklamation am 18. Januar 1871 im Spiegelsaal von Versailles hatte Bismarck die lang ersehnte **Nationalstaatsgründung „von oben"** ohne Beteiligung des Volks vollzogen. Die von Bismarck geschaffene **Reichsverfassung**, die das **monarchische Prinzip** umsetzte, räumte auch weiterhin der preußischen Führungsspitze die größte Macht ein. **Bismarck** fungierte als **Reichskanzler**, preußischer **Ministerpräsident und Außenminister**, er war, wie die Frankfurter Zeitung zutreffend feststellt, im Rahmen seiner Kanzlerschaft „unumschränkter Leiter der gesammten Politik" (Z. 46 f.) geworden. Kaiser Wilhelm I. ließ ihm weitestgehend freie Hand beim Regieren. Als

Reichskanzler war Bismarck **lediglich dem Kaiser verantwortlich** und führte als Vorgesetzter der von ihm ernannten Staatssekretäre die Regierung. Aus diesem Grund nennt die Frankfurter Zeitung seinen Regierungsstil ein „absolute[s] Regimen[t]" (Z. 82). Obwohl das **Parlament** nur an der Gesetzgebung teilhatte und **keine umfassenderen Entscheidungskompetenzen** besaß, galt die Reichsverfassung dennoch für ihre Zeit als fortschrittlich, da sie über ein **modernes und demokratisches Wahlrecht** verfügte (vgl. Z. 80 f.). Allerdings gab es **keinen Zwang zur Regierungsbildung**, sodass es Bismarck möglich war, seine Gesetzesvorlagen mithilfe immer neuer Mehrheiten durchzusetzen. Dass er damit „alle Parteien zerrieb" (Z. 39), trug zusätzlich zur **Aushöhlung der Befugnisse des Parlaments** bei.

innenpolitische Grundlagen I: Kampf gegen „Reichsfeinde"

Innenpolitisch bekämpfte Bismarck, wie es auch im Artikel der Frankfurter Zeitung in Zeile 33 f. heißt, aktiv diejenigen, die seine Form der Reichsgründung und Politik ablehnten. Zu seinen inneren „**Reichsfeinden**" erklärte er zunächst die **katholische Kirche** und ihre politische Vertretung, die **Zentrumspartei**. Im Rahmen des „**Kulturkampfes**" (1871–1887) versuchte er mit verschiedenen Maßnahmen, deren Einfluss zu beschneiden. So untersagte der „**Kanzelparagraph**" Geistlichen, sich während der Ausübung ihres Berufs zu politischen Themen zu äußern. Außerdem wurden die **Zivilehe** und eine staatliche **Schulaufsicht** eingeführt, der papsttreue **Jesuitenorden** wurde **verboten** und mit dem „**Brotkorbgesetz**" entzog der Staat der katholischen Kirche sämtliche Geldzuwendungen. Auch die aufkommende **Sozialdemokratie** gehörte für Bismarck in die Gruppe der „Reichsfeinde", was der Artikel der Frankfurter Zeitung ebenso deutlich macht (vgl. Z. 78 ff.). Im Mai/Juni 1878 nahm Bismarck zwei Attentate auf Kaiser Wilhelm I., mit denen die Sozialistische Arbeiterpartei nachweislich nichts zu tun hatte, zum Anlass, gegen die Sozialdemokratie vorzugehen. Mit dem 1878 verabschiedeten und bis 1890 immer wieder verlängerten **Sozialistengesetz**, das von der Frankfurter Zeitung als „Ausnahmegesetz" (Z. 76) bezeichnet wird, bekämpfte er den politischen Arm der Arbeiterbewegung. So wurden sozialistische Parteien, Vereinigungen, Versammlungen und Druckschriften allesamt verboten. Dieser neue **Reichsnationalismus gegen „innere Feinde"** hatte jedoch zur Folge, dass die **bekämpften Gruppen** stärker denn je zusammenhielten und **große Wahlerfolge** feiern konnten (Zentrum 1881 stärkste Partei im Reichstag; 1890 meiste Stimmen bei Reichstagswahl für Sozialdemokratie, vgl. Z. 76 f.). Bismarcks **Maßnahmen** waren also auf ganzer Linie **gescheitert** und hatten die Spaltung der Gesellschaft noch vertieft.

Das hatte auch damit zu tun, dass das Deutsche Reich ein **Obrigkeitsstaat** blieb und Bismarck als Vertreter des altpreußischen Landadels („der kühne Brandenburgische Junker", Z. 66) „die Berechtigung des Emanzipationskampfes" (Z. 79) der Arbeiterschaft zurückwies. So gelang es ihm nicht, zufriedenstellende Antworten auf die **Soziale Frage** zu finden und die Arbeiter in den Staat einzubinden. Allerdings sah er sich nach dem **Erstarken der Sozialdemokratie** gezwungen, arbeiterfreundliche Maßnahmen durchzusetzen, um die Arbeiterschaft mit dem Staat zu versöhnen und den inneren Frieden aufrechtzuerhalten. Seine **staatliche Sozialpolitik** umfasste die gesetzliche **Krankenversicherung** (1883), eine **Unfallversicherung** (1884) sowie eine **Alters- und Invaliditätsversicherung** (1889), die die Lage der Arbeiter durchaus verbesserten. Dennoch **scheiterte** Bismarck insgesamt mit seinem Ansinnen, die **Sozialdemokratie zu schwächen** und die Arbeiter stärker an den Staat zu binden.

innenpolitische Grundlagen II: Deutsches Reich als Obrigkeitsstaat

Die bisherigen Verweise auf das zugrundeliegende Material haben bereits gezeigt, dass dessen Verfasser (und mit ihm die gesamte Redaktion der Frankfurter Zeitung) **Bismarck und seiner Politik eher ablehnend** gegenübersteht. Dies soll im Folgenden noch detaillierter herausgearbeitet werden.

Charakterisierung der Haltung des Verfassers

Zunächst lässt sich festhalten, dass der Verfasser mehrmals die **Rückständigkeit** und den **autoritären Charakter der Regierung Bismarcks** betont. Schon zu Beginn des Artikels wird über den Vergleich zur Situation von 1848 deutlich, dass damals wie heute dem Absolutismus abgeschworen werden müsse (vgl. Z. 1 ff.). Auch später im Text heißt es, dass eine neue Ära angebrochen sei, in der das alte, **morsche System Bismarcks ausgedient** habe und „den Anforderungen, die eine neue Zeit stellt, nicht zu genügen vermag" (Z. 16 f.).

Ablehnung des autoritären bismarckschen Systems

Des Weiteren kennzeichnen **Zukunftsoptimismus und Fortschrittsgläubigkeit** die Haltung des Verfassers. Er ist der Meinung, dass Bismarcks System „dem jugendkräftigen Wesen einer neuen Zeit" (Z. 12 f.) zum Opfer falle und der Fortschritt „unerbittlich das, was innerlich abgestorben ist, auch äußerlich dem Untergang weihen" (Z. 26 f.) würde.

politischer Fortschrittsglaube

Wiederholt erwähnt der Verfasser, dass die „**Bekämpfung** [...] **jeder ihm entgegentretenden Meinung** und Bestrebung" (Z. 33 f.) ein Charakteristikum des alten Systems sei, welches **liberalem Denken und Handeln widerspricht**. Er sieht sich selbst als **Vertreter der Opposition**, die Bismarck mit „feste[r] selbstbewußte[r] Haltung" (Z. 40 f.) die Stirn geboten habe.

Widerstand gegen Bismarcks Unterdrückung politischer Gegner

Gleichwohl stellt der Verfasser auch die **Leistungen** heraus, die Bismarck dem Deutschen Reich im Rahmen seiner Politik habe angedeihen lassen (vgl. Z. 36 ff.). Mit der abschließenden Aussage, „in der Größe seiner Thaten und Sünden wird ihm kein anderes [System] gleichkommen“ (Z. 90 f.), würdigt der Verfasser die **positiven wie negativen Ergebnisse von Bismarcks Handeln**.

Anerkennung von Bismarcks Verdiensten

Der Redakteur der Frankfurter Zeitung erkennt die **Notwendigkeit einer staatlichen Sozialpolitik** an und bezeichnet die verspäteten sowie unzureichenden Maßnahmen Bismarcks als „schlimmst[e] Versündigungen“ (Z. 74). Gleichzeitig **distanziert er sich aber von der Sozialdemokratie**, wenn er die Partei als „Gefahr für die innere Entwicklung“ (Z. 77) bezeichnet und Bismarck den Vorwurf macht, sie mit seinem Sozialistengesetz erst gestärkt zu haben (vgl. Z. 75 ff.).

Befürwortung staatlicher Sozialpolitik, aber Gegnerschaft zu Sozialdemokratie

Am Schluss des Artikels offenbart sich noch einmal die **liberale Grundhaltung** des Verfassers, wenn er die zukünftige Freiheit der Nation und des Volks beschwört (vgl. Z. 91 ff.). Er richtet sich **gegen** die als **absolutistisch und repressiv empfundene Bismarck-Ära** und blickt aufgrund seines Fortschrittsglaubens optimistisch in die Zukunft.

Fazit: liberale Grundhaltung des Verfassers

3. *Die dritte Teilaufgabe fordert Sie dazu auf, zu den Ausführungen im Leitartikel der Frankfurter Zeitung Stellung zu nehmen. Das bedeutet, dass Sie ein begründetes Sachurteil zu den vorliegenden Äußerungen fällen müssen. Die Aufgabenstellung gibt Ihnen bereits vor, dass Sie dazu sowohl die bisherigen Entwicklungen bis 1890 als auch zukünftige Geschehnisse und Prozesse berücksichtigen müssen. Es geht also darum, auf der Grundlage Ihrer historischen Kenntnisse zu entscheiden, inwiefern dem Verfasser des Leitartikels zuzustimmen ist, inwiefern ihm aber auch widersprochen werden muss. Beenden Sie Ihre Stellungnahme dann mit einem differenzierten Fazit.*

Hinführung zur Stellungnahme

Der Leitartikel der Frankfurter Zeitung vom 18. März 1890 blickt auf die **Entwicklungen der Ära Bismarck** zurück und begrüßt die **Entlassung Bismarcks als weltbewegendes Ereignis**, das dem Fortschritt im Deutschen Reich zugutekäme. Im Folgenden soll untersucht werden, inwiefern den Aussagen des Verfassers zuzustimmen ist, inwiefern diese aber auch relativiert werden müssen.

zustimmende Aspekte
Dominanz Bismarcks

Zunächst lässt sich festhalten, dass der Verfasser die **starke Stellung Bismarcks** unter der Regierung Wilhelms I. zutreffend charakterisiert. In der Tat hatte sich **Wilhelm I. als schwacher**

Kaiser erwiesen, der Bismarck einen großen Handlungsspielraum gewährte. Mit dieser Rückendeckung scheute Bismarck nicht davor zurück, seine **Gegner mit repressiven Maßnahmen zu unterdrücken** und so seine politischen Ziele umzusetzen. Der Redakteur der Frankfurter Zeitung bezeichnet dies zurecht als „Quintessenz“ (Z. 33) des bismarckschen Systems.

Bedeutsamkeit von Bismarcks Rücktritt

Die **Bedeutung**, die der Verfasser **Bismarcks Rücktritt** einräumt, ist ebenso zutreffend wiedergegeben. Mit der Niederlegung seines Amtes endete die **Ära Bismarck**. Der Reichskanzler, der mit „Blut und Eisen“ die **Reichsgründung durchgesetzt** und das Deutsche Reich durch seine **ausgewogene Außenpolitik** im Kreis der europäischen Großmächte etabliert hatte, wurde sowohl vom deutschen Volk als auch von Kaiser Wilhelm II. für diese Leistungen bewundert. Auch das Redaktionsgremium der Frankfurter Zeitung erwähnt die **Erfolge der bismarckschen Politik**, wenn von seiner „Stärke“ (Z. 39) und der „Größe seiner Thaten“ (Z. 90) die Rede ist.

Konservativismus Bismarcks

Da Bismarck die **Monarchie** aber um jeden Preis **vor liberalen, demokratischen und sozialistischen Tendenzen bewahren** wollte, versäumte er es, die gesellschaftlichen Veränderungen hin zu einem modernen Staat wahrzunehmen. Bismarck blieb mit seinem **obrigkeitsstaatlichen Regiment** im konservativ-nationalen Milieu des Kaiserreichs stecken und konnte den **Sprung in die Moderne nicht leisten**. Dass die Zeichen der Zeit aber längst anders standen, gibt der Leitartikel korrekt wieder: Die **Sozialdemokratie** spielte zur Zeit der Zweiten Industriellen Revolution eine immer **stärkere Rolle**, welche der Reichskanzler nicht wahrhaben wollte. Aus diesem Grund unterließ er es, adäquat auf ihre Entwicklung zu reagieren.

relativierende Aspekte

Überschätzung der Rolle des Volks

Neben den zahlreichen überzeugenden Aspekten gibt es jedoch auch einige **Aussagen** des Leitartikels, die (zumindest aus heutiger Sicht) **relativiert** werden müssen. So **überschätzt** die liberale Zeitung die **Rolle des Volks**, das an der Rücktrittserklärung Bismarcks nicht beteiligt war. Aus diesem Grund ist die **revolutionäre Situation** im März 1848 mit dem von der liberalen Zeitung als Umsturz dargestellten **Rücktritt Bismarcks nicht zu vergleichen**. Bei den Ereignissen von 1848 handelte es sich um eine **bürgerlich-revolutionäre Bewegung** in ganz Europa, bei der die Revolutionäre Reformen wie die Errichtung eines Nationalstaats, die Demokratisierung des politischen Systems und die Verbesserung der sozialen Bedingungen forderten. Die **Volkserhebung scheiterte** und wurde gewaltsam niedergeschlagen, darauf folgte eine Phase politischer und gesellschaftlicher **Restauration**. Der **Rücktritt Bismarcks** und das **Ende seiner Ära** werden hier **in ihrer Dimension verkannt**, wenn die Verfasser sie mit der Situation im März 1848 vergleichen. Die Ursachen, der Charakter und die Ergebnisse beider Entwicklungen sind zu unterschiedlich.

Aufgrund ihres **Zukunftsoptimismus** schätzen die Redakteure der liberalen Zeitung den politischen Fortschritt, den sie in der auf Bismarck folgenden Zeit erwarten, **zu positiv** ein. Der von Kaiser Wilhelm II. propagierte „**Neue Kurs**" wurde zunächst tatsächlich als Beginn einer neuen Zeit wahrgenommen, da er den modernen technischen Errungenschaften und sozialen Veränderungen offen gegenübertrat. Dem widersprachen jedoch das **altmodische Herrschaftsverständnis** Wilhelms II., sein **Militarismus** und seine **Selbstüberschätzung**. So war Wilhelm II. Bismarck im Hinblick auf seine politische Einstellung viel ähnlicher als es der im Artikel erwähnte Gegensatz vermuten lässt. Die **Entzweiung von Bismarck und dem jungen Kaiser** lag also weniger in politischen Differenzen als im **Herrschaftsverständnis Wilhelms II.** und seinem Willen begründet, selbst zu regieren, anstatt die Regierungsgeschäfte dem Kanzler zu überlassen. Auch dem **Kaiser gelang es letztlich nicht**, die sozialen Probleme der **Arbeiterschaft** wirklich nachzuvollziehen und Strategien für die **Verbesserung ihrer Lage** zu entwickeln. Hinzu kommt, dass der vom Verfasser erwartete „frei[e] Flügelschlag" (Z. 94) nicht die erhoffte Liberalisierung brachte. Das Kaiserreich blieb auch unter Wilhelm II. ein **Obrigkeitsstaat**, in dem ein überhöhter Nationalismus vorherrschte und der deutsche **Liberalismus** in einem erstarkenden autoritären Machtstaat **geschwächt** blieb. Die **Ära Bismarck wurde** deshalb auch in der Folgezeit **nicht so negativ gesehen**, wie der Artikel es skizziert. Vor allem Bismarcks **Verdienste um die Reichseinigung** wurden als große Errungenschaft gefeiert. Dem Reichskanzler wurde auf vielfältige Weise Ehre erwiesen, was sich beispielsweise an einer großen Anzahl von **Denkmälern** und anderen Huldigungen im öffentlichen Raum zeigte, bei denen man insgesamt von einem regelrechten „**Bismarck-Kult**" sprechen kann.

zu großer Fortschrittsoptimismus angesichts der Ähnlichkeit im politischen Denken von Bismarck und Wilhelm II.

Als **falsche Einschätzung** des Verfassers muss die Befürchtung zurückgewiesen werden, dass die erstarkende **Sozialdemokratie** eine „**Gefahr** für die innere Entwicklung" (Z. 77) des Deutschen Reichs werden könne. Die **SPD** entwickelte sich zwar nach der Aufhebung des Sozialistengesetzes im Jahr 1890 rasch zu einer **Massenpartei** und vertrat in ihrem 1891 verabschiedeten Erfurter Programm einen **dogmatischen Marxismus**. Allerdings

Fehlbeurteilung der Gefahr durch Sozialdemokratie

setzte sich in der politischen Realität der **revisionistische Flügel** durch, der für eine **Zusammenarbeit** mit dem bestehenden Staat und dessen Veränderung durch **Reformen** eintrat. Bereits vor Ausbruch des Ersten Weltkriegs konnte die SPD in eine **bürgerliche Koalition** eingebunden werden und stimmte zu Beginn der Kampfhandlungen der Bewilligung der Kriegskredite zu („**Burgfrieden**"). Von einer **revolutionären Gefährdung des Staats** durch die Sozialdemokratie konnte also **keine Rede** sein.

einseitige Konzentration auf Bismarcks Innenpolitik

Kritisch ist am Artikel der Frankfurter Zeitung auch zu sehen, dass er sich lediglich **auf die Innenpolitik Bismarcks beschränkt** und **außenpolitischen Erfolge** völlig **außer Acht** lässt. Auf diesem Gebiet hatte der Reichskanzler allerdings mit seinem klugen **Bündnissystem** und seinem betont **maßvollen Vorgehen** dafür gesorgt, dass sich das Deutsche Kaiserreich in das Mächtegleichgewicht Europas einfügen und die Bedenken der europäischen Nachbarn zerstreuen konnte. Gerade im Hinblick auf **Kaiser Wilhelms aggressive Außenpolitik** und sein Streben nach einem „Platz an der Sonne" (Reichskanzler Bülow) ist Bismarcks **außenpolitische Zurückhaltung als Besonderheit** zu würdigen.

Fazit

Insgesamt lässt sich festhalten, dass dem Verfasser aus den Reihen des Redaktionsgremiums der Frankfurter Zeitung vor dem Hintergrund seiner liberalen Grundhaltung eine **stimmige Analyse der bismarckschen Innenpolitik** gelingt. Mit seinen **Erwartungen an** eine mit Bismarcks Rücktritt einhergehende **Liberalisierung** im Kaiserreich liegt er allerdings nicht richtig, was wahrscheinlich seinen eigenen **großen Zukunftshoffnungen** zuzuschreiben ist, die von Kaiser Wilhelm II. **nicht erfüllt** wurden.

Abiturprüfung 2021 NRW – Leistungskurs Geschichte
Aufgabe 2

A: Interpretation sprachlicher oder nichtsprachlicher historischer Quellen

Aufgabenstellung	Punkte
Interpretieren Sie die Quelle, indem Sie	
1. sie analysieren,	26
2. sie in den historischen Kontext einordnen *(14 Punkte)* und die vom Autor hergestellten Bezüge zur NS-Politik herausarbeiten (*14 Punkte*),	28
3. zu den Ausführungen des Autors Stellung nehmen.	26

M: Carl Friedrich Goerdeler: Entwurf der für den 20. Juli 1944 vorbereiteten Rundfunkansprache

Deutsche!

Ihr wißt seit heute, worum es geht, was unsere Beweggründe und unsere Absichten sind. Das Recht äußerster Notwehr und die Pflicht der Selbsterhaltung zeichnen uns und euch den Weg vor. Nicht der versprochene Staat fester und weiser Führung, sondern eine *schreckensvolle Zwangsherrschaft* ist uns zuteil geworden. Tapferkeit, Todesmut und Können unserer Soldaten sind schändlich mißbraucht, unsere Heimat ist skrupellos der Not und Zerstörung ausgesetzt worden.

Als Endglied einer vermeidlichen Kette von Rechtsbeugungen und Rechtsbrüchen hat Hitler in seiner Reichstagsrede vom 25. 4. 1942 *alle Deutschen für vogelfrei erklärt,* indem er sich das Recht anmaßte, jedes Urteil nach seinem eigenen Ermessen umzustoßen.[1] Er hat damit einen *Tiefstand der Rechtlosigkeit* heraufbeschworen, der im Leben gesitteter Völker bisher unbekannt war und nicht mehr zu überbieten ist. Aus dem stolzen Deutschland des gleichen Rechts für alle hat er eine ohnmächtige Zwangsgemeinschaft von Sklaven gemacht, in der der Bürger nicht mehr die Möglichkeit hat, sich gegen Unrecht zur Wehr zu setzen. Höchste Würdenträger, auch Adolf Hitler selbst, haben zahllose Verbrechen gegen Leib und Leben, gegen Eigentum und Ehre begangen, angeordnet und geduldet. […]

Eine *abenteuerliche, machthungrige Außenpolitik* hat unser Volk in eine Lage gebracht, deren Ernst nicht mehr übersehen werden kann. Die Rücksicht auf den Krieg verbietet uns, alles beim Namen zu nennen. Aber ihr wißt oder fühlt, wohin *Gewissenlosigkeit und Wahnwitz* uns alle gebracht haben. Lautere Männer aller Stände und aus allen Gauen werden von uns berufen und ihre Namen euch bekanntgegeben werden, die alles, was geschehen ist, gewissenhaft prüfen und euch auch über den Stand der Dinge, den wir vorfanden, eingehend unterrichten sollen, sobald die Lage es gestattet.

Eins aber können wir euch jetzt schon sagen: *das Gebäude des Staates, das auf Unrecht, Willkür, Verbrechen aller Art, Eigennutz, Lüge aufgebaut wurde, wird niedergerissen werden. Das Fundament des neuen Staatsbaues werden die sicheren*

Grundlagen des menschlichen Zusammenlebens bilden, werden Recht und Gerechtigkeit, Wahrhaftigkeit, Anstand, Sauberkeit, Vernunft, Rücksicht aufeinander und *Rücksicht auch auf die von Gott geschaffenen Völker und ihre Lebensinteressen sein.*

Wenn wir keinen zweiten November 1918 erleben wollen, so ist der letzte Augenblick gekommen, diesen Vorsatz in die Tat umzusetzen. Wir werden schon in den nächsten Tagen vor aller Öffentlichkeit *diejenigen ohne Rücksicht auf ihre Stellung zur Rechenschaft ziehen, die für die Verbrechen von Staat und Volk verantwortlich sind.* [sic!]

[…]

Ihr sollt so schnell wie möglich Verbrecher und Verbrechen erfahren. Ihr werdet selbst in die Lage versetzt werden, festzustellen, daß *Ungeheuerliches geschehen* ist. Aber wir werden auch dafür sorgen, daß nur *gerechte Bestrafung nach den Gesetzen* stattfindet. Niemand von euch lasse sich zu einer voreiligen Handlung hinreißen; denn über allen Rachegefühlen steht die Notwendigkeit, den Staat gleichen Rechts für alle unter einer gerechten Führung wiederherzustellen.

[…]

Niemand, der ein gutes Gewissen hat, braucht sich zu fürchten und zu sorgen. *Es geht nicht um die Frage: Parteigenosse oder Volksgenosse. Fort mit diesen Unterschieden, die artfremd dem deutschen Wesen aufgepfropft sind! Es geht nicht um die Frage: SS, SA oder welche Organisationen auch immer. Es geht um die Frage: anständig oder unanständig!*

Jeder hat seine Pflicht da weiter zu erfüllen, wo er steht, nur den Gesetzen und den Verordnungen der neuen Amtsgewalt gehorchend. Das Schicksal unserer schwer kämpfenden Soldaten hängt davon ab, daß jeder in der Heimat sein Äußerstes hergibt. Ihnen und unseren geliebten Toten sind wir alles schuldig. Sie und unsere Verwundeten müssen allen anderen Sorgen vorangehen.

[…]

Am ernstesten sieht es auf dem Gebiete der Außenpolitik aus. Hier haben wir mit den Interessen und dem Willen anderer Völker zu rechnen. *Wir wissen noch nicht, wie sich das Ausland zu uns stellt.* Wir haben handeln müssen aus der Verpflichtung des Gewissens heraus. Aber wir wollen euch sagen, was wir an außenpolitischen Zielen sehen. Wir Deutschen leben ebensowenig wie ein anderes Volk allein auf dieser Welt. Wir haben uns daher zu unserem eigenen Besten mit dem Vorhandensein, den Eigenschaften und Interessen anderer Völker auseinanderzusetzen. Es ist unsere Überzeugung, daß diese *Auseinandersetzung nicht mit Waffengewalt erfolgen soll.* Je weiter Gott uns gestattet hat, durch die Gaben des Geistes, die wir ihm verdanken, die *Technik* zu entwickeln, desto zerstörender ist der *Krieg* geworden. Er zerstört das, auf dessen Errichtung die Gaben des Geistes angesetzt sind. *Er frißt sich schließlich selbst auf.* Wir wollen daher einen *friedlichen, gerechten Ausgleich* der nun einmal in dieser Welt vorhandenen Interessengegensätze, die viel weniger durch die Menschen als durch ihre Umwelt bedingt sind. Wir sind der Überzeugung, daß ein solcher Ausgleich möglich ist, weil er bei ruhiger Betrachtung im Interesse aller Völker liegt. Er hat zur *Voraussetzung, daß die Völker sich gegenseitig achten und jedem Volke das Recht zubilligen, selbständig einen Staat zu bilden* und zu verwalten. Die Völker fördern ihre Wohlfahrt und ihr Seelenheil am besten, wenn sie *zusammenarbeiten* und so ihre verschiedenartigen Kräfte zu einem *großen, harmonischen, alle erfreuenden Zusammenklang* bringen. Eine solche Zusammenarbeit wird zu einem möglichst *ungehinderten Güteraustausch* führen. Unter ihm sind die großen und kleinen Staaten seit dem Beginn des 19. Jahrhunderts zu *Wohlstand und Blüte* gelangt. Ihn gilt es so bald wie möglich wiederherzustellen. […]

Zu einer solchen Zusammenordnung im kleinen wie im großen sind wir, die Selbständigkeit aller Staaten, so wie sie sich im Laufe der Geschichte entwickelt haben, anerkennend, bereit. […] Dabei müssen wir den Gegebenheiten dieses unseligen Krieges Rechnung tragen. Aber wir werden dafür sorgen, *daß, soweit zur Zeit noch fremde Gebiete besetzt gehalten werden müssen, den Betroffenen volle Selbstregierung wieder ermöglicht und die Anwesenheit deutscher Truppen so wenig lastend wie möglich gemacht wird.* Wissen wir doch aus eigener schmerzvoller Erfahrung, wie tief die Seele jedes Volkes von der Tatsache berührt wird, die Soldaten eines anderen Volkes auf der geheiligten Heimaterde zu sehen.

Wir müssen also, *nicht wissend, wie sich die Welt uns gegenüber stellen wird, den Kampf weiterführen,* wir alle haben viele bittere Erfahrungen hinter uns. Wir sind Männer, die es gewohnt waren, unsere Pflicht auch unter den widerwärtigsten Umständen zu tun. Wir sind Männer, die *ein böses Erbe übernehmen,* ohne über die bisherigen ungetreuen Verwalter unserer Schicksale zu schimpfen. […]

So rufen wir auch auf zu tätiger Selbstbesinnung und zu opferbereiter Zuversicht. *Hasset nicht, helft vielmehr! Vollbringt das Größte: findet die Seele unseres Volkes wieder.* Gewinnt so die Kraft, noch mehr zu leisten und unseren tapferen Soldaten zu Lande, auf dem Meer und in der Luft noch wirksamer zu helfen. Vereinen wir uns mit ihnen in der Ruhe des Gewissens, daß *kein deutsches Mannesblut mehr der Ruhmsucht unfähiger Führung, sondern nur noch der Verteidigung unserer Lebensinteressen geopfert werden wird.*

Mit Gott für Recht, Freiheit und Sicherung friedlicher Arbeit.

Carl Friedrich Goerdeler: Entwurf der für den 20. Juli 1944 vorbereiteten Rundfunkansprache.

Anmerkung:

1 In der Reichstagssitzung, die allerdings am 26. April 1942 stattfand, wurde Hitler ermächtigt, jeden Beamten und Richter ohne Vorbehalte aus einem Amt zu entfernen. Hitler wurde damit auch im Bereich der Justiz zur letzten Entscheidungsinstanz.

Hinweise zum Autor und zum Material:

Carl Friedrich Goerdeler (1884–2. Februar 1945): deutscher Politiker (DNVP) und Mitglied des Widerstands gegen den Nationalsozialismus. Goerdeler stand dem Nationalsozialismus nach 1933 zunächst positiv gegenüber, trat jedoch 1936 aus Protest vom Amt des Leipziger Oberbürgermeisters zurück. In der Folge näherte er sich dem Widerstand an und gehörte bald zu dessen führenden Köpfen. Er sollte nach dem Attentat vom 20. Juli den Posten des Reichskanzlers übernehmen.

Der Entwurf für die Rundfunkansprache wurde aus den Unterlagen der „Gestapo-Sonderkommission 20. Juli" rekonstruiert. Ob die Hervorhebungen im Text auf das Original oder die Gestapo-Unterlagen zurückgehen, lässt sich nicht mehr ermitteln.

Rechtschreibung und Hervorhebungen wie in der Vorlage.

Zugelassene Hilfsmittel: Wörterbuch zur deutschen Rechtschreibung

Lösungsvorschläge

Diese Aufgabe entspricht den folgenden aktuellen Schwerpunktthemen:

- ***Inhaltsfeld 5:*** *Die Zeit des Nationalsozialismus – Voraussetzungen, Herrschaftsstrukturen, Nachwirkungen und Deutungen*
  - *Politische und ideologische Voraussetzungen des Nationalsozialismus*
  - *Die Herrschaft des Nationalsozialismus in Deutschland und Europa*
- ***Inhaltsfeld 6:*** *Nationalismus, Nationalstaat und deutsche Identität im 19. und 20. Jahrhundert*

1. *Die erste Teilaufgabe verlangt von Ihnen die Analyse einer Textquelle. Dazu gehört es, dass Sie diese zunächst formal vorstellen. Nennen Sie also ihren Autor, die Adressaten, das Erscheinungsdatum und den -anlass, die Textsorte, das Thema und die Intention. Anschließend müssen Sie dann Inhalt und Gedankengang der Rede wiedergeben. Dafür können Sie ein textdurchschreitendes Verfahren wählen oder wie in der vorliegenden Musterlösung eine Gliederung nach thematischen Aspekten vornehmen. In jedem Fall ist es wichtig, Ihre Aussagen mithilfe direkter und indirekter Zitate am Text zu belegen.*

Einleitung

Textsorte, Autor, Datierung, Anlass, Thema

Der vorliegende „Entwurf der für den 20. Juli 1944 vorbereiteten **Rundfunkansprache**", verfasst vom DNVP-Politiker und Widerstandskämpfer Carl Friedrich Goerdeler, thematisiert die **Gründe für** das zu diesem Zeitpunkt als gelungen vorausgesetzte **Attentat** auf Adolf Hitler und die daraus resultierenden **Maßnahmen einer neuen Regierung** Deutschlands. Da die politische Rede über den Rundfunk ausgestrahlt werden sollte, richtet sie sich an alle Radiohörer im Deutschen Reich und somit an die gesamte **deutsche Öffentlichkeit**. Die Intention Goerdelers ist es, seine Zuhörerschaft für die Pläne und Ideen der neuen Regierung zu gewinnen sowie **an den Zusammenhalt** der deutschen Bevölkerung in der Umbruchsituation zu **appellieren**.

Adressaten

Intention

strukturierte Wiedergabe

Beschreibung der gegenwärtigen Lage und Rechtfertigung des Attentats

Goerdeler beginnt seine Ansprache mit einer **Skizzierung der gegenwärtigen Lage**, womit er die begangene Tat zu begründen versucht. Er betrachtet das **Attentat auf Hitler** als „äußerst[e] Notwehr" sowie als „Pflicht der Selbsterhaltung" (Z. 3), da Deutschland durch eine „schreckensvolle Zwangsherrschaft" (Z. 5) regiert würde. Mit Blick auf die vergangenen Kriegsjahre konstatiert Goerdeler einen **Missbrauch soldatischer Werte**, außerdem sei Deutschland schonungslos in „Not und Zerstörung" (Z. 7) gebracht worden. Goerdeler prangert die **Abschaffung des Rechtsstaats** im Deutschen Reich an, da spätestens mit Hitlers Reichstagsrede am 25. April 1942 (eigentlich am 26. April 1942) die Gewaltenteilung aufgehoben und das deutsche Volk völlig entrechtet worden sei (vgl. Z. 8 ff.). Goerdeler bezeichnet dies als

„Tiefstand der Rechtlosigkeit“ (Z. 11). Für diese ernste Lage trügen die **NS-Führung und Adolf Hitler die Verantwortung**, da sie zahlreiche Unrechtstaten selbst begangen oder angeordnet hätten (vgl. Z. 15 ff.). Dazu gehöre auch eine „abenteuerliche, machthungrige **Außenpolitik**“ (Z. 18), die Deutschland und Europa in einen blutigen Krieg geführt habe. All die genannten Voraussetzungen hätten es nötig gemacht, mit **Gewalt gegen das herrschende Regime** vorzugehen.

Darstellung kurzfristiger Maßnahmen

Goerdeler stellt in seiner Rede zunächst **kurzfristige Maßnahmen** der Umgestaltung heraus, die nach einer sorgfältigen Bestandsaufnahme der gegenwärtigen Lage dringend nötig seien. Zu diesen gehört laut dem DNVP-Politiker die „gerechte **Bestrafung**“ (Z. 39) **der Hauptverantwortlichen** des NS-Regimes und eine umfassende **Aufklärung der Bevölkerung** über die begangenen Verbrechen (vgl. Z. 37). Hierbei gehe es der neuen Regierung nicht um Rache, sondern um **Gerechtigkeit** (vgl. Z. 40 ff.). Die Aufgabe aller Deutschen sei es, sich an die Vorgaben der neuen Regierung zu halten und ihre **Pflicht zu erfüllen** (vgl. Z. 49 f.). Dies sei man den „schwer kämpfenden Soldaten“ (Z. 50 f.) schuldig. Für Goerdeler steht fest, dass der **Krieg fortgeführt** werden muss, da noch unklar sei, wie sich das Ausland zur neuen Regierung Deutschlands verhalten werde (vgl. Z. 87 ff.). Die von den Deutschen **besetzten Gebiete** stünden vorerst weiterhin unter deutscher Herrschaft, jedoch solle diese so schonend wie möglich gestaltet werden (vgl. Z. 81 ff.). Außerdem werde man ihnen zukünftig das **Selbstbestimmungsrecht** einräumen.

Pläne für langfristige Neugestaltung

Für eine langfristige **Neuordnung Deutschlands** sei es nötig, eine Gemeinschaft auf der Basis **moralischer Werte** wie „Recht und Gerechtigkeit, Wahrhaftigkeit, Anstand, Sauberkeit, Vernunft, Rücksicht aufeinander und […] auf die von Gott geschaffenen Völker und ihre Lebensinteressen“ (Z. 28 ff.) zu begründen. Goerdeler betont, dass **niemand bestraft** werden würde, **weil er Mitglied der Partei ist** oder einer bestimmten Organisation der NSDAP angehört. Vielmehr argumentiert er mit **moralischen Gesichtspunkten**, wenn er diejenigen verschonen möchte, die über ein „gutes Gewissen“ (Z. 44) verfügen, und bei der Beurteilung jedes Einzelnen die Frage aufwirft, ob dieser „anständig oder unanständig“ (Z. 48) gehandelt habe.

Ausblick auf zukünftige Außenpolitik

Zudem stellt er ausführlich dar, wie das Deutsche Reich **zukünftig anderen Staaten begegnen** solle, und macht deutlich, dass dies „nicht mit Waffengewalt“ (Z. 62) geschehen solle. Man werde die **Existenz anderer Völker respektieren** und ihnen ihre Eigenheiten und Interessen zugestehen (vgl. Z. 60 f.). Die Erfahrungen hätten gezeigt, dass der **Krieg** infolge des technischen Fortschritts allumfassend und **selbstzerstörerisch** sei. Deshalb träten er und seine Mitstreiter für einen „friedlichen, gerechten Ausgleich der nun einmal in dieser Welt vorhandenen Interessengegensätze“ (Z. 66 f.) ein. Alle **europäischen Länder** sollten **zusammenarbeiten**, um einen „großen, harmonischen, alle erfreuenden Zusammenklang“ (Z. 73) zu erreichen. Dieser ziehe die **Wiederherstellung des Freihandels** nach sich, mit dem man im 19. Jahrhundert zu „Wohlstand und Blüte“ (Z. 76) gelangt sei.

abschließender Appell

Goerdeler schließt seine Rede mit einem **Appell** an die Deutschen, unterstützend **an** der notwendigen **Umgestaltung mitzuwirken** und positiv in die Zukunft zu blicken (vgl. Z. 92 ff.).

2. *Die zweite Teilaufgabe ist zweigeteilt. In einem ersten Schritt sollen Sie die vorliegende Quelle in ihren historischen Kontext einordnen. Das bedeutet, dass Sie die Entwicklungen thematisieren müssen, die zum militärischen Widerstand geführt haben. Gehen Sie außerdem kurz auf den Verlauf des Attentats vom 20. Juli 1944 und dessen Folgen ein. Im zweiten Aufgabenteil sollen Sie die von Goerdeler genannten Bezüge zur NS-Politik herausarbeiten. Rufen Sie sich also ins Gedächtnis, was Sie im Unterricht über den NS-Staat gelernt haben, und stellen Sie die von Goerdeler angedeuteten Aspekte ausführlicher in ihrem größeren Zusammenhang dar. Beziehen Sie sich bei beiden Aufgabenteilen an geeigneten Stellen immer wieder auf den Ausgangstext.*

historischer Kontext

Entwicklung des militärischen Widerstands

Die Anfänge des militärischen Widerstands, der im Attentat vom 20. Juli 1944 gipfelte, reichen bis in die 1930er-Jahre zurück. Spätestens mit der **Sudetenkrise** 1938 formierte sich ernsthafter **Widerstand in den Reihen des Militärs** (auch Goerdeler kritisiert die „abenteuerliche, machthungrige Außenpolitik“, Z. 18, des NS-Regimes), dessen erste Umsturzpläne durch die Ergebnisse der Münchner Konferenz allerdings hinfällig wurden. In den Jahren zuvor war nicht nur ein Großteil des Militärs, sondern ebenso die Mehrheit der Bevölkerung **zunächst mit der NS-Außenpolitik einverstanden**, wenn es um die militärische **Aufrüstung**, die **Revision des Versailler Vertrags** und die Annexion deutschsprachiger Gebiete ging. Diese von der breiten Masse getragene und als erfolgreich angesehene Politik Hitlers sowie die anfänglich rasch aufeinanderfolgenden Siege der deutschen Wehrmacht führten dazu, dass **Hitler als genialer Feldherr betrachtet** wurde. Weite Kreise des Militärs arrangierten sich deshalb mit dem Regime und arbeiteten in diesem mit. Erst **in den Kriegsjahren** reifte in einzelnen Militärs der Gedanke, dass **nur durch ein Attentat auf Hitler** eine **Kriegswende** sowie ein echter Neubeginn **möglich** seien.

Im Laufe der 1940er-Jahre hatten sich die Erfolge der ersten Kriegsjahre ins Gegenteil verkehrt. Die **Katastrophe von Stalingrad** im Winter 1942/43, die die Siegesgewissheit der Deutschen infrage gestellt hatte, war zum **Symbol der Wende** des Kriegs geworden. Das gesamte „**Unternehmen Barbarossa**", Hitlers Angriffsplan gegen die Sowjetunion, war **gescheitert**. Die deutschen Truppen wurden in ihrem Vormarsch gestoppt und zunehmend auf die deutschen Reichsgrenzen zurückgedrängt. Dennoch änderte sich der **Charakter des Kriegs im Osten** nicht, der von Hitler zugleich als **Weltanschauungs- und Vernichtungskrieg** gegen das „jüdisch-bolschewistische Untermenschentum" geführt wurde und die **Auslöschung der europäischen Juden** zum Ziel hatte. Goerdeler geht darauf zwar in seiner Rundfunkansprache nicht näher ein, spricht aber immer wieder von „Verbrecher[n] und Verbrechen" (Z. 37), die im Namen des deutschen Volks begangen worden seien.

Weltanschauungs- und Vernichtungskrieg im Osten

Die Alliierten hatten sich bereits auf der **Konferenz von Casablanca** im Januar 1943 darüber verständigt, dass **Deutschland bedingungslos kapitulieren** müsse. Goerdeler scheint diese Vereinbarung allerdings nicht bekannt zu sein, da er behauptet, nicht zu wissen, „wie sich das Ausland zu uns stellt" (Z. 56 f.). Mit der Kapitulation der sechsten Armee in Stalingrad im Februar 1943 und der Landung der Alliierten in der Normandie im Juni 1944 wurde die **Unterlegenheit des Deutschen Reichs** augenscheinlich. Die **Möglichkeiten der Widerstandskämpfer wuchsen** also mit der Verschlechterung der militärischen Lage und der zunehmenden Einsicht, dass der Krieg nicht mehr zu gewinnen sei. Erst zu diesem Zeitpunkt konnte man davon ausgehen, dass Rechtfertigungen, wie sie auch Goerdeler äußert (vgl. Z. 2 ff.), bei der Bevölkerung auf Verständnis stoßen würden. So bildeten sich in den letzten Kriegsjahren **konservative und militärische Widerstandsgruppen**, die das NS-Regime zu Fall bringen und einen **neuen Staat** gründen wollten, der **auf christlichen sowie obrigkeits- und rechtsstaatlichen Prinzipien** beruhen sollte. Goerdeler deutet an mehreren Stellen an, wie dieser neue Staat auszusehen habe (vgl. Z. 27 ff., 39 ff.).

Verschlechterung der Kriegslage für Deutschland

Oberst Claus Schenk Graf von **Stauffenberg** wurde zur Symbolfigur des militärischen Widerstands. Durch seine Funktion als Stabschef des Ersatzheeres nahm er an der Besprechung im Führerhauptquartier am **20. Juli 1944** teil und hatte dadurch die Möglichkeit, **Sprengstoff in der Nähe Hitlers zu platzieren**.

Verlauf des 20. Juli 1944

Zeitgleich sollte in Berlin der politische Umsturz („**Operation Walküre**") erfolgen. Allerdings verletzte die Bombe Hitler nur leicht, sodass das **Attentat gescheitert** war und der Umsturzversuch zusammenbrach. **Stauffenberg** und drei weitere Offiziere wurden noch in derselben Nacht **erschossen**, etwa 200 weitere Mitglieder des engeren Widerstands wurden vor dem sogenannten Volksgerichtshof in teilweise **aufwendigen Schauprozessen** verurteilt und hingerichtet. Tausende weitere wurden im Zusammenhang mit dem Attentat oder aufgrund ihrer Gegnerschaft zum Nationalsozialismus in der Folgezeit ebenfalls verhaftet und getötet.

Bezüge zur NS-Politik

Goerdeler verweist an vielen Stellen seiner Rede auf **innen- und außenpolitische Aspekte**, die für die **Rechtfertigung** der Pläne **der Widerstandskämpfer** eine Rolle spielten.

innenpolitische Maßnahmen

So thematisiert er zu Beginn seiner Rundfunkansprache die rechtliche Situation im Deutschen Reich und verurteilt die vielfältigen „**Rechtsbeugungen und Rechtsbrüch[e]**" (Z. 8) des NS-Regimes. Diese begannen bereits mit der Machtübernahme der NSDAP am 30. Januar 1933. Nicht einmal eine Woche später wurde am 4. Februar 1933 die „Verordnung zum Schutze des deutschen Volkes" erlassen, mit der **Presse- und Versammlungsfreiheit eingeschränkt** wurden (angeblich, um das Volk vor einem kommunistischen Umsturz zu schützen). Darauf folgte am 28. Februar 1933 die „**Reichstagsbrandverordnung**", die nun alle Grundrechte einschränkte und zur Verhaftung von über 10 000 Gegnern des NS-Regimes führte. Einen Monat später setzte die Regierung mit dem „**Ermächtigungsgesetz**" vom 23. März 1933 die **Ausschaltung des Parlaments** und der Weimarer Verfassung durch, da von nun an Gesetze ohne die Mitwirkung von Reichsrat und Reichstag verabschiedet werden konnten. Auch die sich daran anschließende „**Gleichschaltung der Länder**", die Auflösung und Verbote der Parteien sowie die Vereinigung der Ämter des Reichspräsidenten und Reichskanzlers auf **Hitler als alleiniges Staatsoberhaupt** im August 1934 führten zur Etablierung der uneingeschränkten NS-Diktatur. Zudem erwähnt Goerdeler in seiner Rede den Reichstagsbeschluss vom 26. April 1942, der es Hitler ermöglichte, Beamte und Richter zu entlassen und somit auch in der Judikative zum alleinigen Machthaber aufzusteigen (vgl. Z. 9 ff.). Neben der politischen Ebene kam auf gesellschaftlicher Ebene die „**Gleichschaltung**" der deutschen Bevölkerung **in NS-Organisationen** wie der Hitlerjugend, dem BDM, der NS-Frauenschaft oder der DAF hinzu. Auf diese Weise gelang es dem Staat, das gesamte Leben der Bevölkerung zu durchdringen.

In der von Goerdeler in Zeile 18 als „abenteuerlic[h]“ und „machthungri[g]“ bezeichneten **Außenpolitik** zeigte sich früh Hitlers Wille, durch einen Krieg „**Lebensraum im Osten**“ zu erobern und die **Herrschaft der „arischen Rasse**“ zu etablieren. Die ersten Jahre seiner Außenpolitik waren dabei zunächst geprägt von dem Gedanken, die **Bestimmungen des Versailler Vertrags rückgängig** zu machen. So verfuhr er in den Jahren 1933 bis 1936 nach einer **Doppelstrategie:** Er betonte vor der deutschen Öffentlichkeit und gegenüber dem Ausland einerseits seine **vermeintlich friedlichen Absichten**, arbeitete aber andererseits durch die Einführung der allgemeinen **Wehrpflicht** und den **Einmarsch ins entmilitarisierte Rheinland** gezielt auf die Kriegsbereitschaft Deutschlands hin. Spätestens ab 1937 führte seine Außenpolitik geradewegs zur Entfesselung des Zweiten Weltkriegs. Der „**Anschluss**“ **Österreichs** im März 1938, die **Annexion des Sudetenlands** im September desselben Jahres sowie die „**Zerschlagung der Rest-Tschechei**“ im März 1939 gingen über eine bloße Revision des Versailler Vertrags hinaus und zeigten klar die **expansionistische Zielsetzung** von Hitlers Außenpolitik.

Doppelstrategie in der Außenpolitik

Mit dem **Überfall auf Polen** am 1. September 1939 begann schließlich der Zweite Weltkrieg und damit auch die **Besetzung** einer Vielzahl von europäischen Ländern. Die Deportation von Millionen von **Zwangsarbeitern** vor allem aus Polen und der Sowjetunion sowie der Einsatz von KZ-Häftlingen in kriegswichtigen Produktionsstätten unter dem Leitsatz „**Vernichtung durch Arbeit**“ bildeten Höhepunkte der grausamen **Ausbeutung der einheimischen Bevölkerung** unter deutscher Besatzung.

Besatzungsherrschaft

Auch Goerdeler prangert „zahllose **Verbrechen gegen Leib und Leben**, gegen Eigentum und Ehre“ (Z. 16) an, die von der NS-Regierung begangen worden seien. Hier nimmt er Bezug auf die **Liquidierung der Opposition** und die **Schaffung von Feindbildern** im Rahmen der NS-Ideologie. Diese verlangte absoluten Gehorsam und lehnte jede Form von Opposition als Verbrechen ab. Wer eine abweichende Meinung äußerte oder auf andere Weise als unliebsam auffiel, wurde aus der „Volksgemeinschaft“ ausgeschlossen und hatte Verhaftung, Folter oder die Internierung in einem **Konzentrationslager** zu fürchten. Zentrales Merkmal der NS-Ideologie war außerdem die nationalsozialistische **Rassenlehre**, auf deren Grundlage **Juden** und andere von den Nationalsozialisten als „artfremd“ definierte Personengruppen aus der Gesellschaft ausgestoßen, **verfolgt und letztendlich sogar vernichtet** wurden. Dies deutet Goerdeler an, wenn er

totalitäre NS-Ideologie und Judenvernichtung

davon spricht, „daß Ungeheuerliches geschehen ist“ (Z. 38). So wurden ab Juni 1941 (vereinzelt auch schon seit Beginn des Kriegs) **Massenerschießungen** in den besetzten Gebieten der Sowjetunion durchgeführt, bei denen Juden, Sinti und Roma, Kriegsgefangene und Kommunisten getötet wurden. Ab Herbst 1941 deportierten die Nationalsozialisten sowohl deutsche Juden als auch Juden aus den besetzten Gebieten massenweise nach Polen, wo sie in **Gettos** zusammengepfercht oder gleich in **Konzentrations- und Vernichtungslager** transportiert wurden. Ausschlaggebend für die systematisch und industriell betriebene Vernichtung der Juden mit Gas war die **Wannsee-Konferenz**, die am 20. Januar 1942 unter der Leitung des SD-Chefs Reinhard Heydrich zur Koordination der „**Endlösung der Judenfrage**“ stattfand. Im Rahmen des Feldzugs im Osten wurden bis zum Ende des Kriegs circa sechs Millionen Juden von den Nationalsozialisten ermordet (**Holocaust/Shoa**).

3. *In der dritten Teilaufgabe sollen Sie zu den Positionen Goerdelers Stellung nehmen, indem Sie seine Ausführungen einer kritischen Überprüfung unterziehen. Fragen Sie sich, welche seiner Aussagen sich als zutreffend kennzeichnen lassen und welche in ihrem historischen Kontext zu relativieren sind. Auf diese Weise gelangen Sie zu einem ausgewogenen Gesamtfazit.*

Einleitung
Hinführung zur Stellungnahme

Wie die bisherigen Ausführungen gezeigt haben, spricht Goerdeler in seiner Rede eine **Vielzahl von Aspekten** an. Im Folgenden soll deshalb aus heutiger Sicht untersucht werden, inwiefern dem Politiker **zuzustimmen** ist, inwiefern einzelne seiner Positionen aber auch **relativiert** werden müssen.

zustimmende Aspekte
NS-Terrorregime

Zutreffend ist zunächst einmal die Beurteilung des **NS-Regimes als Unrechtssystem**. So war es nach dessen Etablierung **nicht mehr möglich**, eine von der Regierungs- und Parteilinie **abweichende Meinung zu äußern**, ohne Gefahr zu laufen, denunziert, verhaftet und interniert zu werden. Nach dem „**Ermächtigungsgesetz**“ von 1933 konnten die Nationalsozialisten willkürlich Gesetze und Verordnungen erlassen und so die gesamte Gesellschaft unter ihre Kontrolle bringen. Schon leichte **Kritik wurde unverhältnismäßig hart bestraft** und Personen, die von den Nationalsozialisten als nicht zur „Volksgemeinschaft“ zugehörig angesehen wurden, hatten unter Diffamierung, Hetze und Verfolgung zu leiden. Gerade der **SS-Staat** mit seinem Netz aus **Konzentrations- und Vernichtungslagern** zeigt eindrücklich, um welches **Terrorregime** es sich beim „Dritten Reich“ gehandelt hat. Aus diesem Grund ist es nur nachvollziehbar, das **Attentat auf Hitler** als Fall von „äußerster **Notwehr**“ (Z. 3) zu bezeichnen. Die Widerstandskämpfer hatten lange darüber diskutiert, ob der **Tyrannenmord** eine **ausreichende Legitimation** besitze, waren aber schließlich zu dem Schluss gekommen, dass es keine andere Möglichkeit gebe, den Umsturz herbeizuführen.

Zu begrüßen ist außerdem Goerdelers **humane Grundhaltung**, die sich an mehreren Stellen zeigt. So warnt er davor, sich bei der Bestrafung der Täter von blinder Rache leiten zu lassen, und stellt dagegen eine „**gerechte Bestrafung** nach den Gesetzen" (Z. 39) in Aussicht. Er plädiert also für einen **Rechtsstaat**, in dem verhältnismäßige Urteile gefällt werden würden. Auch sein **Bekenntnis zum Selbstbestimmungsrecht** der Völker sowie sein **Wunsch nach friedlicher internationaler Zusammenarbeit** muten fortschrittlich an und sind auch aus heutiger Sicht zu unterstützen.

humane Grundhaltung Goerdelers

Allerdings trifft Goerdeler auch Aussagen, die relativiert werden müssen. So kommt er zu dem Ergebnis, dass der **Krieg weitergeführt** werden müsse, um einen **Verständigungsfrieden** zu erreichen und die bedingungslose Kapitulation zu verhindern. Zu präsent waren ihm wohl noch die Folgen der Niederlage im Ersten Weltkrieg, weshalb er für eine **Fortsetzung der Kampfhandlungen** eintritt. Hier **überschätzt** er jedoch die **militärischen Möglichkeiten** Deutschlands zu diesem Zeitpunkt des Zweiten Weltkriegs. Dies kann daran liegen, dass die Informationen über den tatsächlichen Zustand an der Front nicht wahrheitsgetreu ins Deutsche Reich vordringen konnten. Allerdings ist es dennoch eher unwahrscheinlich, dass den zum Teil durchaus hochrangigen Militärs im Widerstand die **aussichtslose Lage des Reichs** nicht bekannt war. Es erscheint also **vermessen** von Goerdeler, **auf eine bessere Verhandlungsposition** gegenüber den Alliierten **zu hoffen**.

relativierende Aspekte

Überschätzung der militärischen Möglichkeiten des Deutschen Reichs

Die **Werte**, die Goerdeler für das zukünftige Deutschland zugrunde legt, sind zwar ehrenwert und wichtig, gleichwohl erscheinen sie **idealistisch**, wenn er davon ausgeht, die nationalsozialistische Ideologie würde verschwinden und an ihre Stelle das Idealbild einer Gesellschaft treten. In diesem Zusammenhang erweist sich auch seine Vorstellung als **fragwürdig**, „anständige" **Nationalsozialisten** könnten **an der Ausgestaltung dieses neuen Staats mitwirken**. Zwar entspricht dieser Vorschlag der späteren Realität der Bundesrepublik, in der alte **NS-Funktionseliten wieder in Führungspositionen** eingesetzt wurden, jedoch wirkte dieses Vorgehen einer **echten Entnazifizierung entgegen** und steht bis heute in der Kritik.

Integration von Nationalsozialisten in den neuen Staat

Die Tatsache, dass Goerdeler sich von der Novemberrevolution distanziert, zeigt seine **Ablehnung** gegenüber der sozialdemokratischen Regierung **der Weimarer Republik** und **lässt ein Bekenntnis zur Demokratie vermissen**. Dass Goerdeler als Vertreter der monarchisch-konservativen DNVP **teilweise auch völkischem Gedankengut** anhängt, offenbart sich in seiner Wortwahl, wenn er die Unterscheidung zwischen Parteimitgliedern und Mitgliedern der „Volksgemeinschaft“ als „artfremd dem deutschen Wesen aufgepfropft“ (Z. 46) beschreibt. Auch aus seinem abschließenden Aufruf „Vollbringt das Größte: findet die Seele unseres Volkes wieder“ (Z. 93 f.) spricht ein national-konservativer, in Teilen völkischer Gedanke. Zudem geht Goerdeler mit keinem Wort darauf ein, dass auch die **nationalkonservativen Kreise**, aus denen er und seine Partei stammen, **zum Aufstieg des Nationalsozialismus beigetragen** haben.

fehlende demokratische Einstellung

Letztendlich muss Goerdeler widersprochen werden, wenn er die **deutsche Besetzung** von Gebieten im Zweiten Weltkrieg **mit den Folgen des Versailler Vertrags vergleicht**. Der als „Vernichtungskrieg“ geführte Ostfeldzug und die Auslöschung des europäischen Judentums sind in ihrem Ausmaß weitaus **größere Verbrechen gegen die Menschlichkeit** als die Bestimmungen des Versailler Vertrags. Letzterer war, obschon zwar in Teilen überzogen, gegen den Verlierer eines Kriegs gerichtet, den dieser selbst mitverschuldet hatte. Er bewegte sich also mehr oder weniger im **damals üblichen Rahmen eines Friedensschlusses**. Mit dem **Völkermord an den Juden** hatte es dagegen einen **Zivilisationsbruch** gegeben, der vor den Nationalsozialisten nicht denkbar gewesen wäre.

fragwürdige Gleichsetzung von deutscher Besatzung mit Folgen des Versailler Vertrags

Zusammenfassend lässt sich festhalten, dass Goerdeler zu Recht die **Verbrechen des nationalsozialistischen Regimes anprangert**. Er benennt einige zentrale Vergehen des NS-Staats und erkennt ihre ungeheuren Ausmaße. Gleichwohl sieht er nicht, dass die Anhänger der **monarchisch-konservativen Parteien** ihren Beitrag zum Erfolg des Nationalsozialismus geleistet und sich als **Stütze des Regimes** erwiesen haben. Außerdem werden **Vernichtungskrieg und Völkermord** von ihm **an keiner Stelle** ausdrücklich **thematisiert**. Die militärischen **Spielräume** des Deutschen Reichs waren etwa ein Jahr vor der bedingungslosen Kapitulation bereits **deutlich eingeschränkter** als von ihm dargestellt. Die von ihm angekündigte **internationale Zusammenarbeit erscheint demzufolge unrealistisch**.

Fazit

Abiturprüfung 2021 NRW – Leistungskurs Geschichte
Aufgabe 3

B: Analyse von Darstellungen und kritische Auseinandersetzung mit ihnen

Aufgabenstellung Punkte

1. Analysieren Sie den vorliegenden Textauszug. 26
2. Erläutern Sie ausgehend vom Text den Umbruch in Osteuropa im Allgemeinen *(12 Punkte)* und die Besonderheiten des Umbruchs in der DDR 1989/90 (*16 Punkte*). 28
3. Beurteilen Sie die Ausführungen des Autors. 26

M: Der europäische Kontext

Die Revolution in der DDR war auch durch äußere Faktoren bedingt, vor allem durch ihr Verhältnis zur UdSSR und zu den anderen osteuropäischen Staaten. Richtig ist, dass sie nur deshalb stattfinden konnte, weil die Sowjetunion nicht eingriff, jedoch ist dieses *nur* irreführend. Dass sie nicht eingriff, hatte seine Gründe, die denen entsprachen, aus denen der Umsturz in der DDR geschah. Seit geraumer Zeit fand in der UdSSR eine Entwicklung statt, die es ihr in zunehmendem Maße erschwerte, ihr Herrschaftssystem im Inneren aufrechtzuerhalten, geschweige denn die Herrschaft über die ehemaligen Satellitenstaaten in der bisherigen Weise auszuüben. Sie war selbst labil und musste sich um ihre eigene innere Entwicklung sorgen.

Gorbatschows Kurs, der nicht nur das sowjetische Imperium gefährdete, sondern sogar russische Besitzungen des 18. und 19. Jahrhunderts, stieß insbesondere in der Armee auf besonderen Widerstand. Die DDR einschließlich ihrer militärisch gesicherten Westgrenze wurde als das Symbol des Sieges im Zweiten Weltkrieg, wenn nicht sogar als Siegespreis angesehen, der nicht aufgegeben werden dürfe. Es gab gerade bei den in der DDR stationierten Truppen starke Kräfte, die zur Intervention bereit waren und sich den politischen Entscheidungen nur widerwillig fügten. Auf der anderen Seite wird mehrfach von Zeichen der Solidarität einzelner Angehöriger der Sowjetarmee berichtet. […] Aus Ludwigslust wird berichtet, dass sich ein sowjetischer Offizier für die friedliche Revolution bedankt habe; ein Foto zeigt, wie er anschließend vor den aufgestellten Kerzen niederkniete. Soldaten der sowjetischen Garnison Mühlhausens stellten Kerzen in die Fenster und hielten ein Gorbatschow-Bild hoch, als am 20. Oktober die Demonstration vorbeizog. Das war jedoch nicht typisch und auch nur sehr selten möglich. Und doch behielt die Linie Gorbatschows im innenpolitischen Kräfteverhältnis der Sowjetunion die Oberhand, nicht zuletzt deshalb, weil angesichts der Verhältnisse in den anderen, dem sowjetischen Machtbereich entgleitenden Staaten ein militärisches Eingreifen in der DDR katastrophale Folgen auch für die UdSSR selbst hätte haben können.

Die Entwicklung in den Bruderländern hatte nur mittelbare Auswirkungen auf die Herbstrevolution in der DDR. Intellektuelle Verbindungen, nicht selten durch persönliche Kontakte, bestanden schon seit längerem, insbesondere zu Polen und zur ČSSR, aber auch zu Russland und Ungarn. Diese vielfältigen Beziehungen hatten insbesondere die Jahre vor 1989 bestimmt, erschwert durch generelle Reisebehinderungen bis hin zu individuellen Reiseverboten. Impulse gingen zum Beispiel von der Vereinigung Memorial[1] in Russland aus, für die ČSSR ist die Rolle der Charta 77[2] kaum zu überschätzen, und in Polen war es natürlich die Gewerkschaft Solidarność, die durch ihren Elan, ihre Zähigkeit und ihr wechselvolles, schließlich erfolgreiches Geschick zumindest als Ermunterung und Bekräftigung des eigenen Tuns auf die DDR-Opposition ausstrahlte.

Ähnlich steht es mit dem Einfluss von Vorgängen in Osteuropa auf die konkreten Ereignisse. Dass Runde Tische ihr Vorbild in Polen und Ungarn hatten, ist selbstverständlich, ebenso gab es Einzelaktionen wie die Menschenkette vom 3. Dezember, die auf das Beispiel der baltischen Menschenkette vom 23. August[3] zurückging, und gelegentlich wurden sogar Wahlen nach sowjetischem Muster gefordert. Aber wusste man über andere einschneidende politische Veränderungen in Osteuropa überhaupt Bescheid? War man sich beispielsweise der vollen Tragweite der ungarischen Ereignisse bewusst? Gewiss hatte man von solch spektakulären Vorgängen wie der feierlichen Beisetzung von Imre Nagy[4] ausgerechnet am 16. Juni gehört. Aber was war mit dem Beschluss des ungarischen ZK vom Februar, die kommunistische Herrschaft zu beenden? Was mit der Abschaffung der inneren Struktur wie ZK und Politbüro, eine Entwicklung, die ihren Höhepunkt mit dem Parteitag ausgerechnet vom 6. bis zum 10. Oktober erreichte, an dem sich die Partei in eine sozialdemokratische Partei umwandelte? Von alldem und vielem anderen war nicht die Rede 1989, sodass der Eindruck unabweislich ist, dass all diese Vorgänge den damals Handelnden nur bruchstückhaft bekannt waren und nicht als Vorbild dienten. Das aber ist alles andere als ein Manko. Es zeigt vielmehr abermals, dass die Revolution in der DDR eigenständig war.

Die gewaltfreie Revolution 1989/1990 war eine demokratische Revolution der Freiheit und der Selbstbefreiung. Ihr Verlauf entspricht im Großen und Ganzen dem vieler anderer Revolutionen auch. Sie wies aber in ihrer Eigendynamik viele charakteristische Besonderheiten auf, die bei den parallelen Vorgängen in Russland, im Baltikum, in Polen und Ungarn nicht oder nur teilweise auszumachen sind. Die Herbstrevolution war daher vor allem eine deutsche Revolution: Ihr Träger war das ganze Volk in allen seinen Schichten. Herausragende, die Bewegung beherrschende Leitfiguren gab es nicht. Zudem fand die Revolution überall statt, im ganzen Land, von Greifswald und Wismar bis Erfurt und Plauen, ein einziges, ausschließliches Zentrum fehlte ihr. Sie war keine Angelegenheit nur der Großstädte, sondern sie hatte, im Verhältnis zur Einwohnerzahl vielleicht sogar noch mehr, mittlere Städte und Dörfer erfasst. Davon unberührt waren Leipzig und Berlin allerdings die herausragenden und die Revolution vorwärtstreibenden Orte. Wenn zu einer Revolution unbedingt ein Revolutionsführer gehören müsste, dann wäre es die Stadt Leipzig. Aber ohne die anderen Städte und Gemeinden hätte es diese Revolution nicht gegeben.

Der großen Anzahl der am Umbruch beteiligten Orte entsprach die Vielfalt der regionalen und lokalen Formen. Das begann schon mit den vielen nach Namen und

Konzept verschiedenartigen Gruppen, zeigte sich in den unendlich vielen verschiedenen Personen, die sich engagierten, und der unterschiedlichen Art, wie Bürgerkomitees und Runde Tische gebildet, benannt, zusammengesetzt und tätig wurden. Das revolutionäre Geschehen war anhaltend, steigerte sich sogar gelegentlich, und gleichzeitig war es sich nicht Selbstzweck. Die Freiheit, die die Revolution anstrebte, war nicht irgendeine, sondern diejenige, die sich durch die geistesgeschichtliche und politische Entwicklung Europas als einzig mögliche erwiesen hatte: die der freien Wahlen, zu denen politische Parteien notwendig gehörten. Die Revolution, die nicht mehr von einzelnen Gruppen, sondern vom ganzen Volk, deutlich gesagt auch vom Durchschnittsbürger getragen wurde, mündete also bewusst und gewollt in die parlamentarische Demokratie mit ihrem Parteiwesen. Dieses Ergebnis empfanden viele, die am Anfang der Revolution gestanden hatten und mit anderen Vorstellungen von einer freien Gesellschaft angetreten waren, als schmerzlich. Zur Freiheit gehörte es aber, dass auch sie den überwältigend deutlich ausgedrückten Wunsch nach dieser Staatsform nicht nur hinnahmen, sondern auch akzeptierten. Es kommt hinzu, dass auch alle anderen ehemals kommunistisch regierten Staaten die parlamentarische Demokratie gewählt hatten, ohne dass das durch ein angebliches Übergewicht westlicher Parteien geschehen wäre. Hätte sich die DDR dem widersetzt, dann wäre das wahrlich ein deutscher Sonderweg gewesen.

Wolfgang Schuller: Die deutsche Revolution 1989. Berlin: Rowohlt 2009, S. 298–302.

Anmerkungen:
1 Vereinigung Memorial: 1988 in der Sowjetunion gegründete Menschenrechtsorganisation.
2 Charta 77: 1977 gegründete Bürgerrechtsbewegung in der ČSSR.
3 650 km lange Menschenkette von mehr als 1 Mio. Menschen durch die drei baltischen Staaten, mit der für Freiheit und Unabhängigkeit demonstriert wurde.
4 Imre Nagy (1896–16. Juni 1958): ungarischer Ministerpräsident, der nach dem gescheiterten Aufstand 1956 hingerichtet worden war. 1989 wurde er offiziell rehabilitiert, sein Leichnam aus einem Massengrab exhumiert und feierlich beigesetzt.

Hinweise zum Autor:
Wolfgang Schuller (1935–2020) war ein deutscher Historiker und Autor zahlreicher Veröffentlichungen zur antiken Geschichte sowie zur Geschichte der DDR.

Rechtschreibung und Hervorhebungen wie im Original.

Zugelassene Hilfsmittel: Wörterbuch zur deutschen Rechtschreibung

Lösungsvorschläge

Diese Aufgabe entspricht den folgenden aktuellen Schwerpunktthemen:

- ***Inhaltsfeld 6:** Nationalismus, Nationalstaat und deutsche Identität im 19. und 20. Jahrhundert*
  - *Nationale Identität unter den Bedingungen der Zweistaatlichkeit in Deutschland*
  - *Die Überwindung der deutschen Teilung in der friedlichen Revolution von 1989*
- ***Inhaltsfeld 7:** Friedensschlüsse und Ordnungen des Friedens in der Moderne*
  - *Konflikte und Frieden nach dem Zweiten Weltkrieg*

1. *Die erste Teilaufgabe fordert von Ihnen eine Analyse des vorliegenden Darstellungstextes. Dazu gehört, dass Sie diesen zunächst kurz vorstellen, indem Sie einleitend folgende Aspekte nennen: den Titel, den Autor, die Adressaten, das Erscheinungsjahr, den Anlass und das Thema der Veröffentlichung. Anschließend müssen Sie Inhalt und Gedankengang des Textes in Ihren eigenen Worten wiedergeben. Arbeiten Sie Schullers Hauptaussagen präzise und differenziert heraus und belegen Sie zentrale Stellen mithilfe direkter und indirekter Zitate am Text.*

Einleitung
Titel, Datum
Autor
Anlass
Adressaten
Thema

Beim vorliegenden Text handelt es sich um einen Auszug aus dem 2009 erschienenen Buch „Die deutsche Revolution 1989“ des Historikers Wolfgang Schuller, das anlässlich des 20. Jahrestags des Mauerfalls von 1989 veröffentlicht wurde. Die **historische Darstellung** richtet sich vornehmlich an eine politisch und geschichtlich interessierte Öffentlichkeit. Der Textauszug beschäftigt sich mit der Einordnung der Vorgänge in der DDR 1989/90 in den **Kontext des Umbruchs in Osteuropa**. Außerdem versucht Schuller, den speziellen **Charakter der Ereignisse in der DDR** zu bestimmen.

strukturierte Wiedergabe
Aufbau

Die **zentrale These** des Historikers ist, dass es sich bei den Ereignissen in der DDR 1989 trotz ihrer Einbettung in den Kontext des Umbruchs im Ostblock um eine **eigenständige demokratische Revolution** gehandelt habe (vgl. Z. 55 f.). Dennoch sei sie „auch durch **äußere Faktoren** bedingt“ (Z. 1) gewesen, die Schuller im ersten Teil des Textauszugs (Z. 1–55) erläutert. In einem zweiten Teil (Z. 56–91) geht er dann speziell auf die **Kennzeichen der Revolution in der DDR** ein.

äußerer Faktor 1:
Zurückhaltung der Sowjetunion unter Gorbatschow

Der wichtigste äußere Faktor, der das Gelingen der Revolution in der DDR ermöglicht habe, ist nach Meinung Schullers das **Nichteingreifen der Sowjetunion**. Allerdings betont er, dass die Gründe für die Zurückhaltung der UdSSR die gleichen gewesen seien, aus denen der Umsturz in der DDR geschehen sei (vgl. Z. 4 f.): Beide Länder seien **im Inneren äußerst labil** gewesen. In Bezug auf die Sowjetunion habe dies zur Folge gehabt, dass die Regierung Gorbatschow sich um eine innenpolitische Stabilisierung kümmern und die **Herrschaft über die Staaten des Warschauer Paktes** („Satellitenstaaten“, Z. 8), also auch über die DDR, **vernachlässigen** musste (vgl. Z. 5 ff.). Der **Kurs Gorbatschows** sei allerdings innerhalb der sowjetischen Armee durchaus **umstritten** gewesen. Es habe daher starke Kräfte unter den in der DDR stationierten sowjetischen Truppen gegeben, die zu einer Intervention bereit gewesen wären. Andererseits hätten aber auch einzelne sowjetische Soldaten ihre Solidarität mit der Volksbewegung bekundet, wofür Schuller zwei Beispiele anführt (vgl. Z. 18 ff.). Insgesamt sei es angesichts der **instabilen politischen Verhältnisse in allen Satellitenstaaten** klar gewesen, welch verheerende Konsequenzen ein militärisches Eingreifen der Sowjetunion in der DDR auch für die UdSSR selbst gehabt hätte (vgl. Z. 23 ff.). Aus diesem Grund sei es nicht weiter verwunderlich, dass alle, wenngleich manche nur „widerwillig“ (Z. 16), der Linie Gorbatschows gefolgt seien.

äußerer Faktor 2:
(eingeschränkte) Vorbildwirkung der anderen Ostblockstaaten

Als zweiten äußeren Faktor mit Einfluss auf die Entwicklungen in der DDR nennt Schuller die **Vorgänge in den anderen Staaten des Warschauer Paktes**. So habe es persönliche Kontakte zwischen den Oppositionellen in der DDR, in Polen, in der ČSSR, in Russland und in Ungarn gegeben (vgl. Z. 29 ff.). **Impulse für die Entwicklung in der DDR** seien besonders von der sowjetischen Menschenrechtsorganisation Vereinigung Memorial, der tschechoslowakischen Charta 77 sowie der polnischen Gewerkschaft Solidarność ausgegangen (vgl. Z. 33 ff.). Zudem hätten einzelne **Aktionen** wie die Bildung von „Runden Tischen“ oder Menschenketten eine **Vorbildwirkung** für die Systemkritiker in der DDR gehabt (vgl. Z. 40 ff.). Über die **konkreten politischen Veränderungen** in den Nachbarstaaten hätten die Oppositionellen in der DDR aber **kaum Kenntnisse** erlangt. Als Beispiele dafür nennt Schuller die Abschaffung der kommunistischen Herrschaft in Ungarn und die Umwandlung der ungarischen sozialistischen Partei in eine sozialdemokratische (vgl. Z. 47 ff.). Dieses fehlende Wissen stellt für Schuller jedoch kein Manko dar, sondern es beweise im Gegenteil die **Eigenständigkeit des Weges der DDR** (vgl. Z. 54 f.).

Besonderheiten des Umbruchs in der DDR

Im zweiten Teil des Textauszugs charakterisiert Schuller den **Umbruch in der DDR** näher. Seiner Ansicht nach habe es sich um eine „gewaltfreie [und] demokratische Revolution der Freiheit und der Selbstbefreiung“ (Z. 56 f.) gehandelt. Ihr an sich typischer Verlauf weise einige **Besonderheiten** auf: Zunächst einmal sei das „**ganze Volk** in allen seinen Schichten“ (Z. 61 f.) **Träger der Revolution** gewesen. Zudem sei die **Revolution**

nicht auf ein Zentrum beschränkt geblieben (auch wenn Berlin und Leipzig sie in besonderem Maße vorangebracht hätten, vgl. Z. 67 f.), sondern sie habe im ganzen Land stattgefunden (vgl. Z. 63 f.). Außerdem habe es eine **Vielzahl von Protestformen** und Konzeptionen gegeben (vgl. Z. 71 ff.). Das **Ziel** der Revolution sei die parlamentarische **Demokratie mit ihren politischen Parteien** (Z. 82 f.) gewesen. Zwar hätten sich **Gruppen von Oppositionellen**, die den Beginn der Revolution geprägt hatten, ein **anderes Ergebnis gewünscht**. Letztendlich hätten sie den Ausgang der Revolution aber akzeptiert, nicht zuletzt auch deshalb, weil alle anderen ehemals kommunistischen Staaten auch diesen Weg eingeschlagen hätten (vgl. Z. 85 ff.).

2. *Die zweite Teilaufgabe ist in zwei Schritte untergliedert. Zunächst sollen Sie ausgehend vom Text den Umbruch in Osteuropa im Allgemeinen erläutern. Das heißt, dass Sie über den Text hinaus zentrale Aspekte und Entwicklungen in den Ostblockstaaten strukturiert darstellen müssen. Danach sollen Sie auf die Besonderheiten des Umbruchs in der DDR 1989/90 eingehen. Konzentrieren Sie sich hier auf Merkmale, die die DDR von den anderen Satellitenstaaten der UdSSR abgrenzen, um nicht Gefahr zu laufen, sich zu wiederholen. Beziehen Sie sich bei beiden Aufgabenteilen, wie in der Aufgabenstellung gefordert, immer wieder auf den Ausgangstext.*

Umbruch in Osteuropa
Reformen in der Sowjetunion unter Gorbatschow

Das vermutlich einschneidendste Ereignis im Vorfeld des Zusammenbruchs der Sowjetunion war die **Wahl von Michail Gorbatschow zum Generalsekretär** der KPdSU im Jahr 1985. Gorbatschow hatte erkannt, dass sich die Sowjetunion bereits seit den 1970er-Jahren in einem **wirtschaftlichen und gesellschaftlichen Niedergang** befand, der von einer mangelhaften Versorgung der Bevölkerung mit Konsumgütern und Wohnraum sowie einer schlechten Qualität der verfügbaren Produkte gekennzeichnet war. Gorbatschow leitete daher kurz nach seinem Amtsantritt **Reformen** unter den Schlagworten **Perestroika** (Umgestaltung) und **Glasnost** (Offenheit, Transparenz) ein, die die Lage stabilisieren sollten. Die Modernisierung von Wirtschaft und Gesellschaft war gekoppelt an eine wirksame **Entspannungs- und Abrüstungspolitik** (z. B. INF-Vertrag 1987). Damit setzte Gorbatschow nicht nur Reformkräfte im Inneren der UdSSR frei, er veränderte zwangsläufig auch die Politik gegenüber den „sozialistischen Bruderstaaten“. Während die bisher gültige Breschnew-Doktrin den Satellitenstaaten nur eine begrenzte Souveränität zugestanden hatte, betonte Gorbatschow das Recht aller Staaten auf eine selbstbestimmte Entwicklung (**Sinatra-Doktrin**). Diese **Politik des Gewaltverzichts** bei Veränderungen in den abhängigen Staaten umschreibt Schuller mit „Gorbatschows Kurs“ (Z. 10) oder „Linie Gorbatschows“ (Z. 23).

Gorbatschows Politik der Gewährung von mehr Souveränität setzte überall in **Osteuropa Reformbewegungen** in Gang. So erwähnt Schuller zum Beispiel eine in den drei baltischen Staaten gebildete Menschenkette, mit der im August 1989 für Freiheit und Unabhängigkeit demonstriert wurde (vgl. Z. 42). Jedoch wurden die osteuropäischen Forderungen nach Veränderung nicht allein durch Gorbatschows politische Wende angestoßen. Es hatte zuvor bereits **Bürgerrechtsbewegungen** oder auch **Reformversuche von Regierungsseite** in einigen Staaten des Ostblocks gegeben: Dazu gehören der von Schuller angedeutete **Aufstand in Ungarn** 1956 unter Imre Nagy (vgl. Z. 46 f.), der **Prager Frühling** von 1968 unter der Regierung Alexander Dubčeks oder die Massenproteste und Streiks 1980 in Polen, die zur **Gründung der Gewerkschaft Solidarność** führten. Auch die Bürgerrechtsgruppe der **Charta 77** in der Tschechoslowakei forderte unter Berufung auf die KSZE-Schlussakte von Helsinki aus dem Jahr 1975 demokratische Reformen und prangerte Missstände sowie Menschenrechtsverletzungen an.

Anfänge der Reformbewegungen in den Ostblockstaaten

Doch während diese Reformbestrebungen bisher von der Sowjetunion – zum Teil mit militärischer Gewalt – unterbunden worden waren, ließ **Gorbatschow** den Satellitenstaaten freien Lauf. Seit 1985 **forderte** er die Regierungen sogar direkt auf, **Reformen nach dem Vorbild der Sowjetunion** in ihren Ländern durchzuführen. In Polen und in Ungarn entstanden die von Schuller erwähnten „**Runde[n] Tische**“ (Z. 40), an denen Vertreter der Bürgerrechtsbewegungen mit Regierungsmitgliedern über die zukünftige Politik verhandelten. In Polen wurde die zwischenzeitlich verbotene Gewerkschaft **Solidarność wieder zugelassen**, die im Jahr 1989 einen Übergang zu einem demokratischen Rechtsstaat ermöglichte. In der ČSSR konnte die Charta 77 von Václav Havel wieder aktiv werden und mit der „**Samtenen Revolution**“ ebenfalls eine parlamentarische Demokratie durchsetzen. Am schnellsten schritt die Regierung in Ungarn voran, die sich öffentlich zum 1956 hingerichteten Imre Nagy bekannte und die Umwandlung der sozialistischen in eine sozialdemokratische Partei zuließ (vgl. Z. 46 ff.). Außerdem **öffnete Ungarn** im Sommer/Herbst 1989 **seine Grenze** zu Österreich. Damit bekam der sogenannte Eiserne Vorhang Risse, was unmittelbar dazu führte, dass über 25 000 DDR-Bürger über diese Grenze in den Westen flohen.

Erfolge der Reformbewegungen in den Ostblockstaaten

Eine der von Schuller genannten **Besonderheiten des Umbruchs in der DDR** ist die Tatsache, dass das „ganze Volk in allen seinen Schichten“ (Z. 61 f.) als Träger der Revolution fungierte, die damit eine **wirkliche Volksbewegung** war. Ihren äußeren Antrieb erhielt sie Ende der 1980er-Jahre einerseits durch die **marode**, dem Zusammenbruch nahe **Wirtschaft** der DDR. Andererseits schwappte die **Aufbruchstimmung** der anderen Ostblockstaaten und der Sowjetunion auch auf die Bevölkerung der DDR über, die ihre Hoffnungen in eine Modernisierung des Staats setzte. Allerdings weigerte sich die **SED-Spitze**, Gorbatschows Reformprogramm zu übernehmen, und beharrte unter Einsatz von Zwang und Unterdrückungsmaßnahmen auf der **Fortsetzung ihres bisherigen Kurses**. Die **Legitimationskrise** der DDR-Regierung wurde im Mai 1989 evident, als die SED die Ergebnisse der Kommunalwahlen fälschen ließ. Der **Wahlbetrug** war der Ausgangspunkt für die Protestbewegung, die schließlich zum Fall der Mauer führte. Unter dem Dach der evangelischen Kirchen formierte sich die **Opposition**, die ab September 1989 in den **Montagsdemonstrationen** öffentliche Diskussionen über den weiteren politischen Weg der DDR forderte. Schnell entstanden **Bürgerbewegungen** wie „Demokratie Jetzt“ und „Neues Forum“, die zunächst eine **demokratische Reformierung der DDR** anstrebten. Parallel dazu setzte eine regelrechte **Fluchtwelle** ein. Insgesamt verließen ca. 200 000 DDR-Bürger über die ungarisch-österreichische Grenze sowie die bundesrepublikanischen Botschaften in Prag und Warschau bzw. die Ständige Vertretung der Bundesrepublik in Ostberlin ihre Heimat in Richtung Westen.

Besonderheiten des Umbruchs in der DDR
Entstehung einer oppositionellen Volksbewegung

Eine weitere Besonderheit liegt laut Schuller darin, dass der Revolution in der DDR ein **„ausschließliches Zentrum fehlte“** (Z. 64) und sie nicht auf größere Städte beschränkt blieb. Trotzdem misst Schuller **Leipzig und Berlin** eine **besondere Bedeutung** im Revolutionsgeschehen bei (vgl. Z. 67 f.). Vor allem Leipzig war lange Zeit das Zentrum des Protests: Zunächst fanden dort die **Friedensgebete in der Nikolaikirche** statt, später dann die **Montagsdemonstrationen**. Anfangs waren es nur einige wenige, die ihre Unzufriedenheit artikulierten, doch ab Oktober 1989 wurden aus den Montagsdemonstrationen **Massenveranstaltungen** mit teilweise Hunderttausenden von Teilnehmern. Einen ersten Höhepunkt bildete am 9. Oktober 1989 die **friedliche Großdemonstration in Leipzig** mit ca. 70 000 Protestierenden. Nur knapp einen Monat später fand am 4. November 1989 die größte **Massendemonstration auf dem Berliner Alexanderplatz** statt. Vor allem hier forderten die

Leipzig und Berlin als zentrale Orte der Massendemonstrationen

DDR-Bürger unter dem Slogan „Wir sind das Volk!“ Presse-, Reise-, Meinungs- und Versammlungsfreiheit sowie Rechtsstaatlichkeit und freie Wahlen. Zwar stand zu Beginn der Demonstrationen durchaus die **Befürchtung eines Eingreifens der Sowjettruppen** im Raum, doch sahen diese, auch aus den von Schuller genannten Gründen (vgl. Z. 23 ff.), von einer gewaltsamen Niederschlagung der Proteste ab.

Fall der Mauer

Die DDR-Führung reagierte auf die ersten Massendemonstrationen mit einem **Wechsel an der Spitze der SED**. Am 18. Oktober 1989 wurde Erich Honecker durch Egon Krenz ersetzt. Die von Krenz **angekündigte Wende blieb jedoch aus**, sodass die Regierung die Handlungsinitiative nicht mehr zurückgewinnen konnte. Am 7./8. November **traten die DDR-Regierung** und das gesamte Politbüro **zurück**. Dennoch kam die **Öffnung der Mauer** einen Tag später überraschend: Günter Schabowski, Mitglied im Politbüro, verkündete auf einer Pressekonferenz irrtümlich die vollständige und sofortige Reisefreiheit, was bei der Bevölkerung alle Dämme brechen ließ. Die Menschen strömten massenweise zur deutsch-deutschen Grenze, die damit nicht mehr zu halten war.

Forderungen nach Wiedervereinigung

Mit der Maueröffnung hatte sich die **Richtung der Forderungen verändert**. Aus dem Slogan „Wir sind das Volk!“ wurde binnen weniger Wochen der Ruf **„Wir sind ein Volk!“**. Die Pläne der Bürgerrechtsbewegung zur systemimmanenten Reformierung der DDR wurden in der breiten Bevölkerung zunehmend unpopulär; stattdessen wollte eine deutliche Mehrheit eine **Vereinigung mit dem deutschen Weststaat**. Entscheidend für diese Entwicklung war sicherlich, dass nun auch Vertreter der Bundesrepublik in die Geschehnisse eingriffen, allen voran die **Regierung Kohl**. Kohl sah die historisch einmalige Chance, die beiden Teile Deutschlands wieder zu vereinen und erkannte, dass dafür nur ein kurzes Zeitfenster zur Verfügung stand, nämlich die Zeit, in der sich Gorbatschow in der Sowjetunion noch an der Macht halten konnte. Mit ihrem **Versprechen**, die **D-Mark auch in der DDR einzuführen**, konnte die ehemalige Blockpartei CDU viele DDR-Bürger begeistern, sodass sie bei den **Volkskammerwahlen** im März 1990 eine **klare Mehrheit** erreichte.

Fazit und Ausblick auf Wiedervereinigung

Die **friedliche Revolution** in der DDR hat mit dieser Wahl ihren Abschluss gefunden. Bis zur **Wiedervereinigung** am 3. Oktober 1990 waren zwar noch einige Schritte nötig (u. a. „Zwei-plus-Vier“-Verhandlungen mit den Siegermächten des Zweiten Weltkriegs), jedoch waren es nun **nicht mehr die Bürger der DDR, die den Prozess vorantrieben**. Dies sorgte bei einigen

Bürgerrechtlern durchaus für Unmut und Unzufriedenheit, doch beugten sie sich dennoch, wie Schuller schreibt (vgl. Z. 85 ff.), dem Gang der Ereignisse.

3. *Die dritte Teilaufgabe fordert Sie dazu auf, die Ausführungen Schullers zu beurteilen. Sie sollen also begründet zu einzelnen Aussagen des Historikers Stellung nehmen und ein Sachurteil fällen. Finden Sie sowohl Aspekte, denen Sie unter Heranziehung Ihrer historischen Kenntnisse zustimmen können, als auch einzelne Gesichtspunkte, die Schullers Darstellung relativieren. Am Ende sollten Sie dann ein zusammenfassendes Fazit ziehen.*

Einleitung
Hinführung zur Beurteilung

Schuller stellt in seiner Veröffentlichung den **Umbruch der DDR** in den **europäischen Kontext**. Er zeigt, dass die Veränderungen in Ostdeutschland durchaus **von äußeren Faktoren beeinflusst** wurden, dass der Umbruch aber dennoch eine **eigenständige revolutionäre, vom Volk getragene Bewegung** war. Dazu nennt er eine Vielzahl von Aspekten, die im Folgenden einer genaueren Beurteilung unterzogen werden.

zustimmende Aspekte
breite Basis der Revolution in der DDR

Zunächst einmal ist Schuller zuzustimmen, dass es sich bei den Vorgängen in der DDR um eine **Volksbewegung** handelte, die sich eine **staatliche Erneuerung** zum Ziel gesetzt hatte. Bereits die ersten oppositionellen Gruppierungen in der DDR hatten sich gebildet, um unter Berufung auf die Ergebnisse der KSZE-Konferenz die **Einhaltung von Menschenrechten und politische Freiheiten** zu fordern. Dabei kann man zu Recht behaupten, dass die Oppositionsbewegung in der DDR **von der gesamten Bevölkerung quer durch alle Schichten getragen** wurde. Es waren nicht nur einige Intellektuelle oder gar ein bestimmter Flügel der Regierung, der Neuerungen anstrebte, sondern der Ruf nach Veränderung kam – unter dem Dach der evangelischen Kirchen – tatsächlich aus dem Volk, wo er eine breite Basis hatte.

friedlicher Ablauf der Revolution

Überzeugend ist auch, dass Schuller das **Nichteingreifen der Sowjetunion** als zentralen Faktor für das Gelingen der Revolution in der DDR ausmacht. Zwar **drohte** die **DDR-Führung** anfangs durch Hinweise auf die Ereignisse bei der Räumung des Tian'anmen-Platzes in Peking **mit staatlichen Unterdrückungsmaßnahmen**, jedoch blieben diese letztlich aus. Obwohl es gerade zu Beginn der Volksbewegung durchaus gewalttätige Übergriffe von Polizeibeamten auf einzelne Demonstranten gegeben hatte, wurde **weder von den Trägern des Umsturzes noch vonseiten der Obrigkeit** in größerem Umfang **Gewalt** angewandt. Die Bürgerrechtsbewegung setzte sich mit **Friedensgebeten**, **Menschenketten** und immer größer werdenden

Demonstrationszügen für ihr Anliegen ein. Dabei kam es zu keinem Zeitpunkt zur Stürmung von Gebäuden oder gar zu gewaltsamen Übergriffen auf Repräsentanten des Staats. Man kann also gemeinsam mit Schuller durchaus von einer **friedlichen Revolution** sprechen.

Schuller behauptet zu Recht, dass die Revolution in der DDR vom gesamten Volk getragen war. Dennoch entspricht auch der von ihm erwähnte später herrschende **Dissens zwischen den Bürgerrechtlern und dem Großteil der Bevölkerung** den Tatsachen. Als es nach dem Mauerfall um die **zukünftige Gestaltung des ostdeutschen Staats** ging, traten mehr und mehr DDR-Bürger für eine **möglichst rasche Wiedervereinigung** ein. So kamen bei den Demonstrationen immer öfter auch die Slogans „Deutschland einig Vaterland" oder „Wir sind ein Volk!" auf. Dies widersprach den Zielen vieler Demonstranten der ersten Stunde, die sich eine **Reformierung der DDR von innen heraus** erhofft hatten und seit Dezember 1989 an „Runden Tischen" mit Vertretern der DDR-Regierung über die Zukunft des Staats verhandelten. Der **Beitritt der DDR zur Bundesrepublik** stellte für sie eine **bittere Enttäuschung** dar.

unterschiedliche Zielvorstellungen der Revolutionäre

Trotz der in vielerlei Hinsicht überzeugenden Darstellung Schullers, gibt es auch einige Aspekte, die er vernachlässigt. So stellt er zwar heraus, dass das **Herrschaftssystem der DDR** genauso wie das der Sowjetunion **marode** war, geht aber mit keinem Wort auf den **wirtschaftlichen Niedergang der DDR** ein. Die gesamte wirtschaftliche Infrastruktur der DDR stand **kurz vor dem Zusammenbruch**, der lediglich durch zahlreiche **Kredite aus der Bundesrepublik** noch hinausgezögert werden konnte. Damit war die DDR-Wirtschaft also nicht nur marode, sie war zudem auch noch vom westlichen Nachbarn abhängig. Es ist also mehr als fraglich, wie lange sich die DDR als Staat noch hätte behaupten können.

relativierende Aspekte

Vernachlässigung der ökonomischen Situation der DDR

Genauso wie die wirtschaftlichen Zusammenhänge lässt Schuller in seiner Darstellung auch die **Massenflucht aus der DDR** im Jahr 1989 völlig außer Acht. Das ist umso erstaunlicher, als er die Entwicklung in Ungarn ausdrücklich thematisiert und dabei zu dem Schluss gelangt, die konkreten politischen Ereignisse dort seien in der DDR kaum wahrgenommen worden. Die **Öffnung der Grenzen** zumindest schlug in der DDR jedoch hohe Wellen und heizte die Fluchtbewegung an, die sich in der Folge zu einer **Massenausreise** (auch über die Botschaften bzw. die Ständige Vertretung der Bundesrepublik) entwickelte. Durch die Fluchtbewegung wurde einerseits die **Delegitimierung des**

Massenausreisen als Grund für Zusammenbruch der DDR

politischen Systems verstärkt, andererseits aber auch die **Wirtschaft weiter destabilisiert**, weil in großem Maße Arbeitskräfte verloren gingen. Nicht umsonst bezeichnet man die Massenausreisen aus der DDR als „**Abstimmung mit den Füßen**", da auch sie einen erheblichen Teil zum Zusammenbruch des Systems beigetragen haben.

Einfluss der Bundesrepublik auf die Ereignisse

Zu guter Letzt kann man konstatieren, dass Schuller nicht auf die Beeinflussung und **Vereinnahmung der Bürgerrechtsbewegung** durch die Regierung der Bundesrepublik eingeht. Will man nicht bereits die **Überführung der Botschaftsflüchtlinge** in die Bundesrepublik auf Initiative des Außenministers Genscher als Einflussnahme werten, dann begann diese spätestens unmittelbar nach dem Mauerfall. Helmut Kohl, aber auch **Politiker** anderer Parteien wie Genscher (FDP) und Brandt (SPD) traten bei Massenveranstaltungen in der DDR **als Redner** auf. Kohl veröffentlichte rasch seinen **Zehn-Punkte-Plan** zur Wiedervereinigung und versprach den Bürgern der DDR die **Einführung der D-Mark**. Damit machte sich der westdeutsche Bundeskanzler gezielt den **Wunsch der DDR-Bevölkerung nach Wohlstand** zu eigen und hatte damit auch politisch Erfolg. Außerdem setzte er sich in **Verhandlungen mit den ehemaligen Siegermächten** des Zweiten Weltkriegs für eine baldige Wiedervereinigung ein. Der **große Einfluss der Bundesrepublik** auf das Zustandekommen der deutschen Einheit kann also nicht geleugnet werden.

Fazit

Zusammenfassend lässt sich sagen, dass Schullers Textauszug einen erhellenden Blick auf die **Ereignisse in Osteuropa** im Wendejahr 1989/90 bietet und zeigt, inwiefern die Entwicklungen in der **DDR in diesen Kontext eingebettet** werden können. Im Hinblick auf die deutsch-deutschen Veränderungen werden jedoch einzelne Details, die für den Zusammenbruch der DDR von zentraler Bedeutung waren, unerwähnt gelassen, sodass der **Eindruck** entsteht, **alleine die Volksbewegung habe das SED-Regime zum Einsturz gebracht**. Auch wenn dieser in der Phase des Umbruchs sicher ein großer Verdienst zukommt, waren es doch **mehrere Faktoren**, die die DDR nach 40 Jahren zu Ende gehen ließen.

Abiturprüfung 2022 NRW – Leistungskurs Geschichte
Aufgabe 1

A: Interpretation sprachlicher oder nichtsprachlicher historischer Quellen

Aufgabenstellung

Punkte

Interpretieren Sie die vorliegende Quelle, indem Sie

1. sie analysieren, 26
2. sie in den Kontext der Sozialpolitik im Deutschen Kaiserreich einordnen *(14 Punkte)* und ausgehend vom Text die politische Haltung der Verfasser charakterisieren (*14 Punkte*), 28
3. zur Position der sozialdemokratischen Reichstagsabgeordneten Stellung nehmen. 26

Aufruf der sozialdemokratischen Reichstagsabgeordneten zur Wahl des 6. Reichstags, 1884

Nun zur

Sozialreform!

Die deutsche Reichsregierung hat erklärt, daß sie die **Sozialreform** anzubahnen und durchzuführen entschlossen sei. Nun gut – die **Sozialreform** ist auch unser Ziel, und sonach wären wir eigentlich mit der Reichsregierung **eines** Sinnes. Leider ist dem nicht so. Auf die Worte kommt wenig an – alles auf die **Bedeutung** der Worte. [...] Eins der Wörter, denen heutzutage die verschiedensten Bedeutungen innegelegt werden, ist das Wort Sozialreform. Durch den eisernen Zwang der Verhältnisse, durch die nicht länger wegzuleugnende wirtschaftliche Notlage der Volksmassen ist die soziale Frage in den Mittelpunkt des politischen Lebens gezogen worden – alle Parteien und auch die Regierungen haben die Existenz der sozialen Frage zugestehen müssen. Und die Existenz der sozialen Frage zugeben heißt: die Sozialreform, d. h. die zur Lösung der sozialen Frage erforderlichen Reformen als **staatliche Pflicht** anerkennen. Wir haben deshalb heute in Deutschland nicht eine einzige Partei, welche nicht die **Sozialreform** in ihrem Programm, ja an der Spitze ihres Programms hätte. Die Klerikalen, die Konservativen, die Liberalen, – alle sind eifrige Sozialreformer – ja sogar die fortschrittlich-sezessionistischen Manchesterleute[1], mit deren Prinzip der unbeschränkten freien Konkurrenz sich das sozialistische Element verträgt wie Wasser mit Feuer, machen aus der Not eine Tugend und rufen lustig mit nach Sozialreform. **Nur daß sich jede Partei etwas anderes dabei denkt.** Bloß in einem Punkt stimmen alle Parteien überein: Sie wollen die Notlage des Volkes möglichst zu ihrem Vorteil ausnutzen. Und das nennen wir **Sozialdemagogie**. [...]

Also **Sozialreform** verspricht die Reichsregierung. Was heißt Sozialreform? Im Gegensatz zu Sozial**revolution**, wenn dieses Wort im Sinne des gewaltsamen Umsturzes der heutigen Gesellschaftsordnung durch eine Explosion von unten herauf genommen wird, verstehen wir unter **Sozialreform** die Beseitigung der sozialen Mißstände und Ungerechtigkeiten auf **friedlichem** Wege – durch die regulären gesetzgebenden Faktoren.

Die Sozialreform ist gewiß ein schönes Ziel, und sie ist auch ein erreichbares Ziel. Aber nur unter der einen Bedingung, daß auch das vollste Verständnis für die heutigen gesellschaftlichen Mängel und die rückhaltlose Entschlossenheit, ihnen abzuhelfen, vorhanden sind. Ohne dieses Verständnis und diese Entschlossenheit keine Möglichkeit des Gelingens.

Ob die unerläßlichen Vorbedingungen bei der Reichsregierung vorhanden sind, wissen wir nicht. Wir wissen nur, daß die Maßregeln, welche für Sozialreform ausgegeben werden: das **Krankenversicherungsgesetz**, das **Unfallversicherungsgesetz** und das noch in Zukunftsnebel schwebende **Altersversorgungsgesetz** – mit den Ursachen des sozialen Notstands absolut nichts zu tun haben, dieselben gar nicht berühren und folglich den Namen Sozialreform mit Unrecht führen. Diese Maßregeln laufen einfach auf eine polizeilich-bürokratische **Regelung eines Teils des Armenwesens** hinaus – nichts weiter. **Jedem** der Arbeiter, die unter diese drei Gesetze fallen, muß auch jetzt schon, sei es von Privaten, sei es von Gemeinden, sei es vom Staat, die zum Leben erforderliche Unterstützung verabreicht werden, und wenn wir auch eine einheitliche Regelung dieser Materie für zweckmäßig halten, so steht doch fest, daß der Staat seine Aufgabe bis jetzt äußerst mangelhaft gelöst hat, und daß sie zehnmal besser gelöst worden wäre, wenn der Staat die Hände ferngehalten und **den Arbeitern selbst alles überlassen hätte**. […]

An Stelle der regellosen, anarchistischen, privatkapitalistischen Produktion hat **die vom Staat geleitete und organisierte sozialistische** Produktion zu treten, die keinen Unternehmer und folglich auch keine Ausbeuter und keine Ausgebeuteten kennt.

Die sozialistische Produktion, überhaupt die sozialistisch-genossenschaftlich organisierte Arbeit in Stadt und Land, auf Industrie und Landwirtschaft (die auch Industrie ist), auf Handwerk und Kleinhandel angewandt – **das ist Sozialreform**. Wer dies nicht will, mißbraucht das Wort Sozialreform.

Nicht einmal zu der bescheidensten aller Maßregeln, welche einen sozialreformatorischen Charakter tragen: zur Einführung des **Normalarbeitstages**[2] hat sich die Reichsregierung entschließen können. Der Normalarbeitstag, das heißt das **gesetzliche Zeitminimum der täglichen Arbeit in Fabriken und Werkstätten**, hat unter den obwaltenden[3] Produktionsverhältnissen den dreifachen Vorteil, daß er der Ausbeutung der Arbeiter durch die Arbeitgeber eine Schranke errichtet, in normalen und in abnormal schlechten Zeiten die Beschäftigung einer größeren Zahl von Arbeitern ermöglicht **und** eine gewisse Regelung der nationalen Arbeit bewirkt. […]

Die Einführung des elastischen Normalarbeitstages wird noch aus einem anderen Grund bald zur gesellschaftlichen Notwendigkeit geworden sein.

Durch Verbesserung der Werkzeuge und Maschinen, bessere Arbeitsteilung, bessere Verwertung der Wissenschaft zu technischen Zwecken wird die Arbeit immer produktiver; und die statistisch festgestellte Folge dieser Tatsache ist, daß die Zahl der Arbeiter in **abgegrenzten** Industriezweigen stetig **abnimmt**, während die der Arbeitsleistung des einzelnen stetig zunimmt. Wird dieser Tendenz der kapitalistischen Produktion, die **Konsumenten zu vermindern** und die Produktion zu **vermehren**, nicht rechtzeitig begegnet, so ist eine furchtbare Katastrophe, der gesellschaftliche Bankrott, unvermeidlich. […]

Eine notwendige Folge der regellosen, ungeregelten Produktion ist die sogenannte **Ueberproduktion** und die sogenannte **Uebervölkerung**, über die man heutzutage soviel klagen hört. […]

Durch **Kolonien** und **Auswanderung** kann die Ueberproduktion und Uebervölkerung nicht gesteuert werden. Gegen eine staatliche Leitung der Auswanderung im Interesse der Auswandernden haben wir nichts einzuwenden, aber vor allem ist das Augenmerk darauf zu richten, unser Vaterland für alle seine Bewohner wohnlich zu machen; und der Forderung von Kolonien im Ausland setzen wir die Forderung der **Kolonisation im Innern** entgegen, d. h. der verbesserten Bodenbebauung und des Anbaus der großen Landstrecken, die heute als Wüsten daliegen, bei dem hohen Stand der Agronomie jetzt aber mit Vorteil für Ackerbau und Viehzucht verwandt werden können. […]

Wir haben uns bis jetzt fast ausschließlich mit der **sozialen Frage** und **wirtschaftlichen** Fragen beschäftigt – die **politischen** nur angestreift. Es geschah das mit Absicht, weil die soziale Frage der Angel- und Mittelpunkt des gesamten politischen Lebens ist und von ihr alle politischen Fragen ausgehen, in sie alle politischen Fragen einmünden. Wer die soziale Frage versteht, hat darum den Schlüssel zu allen politischen Fragen; und wer sie nicht versteht oder nicht verstehen will, wird die politischen Fragen stets falsch auffassen. […]

Bei der Untrennbarkeit der sozialen, wirtschaftlichen und politischen Fragen von der Ueberzeugung durchdrungen, daß die politischen und wirtschaftlichen Mißstände und Ungerechtigkeiten die naturnotwendigen Auswüchse unserer sozialen Verhältnisse sind, erstreben wir in erster Linie die Umgestaltung dieser Verhältnisse, – die **Entfernung der Ursachen**, welche Not und Knechtschaft in jeder Gestalt zur Wirkung haben, das heißt die **Sozialreform**. Da aber alle anderen Parteien auf dem Boden der heutigen Gesellschaftsverhältnisse stehen, und deren Umgestaltung grundsätzlich abgeneigt sind, so ist unsere Partei die **alleinige Partei der Sozialreform**. […]

Aufruf der sozialdemokratischen Reichstagsabgeordneten zur Wahl des 6. Reichstags (Erstfassung), 1884 [September].

Anmerkungen:

1 Manchesterleute: Vertreter einer liberalen Wirtschaftspolitik, die unter Ausschluss einer staatlichen Regulierung den Marktteilnehmern freien Lauf lässt.
2 Einführung des Normalarbeitstages: Hier bezogen auf die sozialdemokratische Forderung nach der Einführung eines Zehnstundentages.
3 obwaltenden: bestehenden

Hinweise zum Material:
Der Wahlaufruf wurde vor der Verbreitung von der Polizei in Berlin beschlagnahmt, insbesondere die vorliegende Passage wurde anschließend umgearbeitet.
Rechtschreibung an einigen Stellen angepasst, Grammatik und Hervorhebungen wie im Original

Zugelassene Hilfsmittel: Wörterbuch zur deutschen Rechtschreibung

Lösungsvorschläge

Diese Aufgabe entspricht den folgenden aktuellen Schwerpunktthemen:

- ***Inhaltsfeld 4:** Die moderne Industriegesellschaft zwischen Fortschritt und Krise*
  - *Die „Zweite Industrielle Revolution" und die Entstehung der modernen Massengesellschaft*
- ***Inhaltsfeld 6:** Nationalismus, Nationalstaat und deutsche Identität im 19. und 20. Jahrhundert*
  - *Die „Deutsche Frage" im 19. Jahrhundert*
  - *„Volk" und „Nation" im Kaiserreich und im Nationalsozialismus*

1. *Nach einer formalen Vorstellung der Quelle, bei der Sie die Autoren, die Adressaten, die Textart, das Erscheinungsdatum, den Anlass der Veröffentlichung sowie das Thema und die Intention benennen, sollen Sie die Hauptaussagen des Textes zusammenfassend in eigenen Worten wiedergeben. Konzentrieren Sie sich dabei auf die Definition des Begriffs „Sozialreform" nach sozialdemokratischer Vorstellung sowie auf die an der Arbeit der Reichsregierung geübte Kritik. Gliedern Sie Ihren Text so, dass Inhalt und Gedankengang des Wahlaufrufs zutreffend und akzentuiert dargestellt werden. Sowohl ein textdurchschreitendes Verfahren als auch alternative Strukturierungen sind hierbei möglich. Vergessen Sie nicht, Ihre Analyse an passenden Stellen mithilfe direkter und/oder indirekter Zitate an der Quelle zu belegen.*

Einleitung

Quelle, Autoren, Adressaten, Textsorte, Datierung, Anlass, Thema, Intention

Bei der vorliegenden Quelle handelt es sich um einen **Wahlaufruf sozialdemokratischer Reichstagsabgeordneter**, der anlässlich der Reichstagswahl von 1884 im September desselben Jahrs in Berlin verfasst wurde. Er ist an die deutsche Wählerschaft gerichtet, wurde jedoch vor seiner Verbreitung von der Polizei beschlagnahmt. Thematisch befasst er sich mit der im deutschen Kaiserreich notwendig gewordenen **Sozialreform**, wobei die sozialdemokratische Partei die Maßnahmen der Regierung ablehnt und eine Führungsrolle für die Sozialdemokratie beansprucht. Mit ihrer **Kritik an der Regierung** beabsichtigen die sozialdemokratischen Reichstagsabgeordneten die **Beeinflussung der Wählerschaft** zugunsten der Sozialistischen Arbeiterpartei Deutschlands (SAP).

strukturierte Wiedergabe

Sozialreform als allgemein anerkannte Notwendigkeit

Der Aufruf beginnt mit der Feststellung, dass die Reichsregierung vor dem Hintergrund der **akut gewordenen Sozialen Frage** selbst Reformen durchführen möchte. Auch die Sozialdemokraten sind der Meinung, dass die **Sozialreform als „staatliche Pflicht"** (Z. 13) betrachtet werden müsse. Gleichzeitig verweisen sie auf die Tatsache, dass die Reichsregierung unter der Begrifflichkeit etwas anderes verstehe als sie selbst (vgl. Z. 6 ff.).

Zwar würden sich aktuell sämtliche Parteien soziale Veränderungen auf die Fahnen schreiben (vgl. Z. 13 ff.), jedoch sei es problematisch, „daß sich jede Partei etwas anderes dabei denk[e]" (Z. 20). Alle **übrigen Parteien** würden sich durch ihre Überlegungen zur Lösung der Sozialen Frage lediglich eigene Vorteile verschaffen wollen, was ihnen den **Vorwurf der „Sozialdemagogie**" (Z. 22) durch die Verfasser des Aufrufs einbringt (vgl. Z. 20 ff.).

Sicht der Sozialdemokratie auf Sozialreform

Im nächsten Absatz wendet sich der Aufruf einer **Definition des Begriffs „Sozialreform**" aus Sicht der Sozialdemokraten zu. Bei der Sozialreform handle es sich um „die **Beseitigung der sozialen Mißstände** und Ungerechtigkeiten **auf friedlichem Wege** – durch die regulären gesetzgebenden Faktoren" (Z. 26 ff.). Sie befinde sich damit in einem klaren **Gegensatz zur „Sozialrevolution**" (Z. 24), die auf einen „gewaltsamen Umstur[z]" (Z. 24 f.) abziele. Voraussetzung für das Gelingen der Sozialreform sei die Anerkennung der Existenz der sozialen Ungleichheit und Not der Bevölkerung sowie der feste Wunsch, diese zu beseitigen (vgl. Z. 30 ff.). Die von der Reichsregierung geplante **Sozialgesetzgebung beinhalte nur unzureichende Maßnahmen**, die nicht die Ursachen für das herrschende Elend bekämpfen, sondern lediglich die bereits vorhandene Armenfürsorge in „polizeilich-bürokratische" (Z. 40) Bahnen lenken würden.

Ausführung der sozialdemokratischen Vorstellungen einer Sozialreform

Den genannten staatlichen Maßnahmen stellen die Verfasser die **sozialdemokratischen Vorstellungen einer Sozialreform** gegenüber. Die Sozialdemokratie beabsichtige, den **Arbeitern die Organisation** der Sozialreform **selbst zu überlassen** (vgl. Z. 45 ff.). Hierfür sei es notwendig, die Wirtschaft nach sozialistischen Prinzipien neu zu organisieren, also eine „vom Staat geleitete und organisierte **sozialistische Produktion**" (Z. 49) zu etablieren. Die Abgeordneten fordern die **Einführung des Zehnstundentags**, da dieser die Ausbeutung der Arbeiterschaft eindämmen und für eine kontinuierliche Beschäftigung der Arbeiter selbst in problematischen Zeiten sorgen würde (vgl. Z. 57 ff.). Darüber hinaus habe diese Regelung positive Effekte auf den Arbeitsmarkt im gesamten Kaiserreich. Des Weiteren weisen die Sozialdemokraten auf die **Gefahren eines gesellschaftlichen Bankrotts** hin, wenn durch den technischen Fortschritt und die Rationalisierung der Arbeit immer weniger Menschen in den Fabriken beschäftigt würden und gleichzeitig die Produktivität steige. Eine langfristige Konsequenz dieser Entwicklung seien **Überproduktion und Überbevölkerung** (vgl. Z. 73 ff.). Dieser Schieflage könne der Staat nicht durch mehr Kolonien oder Auswanderung beikommen, vielmehr sei es notwendig, die **Versorgungslage im Inland zu verbessern**, namentlich mithilfe der landwirtschaftlichen Nutzung bislang brachliegender Flächen (vgl. Z. 80 ff.).

Fazit des Aufrufs: alleinige Eignung der Sozialdemokratie zur Umsetzung der Sozialreform

Auf Basis der genannten Entwicklungen ziehen die Verfasser ein abschließendes **Fazit:** Nur durch ein tiefgehendes Verständnis der Sozialen Frage könne die **politische Arbeit** gelingen, welche darin bestehe, die Ursachen der **Not in der Bevölkerung zu beseitigen**. Ziel sei kein gewaltsamer Umsturz, sondern eine „Umgestaltung [der] Verhältnisse“ (Z. 95). **Ausschließlich die sozialdemokratische Partei** ist laut den Verfassern **in der Lage** und gewillt, die Sozialreform zweckdienlich umzusetzen (vgl. Z. 97 ff.).

2. *Die zweite Teilaufgabe besteht aus zwei Teilen: In einem ersten Schritt wird eine Einordnung der Quelle in den historischen Kontext von Ihnen verlangt. Dabei wird gesondert auf die Sozialpolitik im deutschen Kaiserreich verwiesen. Sie müssen hier also die von Bismarck betriebene staatliche Sozialpolitik und deren Hintergründe erläutern. Widmen Sie sich dabei sowohl der Ausgangslage und dem Umgang des Reichskanzlers mit der Sozialdemokratie als auch der Einführung der staatlichen Sozialversicherungen und verweisen Sie an passenden Stellen auf die Textquelle. In einem zweiten Schritt sollen Sie die politische Haltung der Verfasser des Aufrufs charakterisieren. Setzen Sie sich dazu am besten der Reihe nach mit den allgemeinpolitischen, wirtschaftlichen und sozialpolitischen Vorstellungen der Verfasser auseinander. Dabei sollten Sie auch die Kritik thematisieren, die die Verfasser an der Regierung und den anderen Parteien üben. So erkennen Sie leicht, welche Position der Aufruf vertritt. Auch bei diesem Aufgabenteil sollten Sie Ihre Ausführungen mithilfe von Zitaten immer wieder auf die Quelle zurückbeziehen.*

historischer Kontext

Der Aufruf der Sozialdemokraten beschäftigt sich schwerpunktmäßig mit der vom Staat angekündigten **sozialen Reformpolitik**. Im Folgenden soll er deshalb in den **Kontext** der Zweiten Industriellen Revolution und **der staatlichen Sozialpolitik des deutschen Kaiserreichs** eingeordnet werden.

Arbeits- und Lebensverhältnisse der Arbeiterschaft

In der ersten Hälfte des 19. Jahrhunderts war in den Städten aufgrund starker Landflucht eine **lohnabhängige Arbeiterschaft** entstanden, die in Fabriken unter **schwierigsten Bedingungen** (hohes Arbeitstempo, strenge Arbeitsdisziplin, Lärm, Schmutz und Hitze) schlecht bezahlte Arbeit verrichten musste. Hinzu kamen die **katastrophalen Lebensverhältnisse** in den Städten, die von mangelnder Hygiene und einem Zusammenwohnen auf engstem Raum geprägt waren. Bis in die 1880er-Jahre gab es für die Arbeiterschaft weder im Falle von Krankheit, Invalidität oder

Arbeitslosigkeit noch im fortgeschrittenen Alter eine soziale Absicherung. Einzelne **Versuche, die Soziale Frage zu lösen**, fanden sich zwar in den Betrieben und die Städte und Kirchen betrieben ebenfalls Armen- und Sozialfürsorge. Allerdings entfalteten diese ersten Maßnahmen zur Verbesserung der Lage nur eine **unzureichende Wirkung**. Aus diesem Grund war das **Eingreifen des Staats unabdingbar** geworden. Ein solches erwarten auch die Verfasser des Aufrufs, wenn sie die „wirtschaftliche Notlage der Volksmassen" (Z. 9) beklagen und Sozialreformen als „staatliche Pflicht" (Z. 13) einfordern.

Bismarcks konservative Wende

Die Reichsgründung war in wirtschaftlicher Hinsicht mit dem sogenannten **Gründerboom** zusammengefallen, der vor allem dem Eisenbahnbau zu verdanken war. Der wirtschaftliche Aufschwung endete mit der als **Gründerkrach** bezeichneten Börsenkrise, welche ihre Ursachen in der in Zeile 74 erwähnten **Überproduktion** in der Industrie und einem allgemeinen Preisverfall durch die Einfuhr von Getreide aus den USA hatte. Politisch gesehen bewirkte diese Rezession einen **Vertrauensverlust** in eine kapitalistisch-liberale Wirtschaftsordnung. Bismarck nutzte deshalb nach zwei gescheiterten Attentaten auf Kaiser Wilhelm I. die Situation aus, um eine **konservative Wende** durchzusetzen, deren Ziel es war, eine weitere Liberalisierung des Reichs zu verhindern und es im obrigkeitsstaatlichen Sinn umzugestalten. Für die Wirtschafts- und Sozialpolitik bedeutete dies, dass sich das Kaiserreich **vom passiven** und gewährenden **Nachtwächterstaat hin zum Interventionsstaat** entwickelte, der nun aktiv in wirtschaftliche Dynamiken eingreifen wollte.

Bismarcks Kampf gegen die Sozialdemokratie

Neben den wirtschaftlichen Gründen spielten für den Kurswechsel des Reichskanzlers auch soziale Erwägungen eine Rolle. Die deutsche **Arbeiterschaft** hatte zunehmend ein **Klassenbewusstsein** entwickelt und organisierte sich in **Vereinen, Verbänden und Parteien** politisch. Dies stellte in den Augen Bismarcks eine **Bedrohung für den kaiserlichen Obrigkeitsstaat** dar. Deshalb versuchte er, mit seinem **Sozialistengesetz** von 1878 bis 1890 die sozialistischen und sozialdemokratischen Gruppierungen zu unterdrücken. Die verschiedenen Vereine und Parteiorganisationen sowie deren Versammlungen wurden verboten, entsprechende Presseorgane mussten ihre Arbeit einstellen. Die Gültigkeit des Sozialistengesetzes erklärt, warum der vorliegende Text 1884 von der Polizei beschlagnahmt werden konnte.

staatliche Sozialgesetzgebung

Allerdings verfolgte Bismarck bei seinem Kampf gegen die Sozialdemokratie eine **Doppelstrategie:** Neben der Ausschaltung des politischen Arms der Arbeiterbewegung war dem

Reichskanzler daran gelegen, die **Arbeiterschaft stärker an den Staat zu binden**. Um dieses Ziel zu erreichen, verabschiedete der Reichstag zu Beginn der 1880er-Jahre ein **sozialpolitisches Programm**. Nicht umsonst weisen auch die Verfasser des Aufrufs darauf hin, dass die Regierung „die Sozialreform anzubahnen und durchzuführen entschlossen sei" (Z. 3 f.). So wurde im Juni 1883 die **Krankenversicherung**, ein Jahr später die **Unfallversicherung** sowie 1889 die **Alters- und Invaliditätsversicherung** eingeführt. Wenngleich die staatliche Sozialpolitik weltweit als vorbildlich betrachtet wurde, konnte sie innerhalb der deutschen Arbeiterschaft im Kaiserreich **keine Identifikation mit dem Staat** bewirken. Die politische Heimat der Arbeiter blieb die **SAP** (später umbenannt in SPD), die trotz der Verfolgung bei der Reichstagswahl von 1890 **die meisten Stimmen** erhielt. Zudem wurden die staatlichen **Maßnahmen** innerhalb der Sozialdemokratie **als völlig unzureichend wahrgenommen**. Dies zeigt auch die Kritik der Reichstagsabgeordneten, wie sie in den Zeilen 35 bis 41 formuliert wird. Die Sozialdemokraten strebten weit umfassendere Reformen an, für die laut dem Aufruf eine Umgestaltung der Gesellschaftsverhältnisse (vgl. Z. 95 ff.) notwendig gewesen wäre.

Charakterisierung der Haltung der Verfasser

Die Verfasser des Aufrufs geben ihre Haltung an mehreren Stellen deutlich zu erkennen. Im Folgenden sollen deshalb ihre **politische Grundhaltung** sowie ihre **wirtschafts- und sozialpolitische Einstellung** eingehender charakterisiert werden.

politische Grundhaltung

Gleich zu Beginn wird ersichtlich, dass die Verfasser gegenüber der Reichsregierung sowie gegenüber allen anderen Parteien des Reichstags eine **oppositionelle Haltung** einnehmen (vgl. Z. 5 f., 15 ff.). Sie betonen wiederholt, dass der Begriff „Sozialreform" von den übrigen Parteien abweichend von ihrem eigenen Verständnis interpretiert werde. Indem sie den **anderen Parteien** in diesem Zusammenhang vorwerfen, „Sozialdemagogie" (Z. 22) zu betreiben, lehnen sie deren Auslegung als rein **egoistische Instrumentalisierung** ab (vgl. Z. 20 ff.). Sie unterstellen ihnen, die Notlage des Volks auszunutzen, um mit einem gerade aktuellen Thema Wählerstimmen zu gewinnen, ohne grundlegend etwas an der Situation ändern zu wollen. Demzufolge sehen die Verfasser des Aufrufs die **Sozialdemokratie als einzig würdige Vertreterin der Umsetzung einer Sozialreform** (vgl. Z. 99). Dazu erachten sie eine **Umwandlung** der Wirtschaft und Gesellschaft **im sozialistischen Sinn** für notwendig, da nur dann wirklich eine Verbesserung für die Arbeiterschaft erreicht werden könne (vgl. Z. 92 ff.). Gleichzeitig **grenzen sie sich von** den Vertretern einer **Sozialrevolution ab**, da sie die Gesellschaftsordnung „auf friedlichem Wege – durch die regulären gesetzgebenden Faktoren“ (Z. 27 f.), also nach legalen Prinzipien verändern möchten. Dabei setzen die Sozialdemokraten auf die **Fähigkeit der Arbeiterschaft zur Selbstverwaltung** und **kritisieren** die in ihren Augen paternalistischen und noch dazu weitgehend **wirkungslosen Maßnahmen des Staats** (vgl. Z. 41 ff.). Nach der marxistischen Theorie hat das Proletariat ein Klassenbewusstsein entwickelt, welches die Grundlage für eine Beseitigung der wirtschaftlichen und sozialen Missstände bildet. Die Arbeiterschaft sei deshalb in der Lage, aus eigenem Antrieb die notwendigen Veränderungen herbeizuführen. Insgesamt herrscht bei den Verfassern die Überzeugung vor, dass eine **sozialistische Gesellschaft die Situation der Arbeiter dauerhaft verbessern** könne (vgl. Z. 92 ff.).

wirtschaftspolitische Position

Wirtschaftspolitisch **lehnt** der Aufruf das **kapitalistische System ab**. Er **kritisiert den Wirtschaftsliberalismus** der „Manchesterleute“ (Z. 17), der staatliche Eingriffe in die Wirtschaft zurückweist und eine freie Entfaltung der Kräfte von Angebot und Nachfrage befürwortet. Außerdem plädieren die Sozialdemokraten dafür, das private Unternehmertum abzuschaffen. An dessen Stelle solle eine **sozialistische Produktionsweise** treten (vgl. Z. 48 ff.). Nur dadurch könne die **Ausbeutung der Arbeiterschaft verhindert** werden. Die Arbeit solle „sozialistisch-genossenschaftlich“ (Z. 51) aufgeteilt werden, und zwar in allen Bereichen der Wirtschaft, namentlich der Industrie, Landwirtschaft, im Handwerk und im Handel (vgl. Z. 51 ff.). Zudem fordern die Sozialdemokraten die **Einführung des Zehnstundentags** als staatliches Steuerungsinstrument (vgl. Z. 55 ff.).

sozialpolitische Einstellung

In sozialpolitischer Hinsicht steht der Aufruf auf dem Standpunkt, dass die negativen Folgen des Kapitalismus aufgefangen werden müssten. Dabei sei die **Lösung der sozialpolitischen Probleme** nicht im Kolonialismus zu suchen, sondern im **Ausbau der Landwirtschaft**. Die Verfasser sind der Meinung, der Staat habe „seine Aufgabe bis jetzt äußerst mangelhaft gelöst“ (Z. 45), da **weder das Armenwesen noch die Sozialgesetzgebung** die Ursachen von Not und Armut **wirksam** bekämpfen würde. Die von der Regierung geplanten Maßnahmen seien nicht ausreichend, um einem gesellschaftlichen Bankrott entgegenzuwirken (vgl. Z. 69 ff.). Allein die **Lösung der Sozialen Frage im Sinn des Sozialismus** könne die Arbeits- und Lebensbedingungen der Arbeiterschaft dauerhaft optimieren.

Zusammenfassend lässt sich festhalten, dass die Verfasser auf dem **Weg der Sozialreform**, also innerhalb des bestehenden Systems, eine **Veränderung** der politischen, wirtschaftlichen und gesellschaftlichen Zustände **herbeiführen** wollen. Die Idee des Sozialismus dient hierfür als Grundlage, jedoch wird deutlich, dass die Verfasser **keinen sozialrevolutionären Umsturz** anstreben, obwohl dieser als eine theoretische Möglichkeit zur Änderung der Verhältnisse erwähnt wird (vgl. Z. 23 ff.).

Fazit
Wunsch nach sozialistischer Veränderung mithilfe von Reformen

3. *Die dritte Teilaufgabe fordert Sie dazu auf, zur Position der sozialdemokratischen Reichstagsabgeordneten Stellung zu nehmen. Sie sollen also kritisch untersuchen, inwiefern der Aufruf die herrschenden Zustände zutreffend wiedergibt und inwieweit sich die genannten Maßnahmen zur Bekämpfung der Notlage als wirksam erwiesen haben. Dabei ist es sinnvoll, nach einer strukturierten Gliederung vorzugehen und zum Beispiel zuerst alle zustimmenden Aspekte auszuführen, um im Anschluss daran die Punkte zu erwähnen, die Ihnen auf der Grundlage Ihrer historischen Kenntnisse zweifelhaft erscheinen. Berücksichtigen Sie bei Ihrer Abwägung sowohl den historischen Kontext als auch den ideologischen Hintergrund des Aufrufs und beenden Sie Ihre Darstellung mit einem zusammenfassenden Urteil.*

Der vorliegende Aufruf setzt sich mit einer Vielzahl sozial- und wirtschaftspolitischer Themen auseinander. Im Folgenden soll deshalb untersucht werden, inwiefern den **Positionen der sozialdemokratischen Reichstagsabgeordneten zuzustimmen** ist, inwiefern ihnen aber auch **widersprochen werden** kann.

Einleitung
Hinführung zur Stellungnahme

Wenn man die vorhergehenden Ausführungen zur Lage der Arbeiterschaft im Zeitalter der Zweiten Industriellen Revolution zugrunde legt, so wird deutlich, dass eine **staatliche Sozialpolitik im Kaiserreich unabdingbar** war. Die veränderten Arbeits- und Lebensbedingungen in der Industriegesellschaft führten einen nicht unerheblichen Teil der Bevölkerung in **große Abhängigkeit ohne soziale Sicherheit**. Zudem verfügten die Arbeiter nur über **beschränkte Möglichkeiten zur politischen Mitbestimmung**. Den Sozialdemokraten des Aufrufs ist also zuzustimmen, wenn sie die Missstände der arbeitenden Bevölkerung anprangern und die Regierung auffordern, Abhilfe zu schaffen.

zustimmende Aspekte
Notwendigkeit einer Sozialreform

Auch der Vorwurf, der **Staat** würde sich **nur bedingt** wirklich **für die Arbeiter und soziale Reformen einsetzen**, ist nicht ganz von der Hand zu weisen. Gerade Bismarck agierte stets vor dem Hintergrund, die **Sozialdemokratie zu schwächen**. Vor allem deshalb war ihm daran gelegen, die Arbeiterschaft an den Staat zu binden und dadurch den Einfluss der Sozialdemokratie

Hintergründe von Bismarcks sozialpolitischem Engagement

zu minimieren. Dass seine **Sozialgesetzgebung** also auch **wirksames Zeichen des staatlichen Einsatzes** für die Arbeiterschaft sein sollte, ist unbestreitbar und die Unterstellung der „Sozialdemagogie" (Z. 22) nicht völlig unberechtigt.

Die Minimalforderung der Sozialdemokraten nach einer **Begrenzung der Arbeitszeit** und ihr Einsatz für den **Zehnstundentag** sind nachvollziehbar und sinnvoll. Gerade die daraus abgeleiteten **Vorteile** überzeugen, da die zeitliche Begrenzung tatsächlich die **Ausbeutung der Arbeiter verringern** helfen und mehr Menschen ein **Beschäftigungsverhältnis** ermöglichen würde. Ein weiterer indirekter Vorteil einer Begrenzung der Arbeitszeit könnte es sein, dass die Arbeiter dadurch mehr **Freizeit** hätten, die sie wiederum **zur politischen Selbstorganisation** nutzen könnten, die den Verfassern des Aufrufs vorschwebt.

sinnvolle Verbesserungsvorschläge der Sozialdemokratie

Obwohl die Verfasser des Aufrufs mit einigen Dingen richtigliegen und Entwicklungen korrekt einschätzen, muss man manche ihrer **Äußerungen doch relativieren**.

relativierende Aspekte

So lässt sich bei allem Verständnis für die Kritik der Sozialdemokraten an den staatlichen Maßnahmen festhalten, dass sich die **Lage der Arbeiter** generell **durch die Einführung der Versicherungen verbessert** hat. Der Einzelne hatte nun einen durch das Gesetz geschaffenen **Anspruch auf soziale Leistungen** und der Staat war verpflichtet, in einer Notlage auszuhelfen und die Existenz des Betroffenen zu sichern. Staat und Gesellschaft wurde dadurch auferlegt, **mehr als nur Armenpflege** zu betreiben. Auch wenn die Leistungen keine umfassende Grundversorgung boten, stellten die Sozialgesetze global gesehen die ersten **Fürsorgegesetze** dar, die es überhaupt für die Arbeiterschaft gab. Der gerade erst geschaffene Interventionsstaat versuchte, die Herausforderungen der Industrialisierung und Urbanisierung zu meistern und erwies sich dabei **im internationalen Vergleich als vorbildlich**.

Erfolge der Sozialpolitik

Fragwürdig ist zudem die Haltung der Verfasser, ausschließlich die sozialistische Herangehensweise würde die Lage der Arbeiterschaft positiv beeinflussen. Hinsichtlich der Sozialen Frage haben die **unterschiedlichsten Lösungsansätze** ihre Berechtigung. So sorgten die **Unternehmer** teilweise selbst für bessere Arbeits- und Lebensbedingungen ihrer Angestellten, indem sie zum Beispiel Wohnhäuser oder Schulen errichteten, **Krankenkassen** gründeten oder eine **Betriebsrente** einführten. Und auch von **kirchlicher Seite** wurden Maßnahmen zur Behebung des

Kritik an Herabwürdigung anderer Lösungsansätze zur Sozialen Frage

Elends der Arbeiterschaft ergriffen, indem zum Beispiel **karitative Einrichtungen** wie die Innere Mission ins Leben gerufen wurden, die vor allem in Elendsvierteln Abhilfe schufen. Dem Engagement der Unternehmer lagen vor allem ihre **patriarchalische Fürsorgepflicht** und die Absicht zugrunde, die **Arbeiter** an den Betrieb zu binden und sie **von sozialistischen Ideen abzubringen**. Aus diesen Gründen sahen sie sich in der Verantwortung, genauso wie die kirchlichen Einrichtungen. **Verbesserungen innerhalb der bestehenden Gesellschaftsordnung** waren also durchaus möglich. Für die Verfasser des Aufrufs ist hingegen die Sozialreform gleichbedeutend mit der Einführung einer sozialistischen Wirtschafts- und Gesellschaftsordnung. Dies kann ebenso wie ihr Anspruch, die Sozialreform zu definieren und als einzige Partei umsetzen zu können, kritisch hinterfragt werden.

Kritik an Ablehnung staatlicher Unterstützung

Die Sozialdemokraten des Aufrufs haben großes **Zutrauen in die Fähigkeit der Arbeiter**, sich selbst zu organisieren. Eine solche Art der Umgestaltung setzt jedoch viel **Eigenverantwortung und Engagement** voraus, das sich im Einzelfall als **schwierig** erweisen könnte. Es steht also keinesfalls fest, dass die Arbeiter ohne jede staatliche Unterstützung eine kollektive Verbesserung ihrer Lage erreichen würden, wenn man nur alle Verantwortung in ihre Hände geben würde. Mehr politische Mitsprache in ihren eigenen Belangen wäre für die Arbeiterschaft sicher von Vorteil gewesen, dennoch ist eine generelle **Ablehnung staatlicher Einmischung** wohl eher **kontraproduktiv**.

Fazit

zusammenfassendes Urteil

Trotz der teilweise zugespitzten Darstellung des Aufrufs lässt sich abschließend festhalten, dass die sozialdemokratischen Reichstagsabgeordneten durch ihre angedachten sozialreformerischen **Maßnahmen die Lage der Arbeiterschaft merklich zum Positiven verändern** könnten. Während die **ersten Lösungsansätze** zur Sozialen Frage im Rahmen der Zweiten Industriellen Revolution **nur teilweise Erfolge** verzeichneten, da sie entweder nur für einen geringen Teil der Arbeiterschaft in einzelnen Unternehmen Verbesserungen erreichten oder ihre Maßnahmen auf Armenfürsorge beschränkt blieben, gelang **Bismarck** eine **erste gesetzliche Grundsicherung** für alle Arbeiter im Kaiserreich. Dennoch waren **weiterführende Regelungen** zur Minderung der Notlage der Arbeiterschaft wichtig. Die arbeitende Bevölkerung **selbst an der Umsetzung** ihrer Ziele zu **beteiligen**, erscheint sinnvoll, um ihre Arbeits- und Lebensbedingungen dauerhaft zu stabilisieren.

Abiturprüfung 2022 NRW – Leistungskurs Geschichte
Aufgabe 2

A: Interpretation sprachlicher oder nichtsprachlicher historischer Quellen

Aufgabenstellung Punkte

Interpretieren Sie die Quelle, indem Sie

1. sie analysieren, 26
2. sie in den historischen Kontext einordnen *(14 Punkte)* und die vom Redner hergestellten Bezüge zur NS-Ideologie erläutern (*14 Punkte*), 28
3. seine Ausführungen bewerten. 26

M: Robert Ley: Die deutsche Arbeitsfront, ihr Werden und ihre Aufgaben

Hierin liegt das große Geheimnis der nationalsozialistischen Revolution, daß ihr Führer Adolf Hitler, jenen schicksalshaften Gedanken des wahren Sozialismus und der einzigen Gemeinschaft, geboren aus Kameradschaft und Treue, aus den Schützengräben des Weltkrieges hinüberrettete in die Politik und sie dem Werden unseres Volkes nützbar machte. Es war darum auch Verbrechen und Gemeinheit zugleich, daß die Machthaber vom 9. November 1918 bestrebt waren, 4 ½ Jahre, die die ungeheuersten Opfer von einem Volke verlangten, einfach mit einem Federstrich, mit einer papierenen Verfassung aus der Geschichte auszulöschen. Wenn 2 Millionen junger Menschen eines Volkes ihr Leben lassen, Millionen aus ihren Wunden bluten, so ist es Wahn und Aberwitz, diese Opfer als unrecht, als falsch, ja als für eine verbrecherische Sache dargebracht hinzustellen. Die deutsche Revolution hat in jenen Augusttagen 1914 ihren Anfang genommen und man kann behaupten, daß, wenn wirklich die Erneuerung eines Volkes beginnt, Blut dem Schicksal als Opfer gebracht werden muß.

In den Gräben des Westens und des Ostens fand sich das Volk wieder zusammen, die Granaten fragten nicht nach Stand oder Geburt, nach arm oder reich, nach Konfession oder Beruf, hier galt nur Schicksalsgemeinschaft und Einsatzbereitschaft. Das deutsche Volk bestand diese Probe und all die Heldentaten unserer Armee waren geboren aus einer grenzenlosen Treue und aus einer unbeschreiblichen Kameradschaft dieser Menschen untereinander. Das war echter Sozialismus. Sozialismus heißt Treue, Kameradschaft, heißt Mut haben, Kämpfer sein für eine große, gewaltige Idee. Nun aber prüfte uns das Schicksal zum zweiten Male. Deutschland hatte bewiesen, daß es eine Gemeinschaft bilden konnte. Jedoch war dieses große Opfer durch Siege begleitet, aber das Schicksal wollte wissen, ob dieses Volk auch in Zeiten tiefster Schande, größter Demütigungen und unerhörtester Entbehrungen zu dem gleichen Opfer bereit war. Diese zweite Probe von 1918 bis 1933 war härter als die von 1914 bis 1918. In dem von Landesverrätern geführten, von außen gedemütigten und geschlagenen Volke wuchs aus den kleinsten und winzigsten Anfängen heraus eine neue Gemeinschaft, verschworen auf Gedeih und Verderb, die bereit war, jedes Opfer auf sich zu nehmen.

Ihr Führer war allen das Vorbild, seine Treue, seine Kameradschaft, seine Hingabe an die Idee und an Deutschland, seine Opferbereitschaft in allem und jedem gab diesem Häuflein von Männern die Kraft, alle diejenigen zu sammeln, die den Geist und den Gedanken der Gemeinschaft aus den Schützengräben mit nach Hause genommen hatten.

So entstand die Nationalsozialistische Deutsche Arbeiterpartei, als Keimzelle eines wahren und edlen Sozialismus. Diese Gemeinschaft versprach nichts, sondern sie forderte. Sie appellierte nicht an Pazifismus und Feigheit, sondern an Mut und Tapferkeit. Sie verlangte unerhörten Gehorsam, sie verlangte restlose Hingabe, Aufgeben des eigenen Ich zugunsten der Idee, des Volkes, des Führers.

[…]

Es kam das Jahr des Sieges 1933.

Es ist hier nicht meine Aufgabe, auf all' die Einzelheiten und großen Erfolge der nationalsozialistischen Revolution im vergangenen Jahre hinzuweisen, jedoch das größte von allem, besonders aber für den Außenstehenden, ist das Wunder des Wachsens und Werdens der Einheit der deutschen Nation. Der 12. November[1] hat bewiesen, daß der Nationalsozialismus nicht äußerlich die Macht in Deutschland übernommen hat und nun mit Terror und Gewalt als Despot Deutschland knebelt und knechtet, sondern daß dieses Regiment, als einzigstes [sic!] auf der Welt, von der Liebe und Treue und Hingabe des gesamten Volkes getragen wird. Welcher Staatsmann kann sich, wie Adolf Hitler rühmen, 95 % der Nation hinter sich und seiner Politik zu haben? Hitlers Regiment ist Volksherrschaft im edelsten und erhabensten Sinne.

Wie war dieses Wunder möglich?

[…]

Es ist hier nicht der Platz, um noch einmal historisch die Dinge zu entwickeln, wie sie am 2. Mai und in den folgenden Tagen abgelaufen sind. Ich möchte jedoch nicht verfehlen, besonders auf einen Umstand hinzuweisen, der charakteristisch für die Brüchigkeit und Fäulnis innerhalb dieser Organisationen war. Nicht nur, daß uns die Führer der Gewerkschaften keinerlei Widerstand entgegensetzten, im Gegenteil, jeder, der an dieser großen Aktion teilnahm, hatte den Eindruck, daß die Gewerkschaftsführer bereits darauf warteten, abgesetzt zu werden, und daß sie es als eine Erlösung empfanden, von ihrem Posten entfernt zu werden. Sie unterschrieben alles und jedes. Es war, als ob man eine überreife Frucht, die bereits in Fäulnis übergegangen war, vom Baum schüttelte, und was vielleicht neben diesem Moment der Feigheit, der Hilflosigkeit besonders in Erscheinung trat, war jene Tatsache, daß die Massen im Lande ebenso froh darüber waren. […] Schlechter, wie es ihnen gegangen war, konnte es ihnen nicht mehr gehen, das war ihre Ansicht. Und als ich dann erklärte, daß wir nicht allein die Organisationen und Einrichtungen des Arbeiters erhalten würden, sondern wir den heroischen Kampf der Arbeiterschaft in den vergangenen Jahrzehnten mit Hochachtung verfolgt hätten und daß wir bemüht sein würden, ihm neue Einrichtungen hinzuzuschaffen, die ihm nun wirklich ein menschenwürdiges Dasein in Ehre und Achtung in der Gemeinschaft der Nation geben sollte, nun wuchs aus dem Fatalismus bereits Vertrauen heran. […]

Während das Volk durch das vergangene System zerrissen, zerklüftet und zerspalten war und doch in allen großen Organisationen die Gemeinschaft gepredigt worden war, trat jetzt die gewaltige Reaktion auf diese Fehler ein. Das Volk drängte zur Gemeinschaft. Es überstürzte sich geradezu in diesem Drang, sich wieder zusammenzufinden. Der Führer hatte den Ausspruch getan, daß ein Volk, mit dem man Politik machen will, starke Nerven haben muß. Die moderne Entwicklung der Industrie, das Washingtoner Abkommen über den 8-Stunden-Tag bedingten jene verderbliche Rationalisierung, die den Menschen nur noch zur Maschine machte. Stoppuhr, Akkord, Maschine, laufendes Band, zermürbten die Nerven und mechanisierten die Menschen. Die vergangenen Machthaber hatten es nun in gar keiner Weise verstanden, den Ausgleich zu schaffen, den Feierabend der Millionen aufzufüllen und ihnen damit zunächst auch nur einmal Erholung zu verschaffen. Für mich stand es fest, daß nicht nur allein eine neue politische und wirtschaftliche Ordnung der letzte Sinn unserer Revolution sein konnte, sondern daß zuerst und vor allem eine neue Gesellschaftsordnung aufgebaut werden mußte. Das Volk drängte zur Gemeinschaft und unsere Ziele mußten sein, diese zu organisieren und mit neuen Aufgaben zu erfüllen. Es gehört vielleicht dereinst zu den großen Taten dieser nationalen Revolution, daß schon einige Monate nach Verkündung der N.S.-Gemeinschaft „Kraft durch Freude“ tausende und abertausende Arbeiter aus allen Gebieten Deutschlands in die Berge der Alpen, in die wundervollen Berge des Schwarzwaldes, in den Harz, in den Bayer. Wald und ins Riesengebirge fahren konnten.

Genau wie hier mit größter Energie und Tatkraft das neue Wollen umgesetzt wurde, geschah es auf jedem Gebiet dieser N.S.-Gemeinschaft „Kraft durch Freude“. […] Was der Marxismus versprochen hat, wird der Nationalsozialismus in die Tat umsetzen. So das Ziel, so die Wirklichkeit. Die Organisationen wurden diesem Gedanken der Gemeinschaft angepaßt. Aus den Verbänden der Arbeiter, Arbeitnehmer und Angestellten wurden Betriebsgemeinschaften, die nach ihrem Fach in Reichsbetriebsgruppen zusammengefaßt werden. Unternehmer und Arbeiter. Das ist die Erkenntnis aller, das ist unser Wille. [...]

Robert Ley: Die deutsche Arbeitsfront ihr Werden und ihre Aufgaben. Rede vor dem Diplomatischen Korps und der ausländischen Presse am 1. März 1934 bei einem Empfangsabend des Außenpolitischen Amtes der N.S.D.A.P.

Anmerkung:

1 12. November: Datum der Reichstagswahlen, bei denen nur noch einer von den Nationalsozialisten dominierten Einheitsliste zugestimmt werden konnte. Etwa 92 % der Stimmen entfielen auf diese Einheitsliste. Bei der am gleichen Tag stattfindenden Volksabstimmung stimmten 95 % für den Austritt Deutschlands aus dem Völkerbund.

Hinweise zum Autor und zum Material:

Robert Ley (1890–1945): führender NS-Politiker und Leiter der Deutschen Arbeitsfront (DAF). Die Rede wurde zuerst vor den diplomatischen Vertretern ausländischer Staaten gehalten und anschließend als Sonderdruck veröffentlicht.

Rechtschreibung und Hervorhebungen wie in der Vorlage.

Zugelassene Hilfsmittel: Wörterbuch zur deutschen Rechtschreibung

Lösungsvorschläge

Diese Aufgabe entspricht den folgenden aktuellen Schwerpunktthemen:
- ***Inhaltsfeld 5:** Die Zeit des Nationalsozialismus – Voraussetzungen, Herrschaftsstrukturen, Nachwirkungen und Deutungen*
  - *Politische und ideologische Voraussetzungen des Nationalsozialismus*
  - *Die Herrschaft des Nationalsozialismus in Deutschland und Europa*
- ***Inhaltsfeld 6:** Nationalismus, Nationalstaat und deutsche Identität im 19. und 20. Jahrhundert*
  - *„Volk" und „Nation" im Kaiserreich und im Nationalsozialismus*

1. *Die erste Teilaufgabe fordert Sie zur Analyse der vorliegenden Textquelle auf. Dazu stellen Sie diese zunächst kurz vor, indem Sie Titel, Textsorte, Autor, Anlass, Datierung und Adressaten nennen sowie kurz auf Thema und Intention eingehen. Anschließend müssen Sie die zentralen Aussagen Robert Leys strukturiert und akzentuiert wiedergeben. Überlegen Sie sich dafür, wie Sie die Rede sinnvoll gliedern und in einzelne Sinnabschnitte einteilen können. Achten Sie außerdem darauf, Ihre Erkenntnisse stets mithilfe direkter und indirekter Zitate am Text zu belegen.*

Einleitung
Titel, Textsorte, Autor, Anlass, Datierung

Bei der vorliegenden Textquelle mit dem Titel „Die deutsche Arbeitsfront, ihr Werden und ihre Aufgaben" handelt es sich um eine **Rede**, die **Robert Ley**, der Leiter der Deutschen Arbeitsfront (DAF), anlässlich eines Empfangsabends des außenpolitischen Amtes der NSDAP am 1. März 1934 vor **diplomatischen Vertretern** ausländischer Staaten sowie vor der **ausländischen Presse** gehalten hat. Seine Ansprache wurde im Nachhinein als Sonderdruck veröffentlicht. Er richtet sich mit seinen Worten also vorrangig an die anwesende Zuhörerschaft, nachgeordnet aber auch an die allgemeine **Bevölkerung** der anderen Staaten und Deutschlands. Robert Ley beschreibt in pathetischen, fast religiös anmutenden Worten die **Erfolge der nationalsozialistischen Revolution**, der er bescheinigt, aus dem deutschen Volk eine wirkliche Gemeinschaft gemacht zu haben. Dem führenden Nationalsozialisten geht es darum, vor dem Ausland **nationale Geschlossenheit zu demonstrieren** und ein positives Bild der NS-Regierung zu vermitteln.

Adressaten

Thema

Intention

strukturierte Wiedergabe
Rückblick auf Entstehung der deutschen „Volksgemeinschaft" durch nationalsozialistische Revolution

Die Ansprache Leys beginnt mit einem **Lob Adolf Hitlers**, dem es gelungen sei, die im Ersten Weltkrieg entstandenen Tugenden wie „Kameradschaft und Treue" (Z. 3) auf die Politik zu übertragen und so aus dem deutschen Volk eine echte Gemeinschaft zu machen. Dies bezeichnet er als „das große Geheimnis der **nationalsozialistischen Revolution**" (Z. 1), auf deren vermeintliche Anfänge er im Folgenden zurückblickt. Wie wichtig ihm diese sind, wird daran deutlich, dass er die Unterzeichnung des

Versailler Vertrags als „Verbrechen und Gemeinheit" (Z. 5) tituliert, die den zuvor gebrachten Opfern des Volks nicht würdig gewesen sei (vgl. Z. 8 ff.). Seiner Meinung nach habe die **Entstehung einer wahren deutschen Gemeinschaft** mit dem Ausbruch des Ersten Weltkriegs begonnen, wofür das vergossene Blut ein sichtbares Kennzeichen gewesen sei (vgl. Z. 11 ff.).

Erster Weltkrieg als „erste Prüfung"

Im weiteren Verlauf seiner Rede führt Ley aus, auf welche Weise der **Erste Weltkrieg das deutsche Volk zusammengeschweißt** habe. Dabei betont er, dass die Kampfhandlungen alle Unterschiede zwischen einzelnen Individuen eingeebnet und so auch **soziale Hierarchien aufgelöst** hätten (vgl. Z. 14 ff.). So sei ein „echter Sozialismus" (Z. 19) entstanden, der für Ley aus „Treue, Kameradschaft, [...] Mut" (Z. 19 f.) und der Hingabe an eine „gewaltige Idee" (Z. 20) besteht.

Weimarer Republik als „zweite Prüfung"

Im Anschluss an den Ersten Weltkrieg sei das deutsche Volk jedoch erneut auf die Probe gestellt worden. Ley spricht hier davon, dass ein personifiziertes „Schicksal" (Z. 23) überprüfen wollte, ob das Volk auch in „Zeiten tiefster Schande, größter Demütigungen und unerhörtester Entbehrungen" (Z. 23 f.) opferbereit sei. Damit bezieht er sich auf die Jahre des Bestehens der **Weimarer Republik** zwischen 1918 und 1933, die er als **noch härter als die Kriegsjahre** bezeichnet. Dies führt er darauf zurück, dass das **Volk** im Inneren **von Verrätern regiert** worden sei, während es **außenpolitisch Isolation und Demütigung** ertragen musste (vgl. Z. 25 f.). Aus diesem Elend heraus sei es den Deutschen aber mit dem „Führer [als] Vorbild" (Z. 29) trotzdem gelungen, eine **neue, aufopferungswillige Gemeinschaft** zu bilden. Dies sieht Ley als Geburtsstunde der **NSDAP**, die er als „Keimzelle eines wahren und **edlen Sozialismus**" (Z. 34 f.) umschreibt. Zu diesem gehören für ihn Werte wie „Mut und Tapferkeit, [...] Gehorsam, [...] restlose Hingabe" (Z. 36 f.) und das völlige Aufgehen des Individuums in der „Volksgemeinschaft".

Machtübernahme der NSDAP als Sieg der Bewegung

Die letzte Station von Leys Rückblick bildet das Jahr **1933**, in dem die nationalsozialistische Bewegung die **Macht übernommen** hat („Jahr des Sieges", Z. 40). Ley verkündet, sich nicht mit den vielen Einzelerfolgen der Nationalsozialisten beschäftigen, sondern sich ganz auf das **Zusammenwachsen des deutschen Volks zu einer nationalen Einheit** konzentrieren zu wollen. Dabei betont der Redner, dass angesichts des Abstimmungsergebnisses vom November 1933 niemand behaupten könne, die „Volksgemeinschaft" sei nur äußerlich mithilfe von „Terror und Gewalt" hergestellt worden (vgl. Z. 44 ff.). Vielmehr bezeuge die **Zustimmung** von 95 % der Bevölkerung die „Liebe und

Treue“ (Z. 47), die das Volk seiner Regierung entgegenbringe. Für Ley ist das das **Kennzeichen einer „Volksherrschaft** im edelsten und erhabensten Sinne“ (Z. 50).

Begründung des Erfolgs der nationalsozialistischen Regierung

Im Folgenden macht der Redner sich daran, dieses „Wunder“ (Z. 51) zu begründen, das seiner Meinung nach vor allem auf den **Einsatz des NS-Regimes für die Arbeiterschaft** zurückzuführen ist. Er wendet seinen Blick dabei dem 2. Mai 1933 zu, an dem die Nationalsozialisten die freien **Gewerkschaften zerschlugen**. Ley verzichtet darauf, den Hergang der Ereignisse genauer zu beschreiben, sondern führt vermeintliche Begründungen an, warum die Organisationen in seinen Augen sowieso dem Zusammenbruch nahe gewesen seien. Der erste von ihm genannte Grund ist der **fehlende Widerstand**, den die Gewerkschaften ihrer Zerstörung entgegengesetzt hätten (vgl. Z. 56 ff.). Als zweiten Grund erwähnt er die **Freude des Volks** über deren Aufhebung (vgl. Z. 63 f.). Laut seiner Aussage seien die Arbeiter zunächst fatalistisch der Meinung gewesen, dass nichts ihre Lage verschlimmern könne. Als sie dann aber erkannt hätten, dass das NS-Regime nicht nur gewillt sei, die Organisationen für die Arbeiterschaft beizubehalten, sondern diesen noch **neue Einrichtungen** hinzuzufügen, hätten sie sich dem neuen Staat vertrauensvoll zugewendet (vgl. Z. 65 ff.).

Zerschlagung der Gewerkschaften

Ersatz durch neue Organisationen

Dies hat laut Ley seine Ursache darin, dass das **Volk begierig** darauf sei, wieder eine **echte Gemeinschaft zu bilden** (vgl. Z. 74 f., 86). Gerade angesichts der modernen technischen Entwicklungen, die zu einer Mechanisierung des Menschen führen würden (vgl. Z. 77 ff.), sei es wichtig gewesen, der Arbeiterschaft einen „**Ausgleich zu schaffen**“ (Z. 81 f.). Dies sei dem neuen Regime im Gegensatz zur vorherigen Regierung in vorbildlicher Weise gelungen. So sei die **NS-Organisation „Kraft durch Freude**“ (KdF) gegründet worden, die den Arbeitern Urlaubsreisen innerhalb Deutschlands ermöglicht hätte (vgl. Z. 87 ff.). Das Ziel der Nationalsozialisten sei es gewesen, nicht nur eine neue Politik und Wirtschaftsordnung zu etablieren, sondern eine „**neue Gesellschaftsordnung**“ (Z. 85) zu errichten. Aus diesem Grund hätten sie sich für die Arbeiterschaft eingesetzt.

Bemühungen des Regimes um die Arbeiterschaft

In einem abschließenden **Fazit** betont der DAF-Leiter, dass dieses **Ziel**, das der Marxismus immer versprochen habe, erst durch den Nationalsozialismus **erreicht** worden sei (vgl. Z. 95 f.). Statt einzelner Verbände von Arbeitern, Arbeitnehmern und Angestellten gäbe es nun „Betriebsgemeinschaften“, in denen **Führungspersonal und Arbeiter vereinigt** seien, was von allen Beteiligten unterstützt werde (vgl. Z. 97 ff.).

Fazit des Redners: wahre Gleichstellung aller Gesellschaftsschichten im Nationalsozialismus

2. *Die zweite Teilaufgabe besteht aus zwei Teilen: In einem ersten Schritt sollen Sie die vorliegende Rede in den historischen Kontext einordnen. Stellen Sie also auf der Grundlage Ihres unterrichtlichen Wissens dar, wie es zur Situation gekommen ist, in der die Ansprache gehalten wurde. Beginnen Sie am besten mit der Machtübernahme der Nationalsozialisten und gehen Sie dann auf einzelne Schritte ein, wie Hitler seine Herrschaft dauerhaft etablierte. Im Hinblick auf den Redner sollten Sie sich hier besonders auf Entscheidungen zum Umgang mit der Arbeiterschaft konzentrieren. Vergessen Sie außerdem nicht, sich an geeigneten Stellen auf die Quelle zu beziehen. Der zweite Schritt umfasst die Erläuterung von Textbezügen zur NS-Ideologie. Sie müssen hier also entscheiden, inwiefern Leys Rede von der nationalsozialistischen Weltanschauung geprägt ist, und diese dann in Ihren eigenen Worten unter der Verwendung von Fachvokabular und mithilfe von Hinweisen auf den Text erklären. Achten Sie dabei darauf, dass sich in Leys Ansprache nicht sämtliche Kennzeichen der NS-Ideologie finden lassen. Beschränken Sie sich also auf die Darstellung der von Ley erwähnten Aspekte.*

historischer Kontext

Machtübernahme der NSDAP

Die Rede Robert Leys fiel in eine Zeit, in der das NS-Regime darauf aus war, seine **Macht zu festigen** und dauerhaft zu etablieren. Begonnen hatte dieser Prozess mit der **Machtübernahme Hitlers** am 30. Januar 1933, als der Führer der NSDAP von Reichspräsident Hindenburg zum Reichskanzler ernannt worden war. Darauf spielt Ley an, wenn er in seiner Ansprache das „Jahr des Sieges 1933" (Z. 40) erwähnt. Obwohl sich in der Regierung der „nationalen Konzentration" nicht nur Nationalsozialisten, sondern auch einige Konservative befanden, ging Hitler gleich daran, die **Alleinherrschaft** zu übernehmen.

erste Schritte auf dem Weg zur Diktatur

Mit der „Verordnung zum Schutze des deutschen Volkes" vom 4. Februar 1933 wurden mit der Begründung, das Volk vor einem kommunistischen Umsturz schützen zu wollen, **Presse- und Versammlungsfreiheit eingeschränkt**. Der **Reichstagsbrand** vom 27. Februar 1933, dessen Urheberschaft bis heute nicht endgültig geklärt wurde, ermöglichte es den Nationalsozialisten, über die „**Reichstagsbrandverordnung**" des Folgetags die Grundrechte einzuschränken und Tausende von politischen Gegnern zu verhaften. Die **Reichstagswahlen** vom 5. März 1933 fanden bereits unter dem Eindruck des **Terrors gegen linksgerichtete Parteien** statt. Die NSDAP erreichte dabei 43,9 % der Stimmen. Nicht einmal drei Wochen später erfolgte mit dem „**Ermächtigungsgesetz**" vom 23. März 1933 schließlich der entscheidende Schritt hin zur NS-Diktatur. Diese Verordnung bestimmte, dass die Regierung ohne die Mitwirkung von Reichstag und Reichsrat Gesetze erlassen konnte. Dadurch wurden das **Parlament und die Weimarer Verfassung ausgehebelt** und Hitler machte sich zum unantastbaren Alleinherrscher.

In den Folgemonaten ging die NS-Regierung daran, das gesamte politische, wirtschaftliche und gesellschaftliche Leben im Sinne der NS-Ideologie zu vereinheitlichen (**Gleichschaltung**). Auf politischer Ebene wurde mit dem „Gesetz zur Gleichschaltung der Länder" am 31. März 1933 der **Föderalismus aufgehoben**. Einen Tag später kam es zum reichsweiten „**Judenboykott**" und am 7. April 1933 wurden auf der Grundlage des „**Arierparagraphen**" Beamten nicht arischer Herkunft oder mit einer politisch unerwünschten Haltung aus dem Dienst entlassen. Die **Parteien** des Reichstags **lösten sich** unter dem Druck der NSDAP schrittweise **selbst auf**. Durch das „Gesetz gegen die Neubildung von Parteien" vom 14. Juli 1933 wurden sie dauerhaft an einer Neugründung gehindert. Damit war die **NSDAP die einzig zugelassene Partei** und man hatte sichergestellt, dass sämtliche staatliche Funktionen von Nationalsozialisten ausgeübt wurden.

politische Gleichschaltung

Auf wirtschaftlicher Ebene erklärte Hitler den **1. Mai** als „Tag der nationalen Arbeit" zu einem **Feiertag**, der unter voller Lohnfortzahlung für die Arbeiterschaft mit Umzügen, Kundgebungen und Darbietungen aller Art begangen wurde. Damit wollte die neue Regierung die **Arbeiterschaft für sich einnehmen**, eine Strategie, die auch in Leys Rede deutlich erkennbar ist (vgl. Z. 81 ff., 88 ff.). Bereits am folgenden Tag zeigte das NS-Regime jedoch sein wahres Gesicht, indem die **SA die Gewerkschaftseinrichtungen besetzte**. Darauf spielt Ley in seiner Rede an, wenn er von den „Dinge[n]" (Z. 53) spricht, die „am 2. Mai und in den folgenden Tagen abgelaufen sind" (Z. 54). Hitler wollte die **Arbeiterschaft unter die alleinige Kontrolle des Staats** stellen. Am 10. Mai wurde die **Deutsche Arbeitsfront** (DAF) als Ersatz für die zerschlagenen Gewerkschaften ins Leben gerufen. Diese diente der Erfassung, Kontrolle und Erziehung aller Arbeitgeber und Arbeitnehmer im nationalsozialistischen Sinn, die in der DAF in einer Art **Einheitsverband** organisiert waren (vgl. Z. 97 ff.). Im November 1933 gründeten die Nationalsozialisten schließlich auch die von Ley propagierte **Freizeitorganisation „Kraft durch Freude"** (KdF), die der Regeneration der Arbeitskraft dienen sollte (vgl. Z. 82 f., 88 ff.). Auch damit wollte der Staat sich die arbeitende Bevölkerung gefügig machen.

wirtschaftliche Gleichschaltung

Auf gesellschaftlicher Ebene strebten die Nationalsozialisten danach, eine **totalitäre Diktatur** zu errichten, in der alle Lebensbereiche mithilfe von NS-Organisationen, Propaganda und Terror von der NS-Ideologie durchdrungen werden sollten. Neben der DAF gab es beispielsweise **Jugendorganisationen** wie Hitlerjugend und Bund deutscher Mädel oder verschiedene **Berufsverbände** wie NS-Lehrer- oder -Ärzteschaft. Zudem wurde im

gesellschaftliche Gleichschaltung

März 1933 das **Reichspropagandaministerium** unter der Leitung von Joseph Goebbels gegründet, das für die **Gleichschaltung von Presse, Rundfunk und Fernsehen** Sorge trug. Die Propaganda stellte jedoch nur eine Säule der nationalsozialistischen „Überzeugungsarbeit" dar. Die zweite bildete ein ausgeklügelter **Terrorapparat**. Zu diesem zählten **Gestapo, SS und SD** als Verfolgungsorgane, die berühmt-berüchtigt für ihre brutalen Foltermethoden waren und zu einem System aus Bespitzelungen und Denunziationen führten. Aber auch die seit März 1933 errichteten **Konzentrationslager** sollten der Ausschaltung politischer, rassischer und ideologischer Gegner dienen und verbreiteten Angst und Schrecken in der Bevölkerung.

Bezüge zur NS-Ideologie

Führerprinzip

An Robert Leys Rede ist deutlich seine feste **Verankerung in der NS-Ideologie** zu erkennen, auf die er vielfach Bezug nimmt. So erwähnt er an mehreren Stellen den „Führer", der zum mythologischen Vorbild stilisiert wird, dessen Politik uneingeschränkte Zustimmung erfahre und dem sich alles unterzuordnen habe (vgl. Z. 1 ff., 29 ff., 37 f., 48 f.). Auf diese Weise verknüpft er seine Aussagen mit dem **Führerprinzip**, das die **Unterordnung** des gesamten Volkes **unter den Willen eines Einzelnen** propagiert. Den Befehlen des „Führers" schuldet das Volk **absoluten Gehorsam** (vgl. Z. 37 f.). Jede Form von Opposition wird nach dieser Weltanschauung als Verbrechen gewertet. Der **absolute Machtanspruch** Hitlers wurde mit dessen angeblicher Unfehlbarkeit gerechtfertigt und im **Führermythos** religiös überhöht. Letzteres findet sich auch in Leys Rede, wenn er **Hitler als vom Schicksal gesandten Retter** preist, der einem „Häuflein von Männern die Kraft gab" (Z. 31), nach dem verlorenen Ersten Weltkrieg wieder eine Gemeinschaft ins Leben zu rufen. Direkt aus dem Führerprinzip ergibt sich die Ablehnung jeglicher Form von Machtaufteilung und Mehrheitsbeschlüssen (**Antiparlamentarismus**), weshalb die Gliederung in Führer und Gefolgschaft auf allen Ebenen etabliert wurde.

„Volksgemeinschaft"

Unübersehbar sind an Leys Rede auch die vielfältigen Bezüge zur „**Volksgemeinschaft**", die der DAF-Leiter meint, wenn er von „der einzigen Gemeinschaft" (Z. 2 f.) und einer „neue[n] Gesellschaftsordnung" (Z. 85) spricht. Dabei wurde die „Volksgemeinschaft" in der NS-Ideologie als **„Blutsgemeinschaft"** definiert, in die nur diejenigen **einbezogen** wurden, die laut der nationalsozialistischen Weltanschauung zum deutschen Volk gehören sollten („**arische**" **Deutsche**). **Ausgeschlossen** wurden dagegen alle, die **aus rassischen oder politischen Gründen als unerwünscht** galten wie Juden, Sinti und Roma, Menschen mit Behinderung, Homosexuelle, Oppositionelle usw. Im Hinblick auf die Ausgegrenzten wurden **Feindbilder** entworfen, die die zur Gemeinschaft Gehörenden aufwerten und deren Zusammenhalt stärken sollten. Innerhalb der „Volksgemeinschaft" strebten die Nationalsozialisten zumindest theoretisch nach einer **Aufhebung aller Klassenunterschiede**, die auch Ley als Ideal feiert (vgl. Z. 15 f.). Allerdings ging damit auch die Forderung nach einer **Negierung jeglicher Individualität** einher („Du bist nichts, dein Volk ist alles."). Beständig wurde an die **Opferbereitschaft** des Einzelnen für die Gemeinschaft appelliert (so auch in Leys Ansprache, vgl. z. B. Z. 12 f., 23 f., 28), während Schwachen und Hilfsbedürftigen mit keinerlei Solidarität begegnet werden sollte („**Ethik der Mitleidslosigkeit**").

„nationaler Sozialismus"

Teil des „Volksgemeinschafts"-Gedankens war auch der von Hitler propagierte „**nationale Sozialismus**", der sich in Leys Rede immer wieder finden lässt. So spricht der DAF-Leiter vom „wahren Sozialismus" (Z. 2), der von einer „grenzenlosen Treue und [...] einer unbeschreiblichen Kameradschaft" (Z. 18) geprägt sei. Hier erkennt man die von Hitler vorgenommene **Umwertung des Sozialismus-Begriffs**, der jetzt **nicht mehr marxistisch** als dem Kommunismus vorausgehende gesellschaftlich-wirtschaftliche Entwicklungsstufe verstanden, sondern als **Propagandabegriff** instrumentalisiert wurde. Man forderte die „**Entproletarisierung**" **der Arbeiterschaft**, was dieser Gesellschaftsschicht eine Aufwertung suggerieren sollte, sowie die **Aufhebung aller Klassengegensätze**. Damit wollte man die breite Wählergruppe der **Arbeiter** und Angestellten von der NS-Ideologie überzeugen und **an den NS-Staat binden**.

Antibolschewismus und Antipazifismus

In Wahrheit war die nationalsozialistische Weltanschauung von einer vehementen **Ablehnung jeglichen sozialistischen Gedankenguts** gekennzeichnet. Marxismus und Kommunismus wurden im **Feindbild des Bolschewismus** als Verstöße gegen nationale Grundwerte diskreditiert, was man auch an Leys Rede merkt, wenn er den Marxismus dem Nationalsozialismus antithetisch gegenüberstellt (vgl. Z. 95 f.). In eine ähnliche Richtung weist der **radikale Antipazifismus** der Nationalsozialisten, der Friedfertigkeit als Schwäche und Feigheit auslegte (vgl. Z. 36). Zwar bedienten sich die Nationalsozialisten einer **Friedenspropaganda**, wenn es ihnen zur Erreichung ihrer Ziele geboten schien. Eigentlich verurteilten sie den Pazifismus jedoch aufs Schärfste und propagierten stattdessen einen vehementen **Militarismus** und das „**Recht des Stärkeren**". So feiert auch Ley den Ersten Weltkrieg als heroischen Beginn der „deutsche[n] Revolution" (Z. 11).

3. *In der dritten Teilaufgabe wird von Ihnen verlangt, Leys Ausführungen zu bewerten. Das bedeutet, dass Sie auf Grundlage heutiger Wertmaßstäbe entscheiden müssen, ob Leys Ansichten zuzustimmen ist oder ob Sie zurückgewiesen werden müssen. Im Fall von Leys Rede wird es Ihnen wahrscheinlich nicht schwerfallen, Aspekte zu finden, die Sie kritisieren können. Sie können sich deshalb auch ausschließlich auf diese konzentrieren, sollten aber in Ihrer Einleitung deutlich machen, auf welcher Basis Sie zu dieser Einschätzung kommen. Suchen Sie sich dann aus den zahlreichen Erwähnungen Leys die heraus, zu denen Sie sich am fundiertesten äußern können, ohne sich zu wiederholen. Beschließen Sie Ihre Ausführungen mit einem klaren Werturteil in Form eines Fazits.*

Einleitung
Hinführung zur Bewertung über Offenlegung der Wertmaßstäbe

Zwar muss man Robert Ley bescheinigen, dass er die groben Eckpfeiler der **Entstehung der nationalsozialistischen Bewegung** ansatzweise korrekt wiedergibt (Entwicklung der NSDAP auf der Grundlage der Weltkriegserfahrung und in Ablehnung des Versailler Vertrags). Zudem ist auch nicht zu leugnen, dass ein **nicht unerheblicher Teil der Bevölkerung** der Hitler-Regierung mit **Zustimmung** begegnete. Dennoch ist seine Rede, wenn man **heutige Wertmaßstäbe** wie das deutsche Grundgesetz, die Menschen- und Bürgerrechte, eine christliche Ethik sowie demokratische Prinzipien zugrunde legt, aus vielerlei Hinsicht zu kritisieren und zurückzuweisen.

Kritikpunkte
Diskreditierung der Weimarer Demokratie

Zunächst einmal zeigt Ley **keinerlei Wertschätzung für die demokratischen Errungenschaften** der Weimarer Republik. Er stellt es vielmehr so dar, als sei die Weimarer Zeit das dunkelste Kapitel in der deutschen Geschichte, in der das Volk sogar mehr gelitten habe als im Ersten Weltkrieg. Auch wenn die **Weimarer Republik** sicher mit **zahlreichen Schwierigkeiten** zu kämpfen hatte, ist Leys Urteil doch insgesamt als Stilisierung eines Feindbilds abzulehnen. Mit seiner **Verunglimpfung der demokratischen Regierungen** als „Landesverräte[r]" (Z. 26) folgt Ley der **Dolchstoßlegende** und seine Bezeichnung des Versailler Vertrags als „Verbrechen und Gemeinheit" (Z. 5) zeigt deutliche **Merkmale rechter Propaganda**, die die Republik in den Augen der Bevölkerung diskreditieren sollte. Dabei konnte die Weimarer Republik sowohl **innen- als auch außenpolitisch durchaus Erfolge** vorweisen: Mit der Weimarer Verfassung war zum ersten Mal eine **demokratische Verfassung** auf deutschem Boden etabliert worden und auch **sozialstaatliche Errungenschaften** wie der Acht-Stunden-Tag oder die Arbeitslosenversicherung stammen aus dieser Zeit. Zudem gelang es außenpolitisch, Deutschland wieder in den Kreis der Großmächte zurückzuführen und den **Versailler Vertrag schrittweise auf friedlichem Weg zu revidieren**. All das erwähnt Ley mit keinem Wort.

Stattdessen **idealisiert** der Redner die **Kriegserfahrung** des Ersten Weltkriegs, indem er angeblich dort entstandene Werte wie Kameradschaft und Treue betont. Die **zahlreichen Opfer** des Kriegs nimmt er als schicksalhaften Blutzoll (vgl. Z. 12 f.) hin, der für die Erneuerung des Volks notwendig gewesen wäre. Damit zeigt er seinen **Glauben an einen vorherbestimmten Geschichtsverlauf**, der den Menschen abspricht, frei eigene Entscheidungen nach übergeordneten Wertmaßstäben zu treffen. Er argumentiert außerdem mit der **hohen Anzahl an Gefallenen** auf deutscher Seite und schlussfolgert daraus die **Rechtmäßigkeit des Kriegs**. Gerade aus heutiger **christlich-humanistischer Sicht** gilt ein genau **umgekehrter Kausalzusammenhang:** Je mehr Menschen in einer Auseinandersetzung zu Tode kommen, desto vehementer wird diese als **Unrecht** verurteilt.

Idealisierung der Kriegserfahrung im Ersten Weltkrieg

Insgesamt lässt sich bei Leys Ansprache eine **Umwertung heute herrschender Werte** konstatieren. Er propagiert Eigenschaften wie Kampfbereitschaft, Opferwille und Entindividualisierung, die konträr zu Überzeugungen wie Friedfertigkeit, vernünftiger Reflexion und Entfaltung der eigenen Persönlichkeit stehen. Auch sein **Verständnis von Volksherrschaft** unterscheidet sich gravierend von heutigen demokratischen Prinzipien. Für ihn zeigt sich wahre Volksherrschaft, wenn ein Führer den Willen aller vertritt. Dieser Gedanke **widerspricht heutigen Vorstellungen von Parteiendemokratie und Pluralismus**, bei denen davon ausgegangen wird, dass es nötig ist, Kompromisse zu schließen, um die unterschiedlichsten Wünsche und Meinungen in Einklang zu bringen. Volksherrschaft liegt dann vor, wenn die Souveränität bei der Bevölkerung liegt, das Volk also in freien Wahlen an der Ernennung politischer Entscheidungsträger beteiligt ist, diese aber auch abgesetzt werden können.

Umwertung demokratisch-pluralistischer Werte

Des Weiteren kann man Ley und den Nationalsozialisten insgesamt vorwerfen, dass sie **kein echtes Interesse an der Arbeiterschaft** und an einer Verbesserung von deren Lage hatten. Mit seinen vielfältigen Maßnahmen, die sich auf die arbeitende Bevölkerung bezogen, ging es dem NS-Staat nur darum, die Arbeiter zu erfassen, zu kontrollieren und im Sinne der eigenen Interessen zu erziehen. Man wollte sich die große Zahl an **Menschen nutzbar machen** und sie deshalb mit (**scheinbaren**) **Vergünstigungen** für das neue Regime begeistern. So idealisiert Ley die **DAF**, die aber Arbeitnehmer und Arbeitgeber eigentlich ihrer vorher erkämpften Rechte beraubte. Sie **schaffte** das **Streikrecht und die Tarifautonomie ab** und ermöglichte dem Staat dadurch einen **stärkeren Zugriff auf die arbeitende Bevölkerung**. In der Realität war es auch mit der Einebnung von

Verfolgung eigener Ziele beim Einsatz für Arbeiterschaft

Klassenunterschieden oft nicht weit her, weil die Nationalsozialisten in vielen Fällen auf die finanziellen Mittel von **Unternehmern oder Adeligen** angewiesen waren und diese deshalb hofierten und ihnen **Privilegien** gewährten.

Kritik gebührt auch Leys **Behauptung**, der Nationalsozialismus hätte das deutsche Volk **ohne Terror und Gewalt** von Hitlers Regierung überzeugt. Dies muss man als glatte **Lüge** zurückweisen. Bereits seit Hitlers Machtübernahme wurden **politisch Andersdenkende grausam verfolgt**, inhaftiert, gefoltert und ermordet, sodass man kaum davon ausgehen kann, dass alle Deutschen sich dem NS-Staat freiwillig unterworfen haben. Vielmehr arbeitete das Regime mit einer **Doppelstrategie aus Terror und Propaganda**, wobei die repressiven Maßnahmen der **Einschüchterung und Beeinflussung der gesamten Bevölkerung** dienen sollten. **Konzentrationslager**, Kollektivstrafen und demonstrative Härte bei kleinsten Vergehen sorgten dafür, dass den Menschen stets bewusst war, was ihnen bei Kritik oder fehlendem Einsatz für die „nationale Sache" blühte.

Leugnung von gewaltsamer Gleichschaltung und Unterdrückung politischer Gegner

Zuletzt fällt an Leys Rede auf, dass er mit keinem Wort die **rassenpolitischen Ansichten** der Nationalsozialisten erwähnt, obwohl diese das **Rückgrat der gesamten NS-Ideologie** bildeten. Gerade bei der Verwirklichung der „Volksgemeinschaft" spielten diese eine immens wichtige Rolle. Leys Rede erweckt den **Eindruck**, als sollten alle Deutschen **ohne Ansehen der Person eine Gemeinschaft** bilden, dabei war das von den Nationalsozialisten so nicht vorgesehen. Vielmehr ging deren Weltanschauung von der **Existenz höher- und minderwertiger Rassen** beim Menschen aus, von denen nur der „arische Herrenmensch" Teil der „Volksgemeinschaft" sein sollte. Die **jüdische „Rasse"** wurde dagegen als das personifizierte Böse abgelehnt und von Anfang an aus der „Volksgemeinschaft" **ausgeschlossen**. Juden wurden verfolgt, ausgegrenzt, stigmatisiert, gequält, verhaftet und schließlich in **Konzentrations- und Vernichtungslagern** gezielt und systematisch ermordet. Von den Anfängen einer Verfolgung solchen Ausmaßes ist in Leys Ansprache **nicht einmal ansatzweise die Rede**, weshalb man ihm unterstellen kann, dass er diesen Teil der NS-Herrschaft vor den Vertretern des Auslands bewusst verschweigt.

keinerlei Erwähnung von rassenpolitischen Ansichten

Zusammenfassend lässt sich nach Betrachtung all dieser Argumente feststellen, dass Leys **Rede als Teil der NS-Propaganda** zu sehen und die darin zum Ausdruck kommende **Weltanschauung** nach heutigen Wertmaßstäben vehement **zurückzuweisen** ist.

Fazit

Abiturprüfung 2022 NRW – Leistungskurs Geschichte
Aufgabe 4

B: Analyse von Darstellungen und kritische Auseinandersetzung mit ihnen

Aufgabenstellung Punkte

1. Analysieren Sie den vorliegenden Textauszug. 26
2. Erläutern Sie ausgehend vom Text den Entstehungsprozess des deutschen Nationalstaates *(12 Punkte)* und untersuchen Sie die angesprochenen Zusammenhänge zwischen der Gründung des Deutschen Reichs und dem Ersten Weltkrieg (vgl. Z. 20 f.) (*16 Punkte*). 28
3. Beurteilen Sie die Ausführungen des Autors. 26

[Anmerkung des Verlags: Den Abiturientinnen und Abiturienten des Abiturs 2022 in NRW wurde eine gekürzte Textversion ohne die im folgenden Artikel kursiv und in eckige Klammern gesetzten Passagen vorgelegt. Aus urheberrechtlichen Gründen dürfen wir den Text nur vollständig abdrucken. Dennoch bezieht sich die Musterlösung ausschließlich auf die gekürzte Version.]

M: Hätte es eine Alternative zur deutschen Nationalstaatsgründung von 1871 gegeben?

Das deutsche Kaiserreich wurde von seinen Nachbarn als bedrohlich empfunden. Und tatsächlich hat sich seine Politik für den Kontinent mittelfristig als verhängnisvoll erwiesen.

Unter den grossen west- und mitteleuropäischen Nationalstaaten war Deutschland der letzte, der die Bühne der Geschichte betrat, Jahrhunderte nach Frankreich, England, Spanien, ein Jahrzehnt nach dem ebenfalls verspäteten Italien. Sein Auftritt war nicht eigentlich überraschend, die Revolution von 1848 hatte das Thema mit Nachdruck auf die politische Agenda gesetzt, aber doch von irritierender Plötzlichkeit. Und er war jenseits der Grenzen Deutschlands unwillkommen.

Keine der älteren etablierten Grossmächte hat das neue Deutsche Reich freudig begrüsst. Benjamin Disraeli[1], zu dieser Zeit Führer der konservativen Opposition im britischen Parlament, sprach in einer Unterhaus-Debatte wenige Wochen nach der Kaiserkrönung von Versailles aus, was viele europäische Beobachter empfanden. Die Reichsgründung – «the German revolution» in der Diktion Disraelis – habe das europäische Gleichgewicht von Grund auf zerstört.

War das so? Grundsätzlicher gefragt: Was hat dieses epochale Ereignis für die europäische Geschichte bedeutet? Oder zugespitzter: Was haben die Reichsgründung und die europäischen Katastrophen der ersten Hälfte des 20. Jahrhunderts miteinander zu tun? Man gerät mit solchen Fragen, die weite geschichtliche Bögen schlagen, leicht in reine Spekulation. Aber zumindest über die Zusammenhänge zwischen 1871 und

1914 lässt sich ernsthaft diskutieren. Und vom Ersten Weltkrieg und seinem Ausgang führt ein ziemlich gerader Weg zum Aufstieg Hitlers und damit in den Zweiten Weltkrieg.

Preussen revolutioniert das System

Die Pentarchie des 19. Jahrhunderts, wie sie aus dem Wiener Kongress hervorgegangen war, gilt zu Recht als ein erstaunlich stabiles Mächtesystem: die beiden Flügelmächte von Weltrang England und Russland, Frankreich, das den gescheiterten Versuch Napoleons, sich ganz Europa zu unterwerfen, dank der Mässigung der Sieger erstaunlich unversehrt überstanden hatte, und in der Mitte des Kontinents die beiden deutschen Rivalen, die Habsburgermonarchie und Preussen, die schwächste, kleinste unter den grossen Mächten, zudem ohne geschlossenes Territorium.

Überraschenderweise war es dieses Preussen, das, von Bismarck geführt, die Pentarchie revolutionierte. Die Kriege der 1850er Jahre – der Krimkrieg, in dem die Weltmächte England und Russland aufeinandergestossen waren, und der italienische Einigungskrieg, den Österreich, seit 1815 in Besitz der Lombardei und Venetiens, und das unruhige, ehrgeizige Frankreich Napoleons III. gegeneinander ausgefochten hatten – hatten das europäische Mächtesystem zwar schon erschüttert, aber die Gewichte noch nicht grundlegend verschoben. Das tat erst Bismarck, als er nach den drei Einigungskriegen von 1864, 1866 und 1870/71 das Deutsche Reich aus der Taufe hob. An die Stelle des kleinen Preussen trat nun das grosse Preussen-Deutschland, Frankreich wie Österreich-Ungarn an militärischer Stärke und wirtschaftlicher Kraft deutlich überlegen – Russland bleibt seines unermesslichen Raumes und seiner riesigen Bevölkerungszahl wegen immer ein Sonderfall.

[Das Ende der Balance]

Aber war damit das europäische Gleichgewicht wirklich zerstört? Was war überhaupt das europäische Gleichgewicht? Und weshalb war es bewahrenswert? Sieht man ein Mächtesystem im Gleichgewicht, wenn es keinen Hegemonen gibt, sondern [sich] eine Mehrzahl von Mächten in wechselnden Verbindungen einander ohne kriegerische Konflikte die Waage hält, so ist festzustellen: Auch die neue Pentarchie war von dieser Art. Deutschland wurde durch die nationalstaatliche Einigung keineswegs zur kontinentalen Hegemonialmacht. Aber von nun an war die Befürchtung in der Welt, dass es so kommen könne.

Und vor allem: Die neue Pentarchie war kriegsgeneigter und kriegsgefährdeter als die alte. Sie war es, weil die neue Grossmacht der europäischen Mitte für ihre Nachbarn bedrohlich war und sich zugleich selbst als bedroht wahrnehmen musste. Bedroht war die Macht der Mitte, weil sie, von zwei Grossmächten unmittelbar flankiert, deren eine, Frankreich, ihr unversöhnlich gegenüberstand, als einzige europäische Grossmacht immer mit einem Zwei-Fronten-Krieg rechnen musste. Bedrohlich, jedenfalls für Frankreich, war die neue Grossmacht Deutschland, weil sie eben der Mittellage wegen jedem der beiden Nachbarn militärisch überlegen sein musste und wollte, ganz unabhängig von der besonderen preussischen Militärtradition, die zusätzlich irritierte. Das mitteleuropäische Bündnis Deutschlands mit Österreich-Ungarn, das nach 1871 zu einer Konstante der neuen Pentarchie wurde, brachte eine zusätzliche starke Spannung ins System. Denn Österreich-Ungarn stiess auf dem Balkan mit Russland zusammen. Und damit wurde auch der andere Nachbar zum potenziellen, schliesslich zum wirklichen Gegner Deutschlands.

Bismarck wusste, dass er mit der Reichsgründung bis an die Grenze gegangen war; dass die europäischen Mächte seinen Coup – denn das war die Reichsgründung – dauerhaft nur hinnehmen würden, wenn das Deutsche Reich sich verlässlich als eine dem Frieden verpflichtete Status-quo-Macht erweisen würde. Seine Politik nach 1871 war auf diese Einsicht gegründet. Mit seiner England herausfordernden Flottenrüstung in den anderthalb Jahrzehnten vor dem Ersten Weltkrieg, aber auch seinen kolonialen Ambitionen brach das wilhelminische Deutschland aus dieser Selbstbeschränkung aus. Das erwies sich als verhängnisvoll, weil England die Macht war, die die spannungsgeladene kontinentale Machtkonstellation durch seine Neutralität hätte in einer wenn auch nicht harmonischen, so doch jedenfalls nichtkriegerischen Balance halten können. Dass das nachbismarcksche Deutsche Reich die Bedingungen dieser Möglichkeit nicht achtete, hat zum Absturz der zweiten Pentarchie in den grossen Krieg wesentlich beigetragen.

[Drang nach Einigung]

Wenn 1914 etwas mit 1871 zu tun hat, wie es diese Überlegungen nahelegen, dann drängt sich die Frage auf: Gab es Alternativen zur kriegerischen Nationalstaatsgründung von 1871? *[Der Deutsche Bund, das staatenbündisch verfasste Deutschland des Wiener Kongresses, hatte nach der 48er Revolution keine Zukunft mehr. Die Rivalität zwischen den beiden Führungsmächten Österreich und Preussen trat jetzt offen zutage. Österreich war nicht bereit, seinen ersten Rang im Deutschen Bund mit Preussen zu teilen. Und Preussen war nicht bereit, sich weiter mit dem zweiten Platz zu begnügen.*

Aber selbst wenn die beiden Vormächte sich auf ein Kondominium geeinigt hätten: Mit der Revolution von 1848 und der Paulskirche war das Ziel der nationalstaatlichen Einigung Deutschlands unwiderruflich geschichtsmächtig geworden und drängte, getragen von einer starken, wesentlich bürgerlichen Bewegung, auf Verwirklichung. Preussen konnte sich mit dieser Bewegung verbünden, das war sein entscheidender Vorteil im innerdeutschen Machtkampf, Österreich nicht.

Bismarck war aus taktischen Motiven sogar bereit, dem Verfassungspostulat des bürgerlichen Liberalismus einen Schritt weit entgegenzukommen. Er brachte in den kritischen Jahren vor 1866 den Plan eines nach dem allgemeinen, direkten und gleichen Wahlrecht gewählten deutschen Parlaments in die Debatten über die Reform des Deutschen Bundes ein. Und wiederum war Österreich im Nachteil. Für Österreich war und blieb der Deutsche Bund im Wesentlichen ein Bund deutscher Fürsten zur Verteidigung des Ancien Régime.

Zusammengefasst: Österreich wollte bleiben, was es war – ein von einer starken Monarchie zusammengehaltenes Vielvölkerreich und zugleich die erste Macht im deutschen Mitteleuropa. Preussen wollte werden, was es noch nicht war: die territorial arrondierte Vormacht zumindest im Deutschland nördlich der Mainlinie. Es spricht wenig dafür dass der Krieg von 1866, in dem die beiden Antagonisten ihre Rivalität schliesslich ausfochten, vermeidbar war. Und dass der Deutsche Bund Zukunftschancen barg, die vertan worden sind.

Ein anderer Weg zum Ziel

Aber war mit dem Prager Frieden, der diesen Krieg beendete, nicht ein neuer Zustand geschaffen, der hätte dauern können: der Norddeutsche Bund, im Grunde ein Grosspreussen, die aus Deutschland verdrängte Habsburgermonarchie und vier souveräne deutsche Mittelstaaten südlich des Mains? Hätte Europa mit diesem Stand der Dinge nicht besser leben können als mit dem deutschen Nationalstaat von 1871? Ganz sicher. Aber waren die Deutschen in ihrem Streben nach einem Nationalstaat verpflichtet, die Interessen der Nachbarn höher zu stellen als ihre eigenen?

Zudem: Es ist unwahrscheinlich, dass die Ordnung des Prager Friedens hätte Dauer haben können. Der Anschluss der vier Staaten an den Norddeutschen Bund wäre so oder so wohl nur eine Frage der Zeit gewesen. Die wirtschaftlichen Interessen wiesen in diese Richtung. Sicherheit konnten die Südstaaten nur durch die Bindung an Preussen oder Frankreich gewinnen. Und wenn das politische Selbstverständnis der Deutschen südlich des Mains auch gewiss nicht preussisch war, so war es in der Mehrheit eben doch deutsch. Eine andere Antwort auf die deutsche Frage als die Nationalstaatsbildung war also in der Zeit, in der die Entscheidungen zu treffen waren, wohl nicht verfügbar.

Die Sympathien für einen lockeren mitteleuropäischen Staatenbund, der stark genug sei, sich zu verteidigen, aber nicht stark genug anzugreifen, wie sie von Zeitgenossen, vor allem aber auch späteren Beobachtern immer wieder geäussert worden sind, übersehen gern, dass das Alte Reich eben nicht stark genug war, sich gegen mächtige Nachbarn zu verteidigen. Vom Dreissigjährigen Krieg bis zu Napoleon war Deutschland ein Raum gewesen, in den Nachbarmächte ziemlich beliebig einmarschiert sind. Und schon vom 16. Jahrhundert an hat Frankreich, die Schwäche des Reiches nutzend, seine Grenzen stetig, beharrlich und höchst erfolgreich nach Osten verschoben. Dass der Rhein die natürliche Grenze Frankreichs sei, konnte man im Frankreich Napoleons III. oft genug hören.]

Wenn es eine Alternative zur Reichsgründung von 1871 gab, dann lag sie nicht in einer ganz anderen Antwort auf die offene deutsche Frage. Sie hätte in einem anderen Weg zum Ziel gelegen: in einer Nationalstaatsgründung ohne Krieg gegen Frankreich und ohne Annexionen, langsamer, behutsamer, schonender also.

[Ob das möglich war, ob Frankreich nicht auch einem allmählichen Hineinwachsen der süddeutschen Staaten in den Norddeutschen Bund mit militärischen Mitteln entgegengetreten wäre, wissen wir natürlich nicht. Aber es wäre viel schwieriger gewesen, den Zeitpunkt und eine überzeugende Begründung für einen solchen Krieg zu finden.] Danach dann, davon war schon die Rede, hätte die Alternative in einer anderen Politik des deutschen Nationalstaates gelegen, einer Politik, deren oberstes Ziel es hätte sein müssen, Europa mit seiner Existenz zu versöhnen. Für den Rückblick nach 150 Jahren ist das offensichtlich. Aber die Zeitgenossen hätten es auch schon wissen können.

Peter Graf Kielmansegg: Hätte es eine Alternative zur deutschen Nationalstaatsgründung von 1871 gegeben? In: Neue Zürcher Zeitung (online-Ausgabe), 9. Januar 2021.

Anmerkung:
1 Benjamin Disraeli: britischer Premierminister (1868 und 1874–1880).

Hinweise zum Autor:
Peter Graf Kielmansegg (*1937) ist Politikwissenschaftler und Historiker. Er lehrte an den Universitäten Köln und Mannheim.
Neue Zürcher Zeitung (NZZ): Eine seit 1780 in Zürich erscheinende schweizerische Tageszeitung mit überregionaler Bedeutung im deutschsprachigen Raum, die v. a. auf den Bereichen der Wirtschafts- und Auslandsberichterstattung beruht.

Rechtschreibung und Hervorhebungen wie im Original. Die im Text auffällige Schreibweise Doppel-s statt „ß" ist auf das Fehlen des „ß" im Schweizerdeutsch zurückzuführen.

Zugelassene Hilfsmittel: Wörterbuch zur deutschen Rechtschreibung

[Anmerkung des Verlags: Den Abiturientinnen und Abiturienten des Abiturs 2022 in NRW wurde eine gekürzte Textversion ohne die im obigen Artikel kursiv und in eckige Klammern gesetzten Passagen vorgelegt. Aus urheberrechtlichen Gründen dürfen wir den Text nur vollständig abdrucken. Dennoch bezieht sich die Musterlösung ausschließlich auf die gekürzte Version.]

Lösungsvorschläge

Diese Aufgabe entspricht den folgenden aktuellen Schwerpunktthemen:

- ***Inhaltsfeld 4:** Die moderne Industriegesellschaft zwischen Fortschritt und Krise*
  - *Vom Hochimperialismus zum ersten „modernen" Krieg in der Industriegesellschaft*
- ***Inhaltsfeld 5:** Die Zeit des Nationalsozialismus – Voraussetzungen, Herrschaftsstrukturen, Nachwirkungen und Deutungen*
  - *Politische und ideologische Voraussetzungen des Nationalsozialismus*
- ***Inhaltsfeld 6:** Nationalismus, Nationalstaat und deutsche Identität im 19. und 20. Jahrhundert*
  - *Die „Deutsche Frage" im 19. Jahrhundert*
  - *„Volk" und „Nation" im Kaiserreich und im Nationalsozialismus*
- ***Inhaltsfeld 7:** Friedensschlüsse und Ordnungen des Friedens in der Moderne*
  - *Europäische Friedensordnung nach den Napoleonischen Kriegen*

1. *Die erste Teilaufgabe fordert Sie zur Analyse eines Darstellungstextes auf. Beginnen Sie diese mit einer formalen Vorstellung des Ausgangstextes, bei der Sie den Autor, die Adressaten, die Textart, das Erscheinungsdatum, den Anlass und das Thema der Veröffentlichung nennen. Im Anschluss daran müssen Sie die Hauptaussagen des Aufsatzes in Ihren eigenen Worten zusammenfassend wiedergeben. Formulieren Sie zunächst die Ausgangsthese des Historikers und konzentrieren Sie sich dann darauf, Inhalt und Gedankengang seines Artikels sinnvoll gegliedert und auf das Wichtigste fokussiert auszuführen. Sowohl ein textdurchschreitendes Verfahren als auch alternative Strukturierungen sind hierbei möglich. Achten Sie darauf, sich durch die Verwendung der indirekten Rede (Konjunktiv I) vom Text zu distanzieren, Ihre Erkenntnisse aber an passenden Stellen mithilfe von Belegen an die Publikation von Peter Graf Kielmansegg zurückzubinden.*
   Berücksichtigen Sie, dass Sie für Ihre Analyse die kursiven und in eckige Klammern gestellten Passagen des Textes vernachlässigen können. Diese sind nur aus

urheberrechtlichen Gründen mit abgedruckt, wurden im Abitur aber nicht bereitgestellt und in der vorliegenden Musterlösung nicht mit einbezogen.

Einleitung

Textsorte, Titel, Autor, Datierung, Thema

Der vorliegende **Artikel** mit dem Titel „Hätte es eine Alternative zur deutschen Nationalstaatsgründung von 1871 gegeben?" wurde von dem Politikwissenschaftler und Historiker Peter Graf Kielmansegg verfasst und am 9. Januar 2021 in der Online-Ausgabe der Neuen Zürcher Zeitung veröffentlicht. Der Auszug thematisiert die **Folgen der Gründung des Deutschen Reichs** für das europäische Mächtegleichgewicht sowie die Frage nach möglichen **Alternativen zur Reichseinigung**. Primär richtet sich die historische Darstellung an die Leserschaft der Neuen Zürcher Zeitung, im weiteren Sinn aber auch allgemein an eine **geschichtsinteressierte Öffentlichkeit**. Der Text wurde zum Anlass des **150. Jahrestags der Gründung des deutschen Kaiserreichs** publiziert.

Adressaten

Anlass

strukturierte Wiedergabe

Ausgangsthese

Kielmansegg stellt in seinem Artikel die **These** auf, das neu gegründete **Deutsche Reich** und seine Politik seien von den Nachbarländern **als Bedrohung empfunden worden** und hätten schlussendlich zum **Ausbruch des Ersten Weltkriegs** geführt. Um seine Behauptung zu untermauern, widmet sich der Historiker zunächst den **Reaktionen der anderen europäischen Großmächte** auf die deutsche Reichseinigung. Zwar sei diese nach der Revolution von 1848 für die Nachbarstaaten zu erwarten gewesen, dennoch seien sie von deren Plötzlichkeit überrascht worden (vgl. Z. 6 ff.). Sie hätten den neuen Staat abgelehnt und vor allem Großbritannien habe eine **Zerstörung des europäischen Mächtegleichgewichts befürchtet** (vgl. Z. 10 f., 13 ff.).

Haltung der anderen Großmächte zur Reichsgründung

Bedeutung der Reichsgründung für den weiteren Verlauf der Geschichte

Nach der Schilderung dieser unmittelbaren Reaktionen auf die Nationalstaatsgründung geht Kielmansegg im Folgenden auf die **Bedeutung der deutschen Reichseinigung für die europäische Geschichte** ein. Er stellt die Frage, wie die Reichsgründung im Kontext der weiteren Entwicklungen bis zum **Ausbruch des Ersten bzw. Zweiten Weltkriegs** zu sehen sei (vgl. Z. 17 ff.). Auch wenn Kielmansegg die Gefahr erkennt, sich bei dieser Frage in **Spekulationen** zu verlieren, glaubt er doch an einen Zusammenhang zwischen der Reichsgründung und dem Ausbruch des Ersten Weltkriegs (vgl. Z. 20 f.), dessen Ende wiederum eng mit dem Erfolg des Nationalsozialismus sowie dem Zweiten Weltkrieg verknüpft sei.

Rolle Preußens bei Veränderung des Mächtegleichgewichts

Im Folgenden charakterisiert Kielmansegg die **Rolle Preußens** bei der Veränderung des europäischen Mächtesystems. Nach dem **Wiener Kongress** und der Herstellung der **Pentarchie** in

Europa sei Preußen die kleinste und schwächste der fünf Großmächte gewesen. Durch die drei **Einigungskriege** habe es sich jedoch in „das grosse Preussen-Deutschland“ (Z. 40) verwandelt und damit das europäische Staatensystem revolutioniert. Es sei nun seinen direkten Nachbarn (Frankreich und Österreich-Ungarn) **in wirtschaftlicher und militärischer Hinsicht überlegen** gewesen, während Russland innerhalb der fünf Großmächte in Europa aufgrund seiner geografischen Ausdehnung und hohen Bevölkerungszahl weiterhin einen Sonderstatus eingenommen habe (vgl. Z. 40 ff.).

Gefährdung des europäischen Mächtegleichgewichts nach der Reichsgründung

Um zu zeigen, inwieweit die deutsche Nationalstaatsgründung das **europäische Mächtesystem erschüttert** habe, nimmt Kielmansegg zunächst eine **Definition** des Begriffs „Mächtegleichgewicht“ vor. Er beschreibt es als „eine Mehrzahl von Mächten in wechselnden Verbindungen […] **ohne kriegerische Konflikte**“ (Z. 48 f.), die ihre Machtposition ausbalancieren. Auch **nach der Reichsgründung** sei diese Definition noch gültig gewesen. Allerdings habe man angesichts des neu gegründeten deutschen Reichs eine **potenzielle Gefahr** für den Verlust des Gleichgewichts gesehen. Als Begründung für die neue Instabilität führt Kielmansegg an, dass einerseits das **Deutsche Reich als bedrohlich** wahrgenommen worden sei, andererseits sich aber auch das Kaiserreich selbst **als bedroht** empfunden hätte (vgl. Z. 54 f.). Laut Kielmansegg **fürchtete** das Deutsche Reich einen **Zweifrontenkrieg** und strebte deshalb nach militärischer Überlegenheit gegenüber Russland und Frankreich. Dies wiederum habe aufseiten Frankreichs die **Angst vor einer deutschen Hegemonie** geschürt. Noch größer sei das Konfliktpotenzial geworden, als Deutschland sich mit Österreich-Ungarn verbündet habe, da die Habsburgermonarchie in Streitigkeiten mit Russland auf dem Balkan verwickelt gewesen sei (vgl. Z. 62 ff.).

Darstellung der deutschen Außenpolitik unter Bismarck und Wilhelm II.

Im Anschluss an seine Darstellung des europäischen Mächtesystems nach der Reichsgründung wendet sich Kielmansegg der **deutschen Außenpolitik** zu: Während **Bismarck** auf die **Beibehaltung des Status quo** geachtet habe, habe sich die Strategie nach Bismarcks erzwungenem Rücktritt grundlegend gewandelt. Mit der **wilhelminischen Flotten- und Kolonialpolitik** sei das neue **imperialistische Selbstverständnis** des Kaiserreichs deutlich zutage getreten. Vor allem den **missachtenden Umgang mit der ausgleichenden Rolle Großbritanniens** betrachtet Kielmansegg als „verhängnisvoll“ (Z. 74) in Bezug auf den Ausbruch des Ersten Weltkriegs. Der Krieg hätte nach Meinung des Historikers verhindert werden können, wenn Großbritannien weiterhin die Möglichkeit gehabt hätte, neutral zu bleiben und sich für ein Mächtegleichgewicht einzusetzen (vgl. Z. 74 ff.).

Fazit: alternative Nationalstaatsgründung wäre möglich gewesen

Abschließend zieht der Historiker seine **Schlussfolgerungen** aus den dargelegten Argumenten: Eine deutsche **Nationalstaatsgründung wäre zwangsläufig** erfolgt, jedoch wäre sie auch „langsamer, behutsamer, schonender“ (Z. 138) **ohne** die vorgenommenen Gebietserweiterungen und **kriegerischen Auseinandersetzungen möglich** gewesen. Danach hätte der deutsche Nationalstaat eine auf Frieden in Europa ausgerichtete Politik betreiben müssen, um von seinen Nachbarn akzeptiert zu werden.

2. *Die zweite Teilaufgabe besteht aus zwei Teilen: In einem ersten Schritt sollen Sie den Entstehungsprozess des deutschen Nationalstaats in den Blick nehmen. Beschreiben Sie hierfür auf Basis Ihrer im Unterricht erworbenen Kenntnisse den Weg vom Aufkommen des deutschen Nationalismus im frühen 19. Jahrhundert, über die Revolution von 1848/49 bis zur Reichsgründung 1871. Vergessen Sie dabei nicht, wie in der Aufgabenstellung gefordert, immer wieder Bezüge zu Kielmanseggs Artikel herzustellen. In einem zweiten Schritt sollen Sie, ausgehend vom Zitat in Zeile 20 f., die möglichen Zusammenhänge zwischen der Reichsgründung und dem Ausbruch des Ersten Weltkriegs untersuchen. Thematisieren Sie die Aspekte, die die behauptete Verbindung zwischen beiden Ereignissen nahelegen. Erwähnen Sie aber auch, warum ein solcher Kausalzusammenhang kritisch zu sehen ist, und beziehen Sie sich an geeigneten Stellen mithilfe direkter oder indirekter Zitate auf den Ausgangstext.*
Berücksichtigen Sie, dass Sie für beide Aufgabenteile die kursiven und in eckige Klammern gestellten Passagen des Textes vernachlässigen können. Diese sind nur aus urheberrechtlichen Gründen mit abgedruckt, wurden im Abitur aber nicht bereitgestellt und in der vorliegenden Musterlösung nicht mit einbezogen.

historischer Kontext
Entstehungsprozess des deutschen Nationalstaats

Im Rahmen seiner Ausführungen zur Pentarchie nach dem Wiener Kongress charakterisiert Kielmansegg **Preußen** unter der Führung Bismarcks **als Revolutionär der europäischen Ordnung** (vgl. Z. 24, 32 f.). Er spielt damit auf die **kriegerische Reichsgründung „von oben“** an, deren Vorgeschichte und Verlauf im Folgenden ausführlicher dargestellt werden sollen.

Anfänge und Weiterentwicklung des deutschen Nationalismus

Im Zuge der Neuordnung Europas nach den Napoleonischen Kriegen war 1815 der **Deutsche Bund** gegründet worden. Dieser definierte sich als ein loser Zusammenschluss von souveränen Fürstentümern und freien Städten, der **weit entfernt von den Vorstellungen der** nach Freiheit und einem modernen Nationalstaat strebenden **liberalen und nationalen Kräfte** war. In den Folgejahren bildeten sich deshalb **Burschenschaften**, die sich für demokratische Reformen und die nationale Einheit einsetzten. Augenscheinlich wurde dies zum ersten Mal in größerem Rahmen auf dem **Wartburgfest** von 1817, das als erstes deutsches Nationalfest gilt. Dort wurden die **Forderungen nach politischer Einheit und Freiheit** lautstark artikuliert. Während in den Folgejahren die **restaurative Politik** der „Heiligen Allianz" die Oberhand behielt und die liberal-nationalen Bestrebungen erfolgreich unterdrücken konnte (z. B. Karlsbader Beschlüsse 1819), gelang es der deutschen Nationalbewegung in der **Revolution von 1848/49**, ihren Wunsch nach einer Nationalversammlung in die Tat umzusetzen. In der **Frankfurter Paulskirche** traten im Mai 1848 die frei gewählten Abgeordneten zusammen und machten sich daran, eine **Verfassung** für ein vereinigtes Deutschland auszuarbeiten, die die Freiheitsrechte des Einzelnen und die Mitbestimmung des Volks garantieren sollte. Die Reichsgründung wurde damit zu einem realistischen politischen Ziel, was Kielmansegg zu Beginn seines Artikels erwähnt, wenn es heißt: „[D]ie Revolution von 1848 hatte das Thema mit Nachdruck auf die politische Agenda gesetzt" (Z. 7 f.). Nach zähen Verhandlungen einigte man sich schließlich auf eine **kleindeutsche Lösung** (ohne Österreich) und eine **konstitutionelle Monarchie** unter der Führung Preußens. Am 28. März 1849 wurde die erste demokratische Verfassung, die **Grundrechte und Volkssouveränität** festschrieb, auf deutschem Boden verkündet und der preußische König Friedrich Wilhelm IV. von der Nationalversammlung zum Kaiser der Deutschen gewählt. Zwar ließ **Friedrich Wilhelm IV.** im April 1849 die Nationalversammlung scheitern, indem er die **Kaiserkrone** aus den Händen von Parlamentariern **zurückwies**, jedoch blieb der **Wunsch nach politischer Einigung** auch nach dem Ende der Revolution bestehen.

Übernahme des Nationalismus durch Obrigkeit

Mit der Übernahme der Regentschaft durch Prinz Wilhelm I. 1858 in Preußen baute die nationale Bewegung auf eine Verwirklichung der Einigung mithilfe des neuen Königs. Die **Nationalbewegung löste sich damit von den Freiheitsbestrebungen** der Burschenschafter und wurde mehr und mehr zu einer **von oben gesteuerten** Angelegenheit. Mit der Ernennung des Konservativen Otto von **Bismarck** zum preußischen Ministerpräsidenten im Jahr 1862 fand die Nationalbewegung einen geschickten **Fürsprecher für ihre Interessen:** Bismarck war der Meinung, dass Entscheidungen von solcher Tragweite durch „**Blut und Eisen**", also mit militärischen Mitteln, herbeigeführt werden müssten, und setzte sich für eine **Aufrüstung Preußens** ein.

So waren es schließlich **drei Kriege**, die den Weg zur Reichsgründung ebneten und die auch von Kielmansegg in seinem Artikel erwähnt werden (vgl. Z. 38 f.). 1864 kämpften Preußen und Österreich im **Deutsch-Dänischen Krieg** noch gemeinsam gegen Dänemark, um die Zugehörigkeit Schleswigs und Holsteins zum Deutschen Bund zu sichern. Nur zwei Jahre später kam es dann über die Verwaltung der beiden Herzogtümer zum Streit, der in den **Deutsch-Deutschen Krieg** um die Vorherrschaft in Deutschland mündete. Unter anderem in der entscheidenden Schlacht bei Königgrätz trugen schließlich Preußen und seine Verbündeten den Sieg davon, was das endgültige Ende einer großdeutschen Lösung bedeutete. Der **Deutsche Bund wurde aufgelöst** und 1867 durch den **Norddeutschen Bund** ersetzt, der aus Preußen, seinen Verbündeten und einem Teil seiner nach dem Krieg annektierten Gegnern bestand. Im dritten Einigungskrieg kämpfte Preußen bzw. der Norddeutsche Bund schließlich gemeinsam mit den süddeutschen Staaten gegen Frankreich (**Deutsch-Französischer Krieg** 1870/71). Mit der Ausrufung Wilhelms I. von Preußen zum Deutschen Kaiser am 18. Januar 1871 im Spiegelsaal von Versailles wurde schließlich das deutsche **Kaiserreich als autoritärer Macht-, Obrigkeits- und Militärstaat** ohne Beteiligung des Volks gegründet (**Nationalstaatsgründung „von oben“**). Von den anderen Großmächten wurde das Ergebnis dieser drei Kriege, wie Kielmansegg schreibt, als Bedrohung wahrgenommen (vgl. Z. 50 ff., 53 ff.).

Weg zur Reichsgründung

Der Historiker stellt in seinem Artikel die **These** auf, dass zwischen der **Reichsgründung** von 1871 **und dem Ausbruch des Ersten Weltkriegs** 1914 durchaus ein engerer **Zusammenhang** bestehen könnte (vgl. Z. 20 f.). Im Folgenden sollen deshalb die Verbindungslinien zwischen beiden historischen Ereignissen genauer untersucht werden.

Hinführung zur Untersuchung

Zusammenhang zwischen Reichsgründung und Erstem Weltkrieg?

Zunächst kann man festhalten, dass die Diskussion um eine **Alternative zur Reichsgründung**, die der Autor in seinem Artikel eröffnet, **spekulativ** und ahistorisch ist. Demzufolge bleibt auch die Frage, wie sich eine solche Alternative auf den Ausbruch des Ersten Weltkriegs in Europa ausgewirkt hätte, im Bereich der **Vermutungen**. Es ist stets **problematisch**, rückblickend direkte Kausalverbindungen herstellen zu wollen, die es so nicht gegeben hat. Trotzdem kann man die **Reichsgründung als einen von vielen Faktoren** bestimmen, die 1914 in den Krieg geführt haben.

Problematik rückblickend hergestellter Zusammenhänge

So ist es eine Tatsache, dass mit der Gründung des deutschen Kaiserreichs im Jahr 1871 eine **weitere Großmacht in der**

Folgen der Reichsgründung

Mitte Europas Fuß gefasst hat. Die Nachbarländer nahmen den neuen Staat als **Bedrohung** wahr und **befürchteten**, dass das deutsche Kaiserreich eine **Hegemonialstellung** in Europa anstreben könnte. So schreibt auch Kielmansegg, dass das „deutsche Kaiserreich […] von seinen Nachbarn als bedrohlich empfunden" (Z. 1) wurde und seit seiner Entstehung „die Befürchtung in der Welt [war]" (Z. 51), dass Deutschland sich eine Vormachtstellung erobern könnte. Zwar führte **Bismarcks maßvolle Außenpolitik**, in der er das Deutsche Reich für territorial „saturiert" erklärte und es „als eine dem Frieden verpflichtete Status-quo-Macht" (Z. 69 f.) präsentierte, zur **Beruhigung** der anderen Großmächte. Dennoch sorgte sein **komplexes Bündnissystem**, mit dem er **Frankreich isolieren** und eine **Zwei-Fronten-Konstellation** für Deutschland **verhindern** wollte, zur **Verlagerung von Konflikten an die Peripherie**, was schließlich dann auch mit für den **Ausbruch des Ersten Weltkriegs** verantwortlich war (Ermordung des österreichischen Thronfolgers durch einen serbischen Nationalisten in Sarajevo).

„Neuer Kurs" in der deutschen Außenpolitik

Mit dem Regierungsantritt Kaiser Wilhelms II. änderte sich zudem der Kurs der deutschen Außenpolitik grundlegend. Der Kaiser vertrat im Gegensatz zu Bismarck die Ansicht, Deutschland brauche einen „**Platz an der Sonne**" (Bernhard von Bülow), und propagierte im Rahmen seines „**Neuen Kurses**" vehement das deutsche **Weltmachtstreben**. Seiner Meinung nach sollte das deutsche Kaiserreich nicht nur innerhalb Europas, sondern auch in der Kolonialpolitik eine **Hegemonialstellung** einnehmen. Da er hierfür eine starke deutsche Kriegsflotte für unerlässlich hielt, lancierte er ein ambitioniertes **Flottenbauprogramm, das Großbritannien brüskierte**, was auch Kielmansegg hervorhebt (vgl. Z. 71). Die Inselmonarchie verzichtete daraufhin auf eine Annäherung an das Deutsche Reich sowie auf ihre Rolle als ausgleichende Macht innerhalb Europas, was für Kielmansegg entscheidenden **Einfluss auf den Ausbruch des Ersten Weltkriegs** hatte (vgl. Z. 74 ff.).

Zuspitzung der Konfliktsituation durch wilhelminische Außenpolitik

Ganz im Sinn seiner „**Politik der freien Hand**" kündigte Wilhelm II. das ausbalancierte Bündnissystem Bismarcks auf, wodurch das **Kaiserreich** für die anderen Mächte zunehmend **unberechenbar** wurde. Durch die **Nichtverlängerung des Rückversicherungsvertrags** kam es 1894 zu einem **russisch-französischen Militärbündnis**, das Frankreich aus der Isolation befreite und die von Bismarck stets gefürchtete Zwei-Fronten-Konstellation realisierte. 1904 gelang dann ein kolonialpolitischer Ausgleich zwischen Großbritannien und Frankreich (**Entente cordiale**), der 1907 um Russland zur **Triple-Entente** erweitert wurde. Das deutsche Kaiserreich wurde zunehmend außenpolitisch isoliert (**Gefühl der „Einkreisung“**) und lehnte sich umso stärker an Österreich-Ungarn, seinen einzig verbliebenen Bündnispartner („**Nibelungentreue**“). Die Verstrickungen Österreich-Ungarns in die verschiedenen **Balkankrisen** führten wiederum dazu, dass das deutsche Kaiserreich in Gegnerschaft zu Russland geriet. Mit der **Julikrise** erreichte die Eskalation auf dem Balkan ihren Höhepunkt und führte – nicht unwesentlich auch aufgrund der von Kaiser Wilhelm II. an Österreich-Ungarn erteilten **Blankovollmacht** für eine militärische Intervention – direkt in den Ersten Weltkrieg.

Fazit

Obwohl es vielleicht **zu weit geht**, die Gründung des deutschen Kaiserreichs 1871 in einen **direkten Zusammenhang zum Ausbruch des Weltkriegs** zu stellen, so ist nicht von der Hand zu weisen, dass die **deutsche Außenpolitik** unter Wilhelm II. das allgemein herrschende Krisenempfinden verstärkte und die **europäischen Mächte in Bündnisse trieb**, deren **Automatismen** dann in der **Julikrise** das Pulverfass zum Explodieren brachten.

3. *Die dritte Teilaufgabe verlangt von Ihnen eine Beurteilung der Ausführungen von Kielmansegg. Dabei sollten Sie verschiedene von ihm genannte Aspekte herausgreifen und reflektieren. Ihre Aufgabe ist es, zu beurteilen, ob der Verfasser zu schlüssigen und nachvollziehbaren Ergebnissen kommt. Gehen Sie dabei sowohl auf Aspekte ein, denen Sie zustimmen, als auch auf Gesichtspunkte, die Sie relativieren oder denen Sie widersprechen würden. Schließen Sie Ihre Ausführungen mit einem eigenständigen Urteil zu den Aussagen des Historikers ab.*
Berücksichtigen Sie, dass Sie für Ihre Beurteilung die kursiven und in eckige Klammern gestellten Passagen des Textes vernachlässigen können. Diese sind nur aus urheberrechtlichen Gründen mit abgedruckt, wurden im Abitur aber nicht bereitgestellt und in der vorliegenden Musterlösung nicht mit einbezogen.

Einleitung
Hinführung zur Beurteilung

Die Frage „**Was wäre, wenn?**“ ist in der Geschichtswissenschaft umstritten, aber dennoch bietet sie oft den Anlass für das Entwerfen spannender Szenarien. Einem solchen widmet sich auch der Historiker Peter Graf Kielmansegg, wenn er rückblickend nach einer **Alternative zur deutschen Nationalstaatsgründung** von 1871 fragt. Inwiefern seinen Ausführungen dazu zuzustimmen ist, inwiefern diese aber auch relativiert werden müssen, soll im Folgenden genauer untersucht werden.

zustimmende Aspekte

Zunächst einmal gibt Kielmansegg zutreffend wieder, dass seit Beginn des 19. Jahrhunderts, spätestens aber seit den revolutionären Ereignissen von 1848/49, der **Wunsch nach einem deutschen Nationalstaat** in der Bevölkerung stark ausgeprägt war. Obwohl die Nationalversammlung der Frankfurter Paulskirche sich den gegenrevolutionären Kräften geschlagen geben musste, blieb die Idee eines Nationalstaats virulent und wurde **von verschiedenen politischen Lagern** mehr oder weniger deutlich vernehmbar **eingefordert**. Nach der **gescheiterten Revolution** waren viele Zeitgenossen dazu bereit, auf die Durchsetzung eines liberalen, modernen und demokratischen Staats zu verzichten und mit der obrigkeitsstaatlichen Führung zusammenzuarbeiten, als diese sich der Gründung eines Nationalstaats annahm. So kam es im Januar 1871 zur **Ausrufung des deutschen Kaiserreichs als „Revolution von oben**" und die von Bismarck ausgearbeitete Verfassung wurde trotz ihrer demokratischen Defizite von der Bevölkerung mitgetragen.

bleibendes Interesse an deutschem Nationalstaat im 19. Jahrhundert

Auch die **veränderte politische Lage nach** dem erzwungenen **Rücktritt Bismarcks** stellt Kielmansegg richtig dar. Statt eine auf Ausgleich bedachte Außenpolitik zu betreiben, strebte Wilhelm II. nach „**Weltgeltung**", womit er die anderen europäischen Großmächte brüskierte. Seine von **Militarismus, Imperialismus und Kolonialismus** geprägte Politik trug in erheblichem Maß zum Ausbruch des Ersten Weltkriegs bei. Zudem ist die Tatsache, dass durch die deutsche Reichseinigung eine **kriegsbedrohliche Gesamtsituation** in Europa entstand, nicht vollkommen von der Hand zu weisen. Bismarcks Bündnispolitik und sein Streben nach Verständigung innerhalb Europas konnten den europäischen Nachbarn noch den Friedenswillen des Deutschen Reichs demonstrieren. Unter seinen Nachfolgern sah dies jedoch anders aus, weshalb das **Reich** in der Mitte Europas spätestens ab 1890 wieder **misstrauisch beäugt** und mit Skepsis, vielleicht sogar **Furcht** von den übrigen Mächten betrachtet wurde.

Auswirkungen des Kurswechsels in der deutschen Außenpolitik

Kielmansegg mahnt in seinem Artikel an, dass auch die Zeitgenossen schon hätten wissen müssen, dass das neu gegründete Kaiserreich nur mit einer friedfertigen Außenpolitik das Vertrauen der anderen Großmächte gewinnen könne. Zwar ist es stets **problematisch**, im Nachhinein **über Alternativen** für historische Geschehnisse **zu spekulieren**, allerdings gab es auch schon **zeitgenössische Stimmen, die für eine friedliche Politik eintraten** und zumindest die expansiv ausgerichtete Außenpolitik unter Kaiser Wilhelm II. kritisierten. So hinterfragte beispielsweise die **Sozialdemokratie** sowohl die Kolonialpolitik als auch das Weltmachtstreben der nachbismarckschen Ära. Zudem **prangerte** unter anderem August Bebel, einer der

zeitgenössische Forderungen nach friedlicher Politik

Begründer der deutschen Sozialdemokratie, in den Reichstagsdebatten wiederholt die **Flottenaufrüstung** sowie die Menschenrechtsverletzungen und die **Brutalität bei der Niederschlagung von Aufständen** in den Kolonien **an**.

Obwohl einem Großteil von Kielmanseggs Ausführungen zuzustimmen ist, muss er sich gleichwohl den Vorwurf gefallen lassen, in seiner Analyse lediglich die Außenpolitik des Kaiserreichs in den Blick zu nehmen und **innenpolitische Aspekte außer Acht** zu lassen. Die innere Zerrissenheit des Kaiserreichs durch den sogenannten **Kulturkampf** und den allgemeinen **Umgang mit „Reichsfeinden“** wird in dem vorliegenden Auszug mit keinem Wort erwähnt. Dabei erschwerte Bismarcks Vorgehen den betroffenen Bevölkerungsteilen die Identifikation mit dem neu gegründeten Staat oder **verhinderte** gar deren **Integration** ins Kaiserreich. Gerade angesichts der Frage, ob es Alternativen zur Nationalstaatsgründung von 1871 gegeben hätte, sollte die innere Reichseinigung nicht unberücksichtigt bleiben.

relativierende Aspekte

Fokussierung auf Außenpolitik

Darüber hinaus lässt sich Kielmanseggs **Sichtweise zur deutschen Nationalstaatsgründung** kritisch sehen. Der Historiker stellt nicht die Nationalstaatsgründung an sich infrage, sondern nur die Art und Weise ihrer Umsetzung. Dies erweckt den **Anschein**, als habe es sich bei der Etablierung des Kaiserreichs um eine **historische Notwendigkeit** und vermeintliche Zwangsläufigkeit gehandelt. Dies war jedoch nicht der Fall, da es ohne **Bismarcks aktive Steuerung** vielleicht gar nicht oder zumindest nicht so rasch zu einem einheitlichen deutschen Staat gekommen wäre. Aus diesem Grund klingt die von Kielmansegg vorgeschlagene, nicht kriegerische **Alternative zur Reichsgründung** vor allem im Hinblick auf Frankreich, geradezu **utopisch**. Das westliche Nachbarland hätte es wohl kaum ohne Widerspruch akzeptiert, wenn in der Mitte Europas plötzlich eine deutsche Großmacht entstanden wäre. Zudem war es Bismarck nur über den militärischen Konflikt gelungen, die **„Schutz- und Trutzbündnisse“** mit den süddeutschen Staaten zu aktivieren. Andernfalls wären diese wohl nicht bereit gewesen, sich der Führung Preußens zu unterwerfen.

Position zur deutschen Nationalstaatsgründung

vermeintliche Zwangsläufigkeit der Reichsgründung

utopische Vorstellung einer alternativen Nationalstaatsgründung

Zuletzt muss man relativierend anmerken, dass die **Zusammenhänge** zwischen dem Kaiserreich und den beiden Weltkriegen in der Forschung **weiterhin diskutiert** werden. Kielmansegg stellt die **Kausalverbindungen** also **vereinfacht** dar und wird somit der Komplexität des Themas nicht ganz gerecht. So fokussiert er sich zu stark auf das deutsche Kaiserreich und verliert dadurch aus den Augen, dass auch **andere europäische Mächte sich** im

verkürzte Darstellung von Zusammenhängen

Vorfeld des Ersten Weltkriegs **nicht gerade um Frieden bemüht** haben. Zudem beschreibt er das Handeln der damaligen politischen Führung teilweise **verkürzt, wenn er Bismarcks Vorgehen als Friedenspolitik lobt**. Zwar setzte der Reichskanzler sich für eine Bewahrung des Status quo und ein ausbalanciertes Bündnissystem ein, jedoch sind die Gründe dafür weniger in Bismarcks Friedensvisionen zu finden als vielmehr in dem Wunsch, die mit der Reichsgründung erlangte **Machtposition Deutschlands zu sichern**. Dabei darf nicht unterschätzt werden, welche Auswirkungen auch der von Bismarck genutzte und **geförderte Nationalismus** hatte. Es ist also in dieser Vereinfachung zurückzuweisen, dass das Deutsche Reich erst mit Bismarcks Rücktritt auf eine kriegerische Auseinandersetzung zugesteuert sei.

Fazit

Abschließend lässt sich festhalten, dass Kielmansegg seine Ausführungen auf eine **spekulative Frage** stützt, die eigentlich müßig ist. Trotzdem gelingt es dem Historiker im Verlauf seines Artikels, die **Auswirkungen der Reichsgründung überzeugend** darzustellen. Zwar **verkürzt er manche Aspekt**e, im Großen und Ganzen ist ihm aber sowohl in seiner **Beurteilung der bismarckschen als auch der wilhelminischen Außenpolitik** und deren jeweiligen Konsequenzen zuzustimmen.

Abiturprüfung NRW – Geschichte 2023
Leistungskurs

Um Ihnen die Prüfung 2023 schnellstmöglich zur Verfügung stellen zu können, bringen wir sie in digitaler Form heraus.

Sobald die Original-Prüfungsaufgaben 2023 freigegeben sind, können sie als PDF auf der Plattform **MyStark** heruntergeladen werden (Zugangscode vgl. Umschlaginnenseite des Buches).

Aktuelle Prüfung

www.stark-verlag.de/mystark